또 다른 사회는 가능하다

또 다른 사회는 가능하다

데이브 마고쉬 지음 ｜ 김주연 옮김
우석균 해제 ｜ 건강과 대안 기획

TOMMY DOUGLAS

BUILDING THE NEW SOCIETY

낮은산

차례

나는 영혼의 투쟁을 멈추지 않을 것이며
내 손의 검은 쉬지 않으리라
영국의 아름답고 푸른 대지 위에
예루살렘을 세울 때까지.

— 윌리엄 블레이크

국민의 경제 조건을 개선하는 것은 그 자체가 목적이 아니며, 다른 목적을 이루기 위한 수단입니다. …… 저는 배가 고픈 자가 영혼의 구원을 받을 수 있다고 생각한 적이 없으며, 또한 치통으로 고생하는 사람이 미美나 선善 같은 것을 생각할 여유가 있으리라 생각하지 않습니다.

— 토미 더글러스, 1982년의 대화 중에서

저는 목사들이 보통 나랏일에 적극적으로 참여하지 않는다는 사실을 알고 있습니다. 그러나 바로 그렇게 나랏일에 적극 참여하였기에 민중들이 그 말을 기쁘게 따랐던 한 분을 저는 기억합니다. 따라서 제가 노동의 대가를 제대로 받지 못하는 자들과 권리를 누리지 못하는 자들을 위해 칼을 빼어 들지 않는다면, 저는 그 분의 이름을 내세울 수가 없을 것입니다. 그래서 오늘 저녁 저는 이 선거구 주민들을 섬기는 데 저 자신을 바치고자 합니다.

— 토미 더글러스, 1933년 11월 4일 첫 후보 지명 연설에서

1

두 나라를 오간
어린 시절

토미 더글러스는 스코틀랜드 문화의 영향을 강하게 받은 노동 계급 가족 속에서 자라났다. 엄격한 영국의 계급사회에서 벗어나고자 토미의 아버지는 가족을 데리고 캐나다로 이민을 간다. 어려서부터 몸이 작고 무릎 부상에 이은 골수염으로 오래 고생했지만, 캐나다에 이민 가서 우연히 무료로 수술을 받는 기회를 잡은 덕에 무사히 회복된다. 아버지가 군대에 소집되었던 제2차 세계대전 기간 동안 토미 더글러스는 일을 해서 적은 돈이나마 벌어 살림에 보태는 생활을 한다.

아서 왕으로 분장한 토미 더글러스(오른쪽)가 1971년 스탠필드 의원 각본의 크리스마스 맞이 연극 《카멜롯》에 (왼쪽부터) 보수당의 지도자인 로버트 스탠필드, 스탠리 놀스(멀린으로 분장), 오드리 슈라이어(귀네비어 왕비로 분장)와 함께했다. 토미는 한때 배우가 되라는 권유를 받기도 했다. 이에 대해 토미는 "그러나 저는 그저 다른 누군가가 써 준 대본을 그대로 전달하는 그런 존재가 되고 싶지는 않았습니다. 저는 저 자신의 생각에 따라 살고 싶었습니다."라고 했다.

위니펙의 차가운 바람이 마치 화물 기차가 지나가듯 골목 구석구석 불어 들고 있고, 어린 토미 더글러스는 작은 어깨를 움츠리고는, 코트가 좀 더 두껍고 따뜻했으면 좋겠다고 생각한다. 썰매를 타기는 했지만 불편하다. 바람은 매섭고, 썰매는 얼음 바닥에 바짝 붙어서 울퉁불퉁한 길에서 오는 충격이 그대로 척추와 아픈 무릎으로 전해진다. 그러나 그는 그 상황에 전혀 불만이 없다. 오히려 매일 아침 자신을 썰매에 싣고 얼어붙은 길을 따라 400미터가량 떨어진 학교까지 아무 불평 없이 데려다 주는 참을성 많은 두 친구가 무척 고맙고 존경스럽다.

무릎의 통증은 토미에게 새로운 것이 아니었지만 그 밖의 거의 모든 것은 새로웠다. 토미는 태어난 후 첫 몇 해 동안 스코틀랜드의 폴커크에서 친가 식구들과 함께 살았는데, 토미는 주물 공장에서 일해 온 노동자 계급 대가족의 장손이었다. 토미가 일곱 살이 채 되기 전, 그의 가족은 짐을 싸서 지구 반 바퀴를 돌아 캐나다의 신개척지인 위니펙으로 이사했다. 때는 1911년이었고, 세상은 오늘날과 아주 많이 달랐다.

토미는 태어날 때부터 몸이 작고 약했는데, 여섯 살에 심한 폐렴을 앓고 난 뒤에는 더 허약해졌다. 그 직후 토미는 바위에 걸려 넘어져서 오른쪽 무릎을 다쳤는데, 그 다친 무릎 때문에 평생 고생했다. 염증이 뼈에까지 퍼져서 골수염이 생겼고, 그 때문에 여러 차례 다리 수술을 받아야만 했다. 병원에 낼 돈은 없었다. 대신 긴 프록코트를 입고 중절모를 쓴 의사가 집으로 왔다. 부엌이 수술실이었고, 조금 전에 가족이 둘러앉아 아침을 먹었던 식탁이 수술대가 되었다. 클로로포름을 묻힌 거즈 마스크로 어린 토미를 마취한 뒤, 어머니, 할머니, 이웃집 아주머니가 수술을 보조했다. 의사는 무릎 바로 위의 피부를 절개해서 감염된 대퇴골을 노출시켰고, 칼로 감염 부위를 긁어냈다. 의사가 집을 떠나자마자 봉합 부위가 벌어지면서 상처에서 피가 흘러나와 지혈이 될 때까지 가족들은 마음을 졸였다.

당시 더글러스 가족은 이미 불안정한 상태였다. 토미의 아버지 톰 더글러스는 신세계의 유혹에 이끌려 그 가능성을 알아보려고 먼저 캐나다로 가서 위니펙에 머무르고 있었다. 그가 정착을 하면 나머지 가족도 그에게 갈 예정이었다. 그 여정은 토미가 무릎을 다치는 바람에 연기되었고, 두 차례 수술을 더 받고 목발을 짚으며 집과 학교를 오가는 생활을 한 끝에 마침내 1911년 초봄이 되자 다리는 다 나은 듯했다. 토미는 여동생 애니, 그리고 또 한 명의 여동생 이소벨을 임신한 엄마와 함께 글래스고 항에서 배를 타고 혹한 속에서 유빙을 피해 가며 17일 동안 북대서양을 항해했다. 그러고는 낡아빠진 대륙 횡단 열차를 5일 동안 탔는데, 객차 한쪽 끝에는 후덥지근하고 음식 냄새 풍기는 부엌이 딸려 있었다. 객차는 돈을 벌기 위해 광대하고 쓸쓸한 땅이라 불리는 캐나다의 서부로 가는 이민자 가족들로 가득 차 있었다.

위니펙에는 더글러스 가족 같은 이민자들이 유럽 각지로부터 몰려들고 있었고, 이들은 수많은 언어를 사용하고 있었기에 이들이 주로 정착하는 노스 엔드 지역은 마치 바벨탑 같았다. 톰 더글러스는 글래드스턴가에 집을 빌렸는데, 그 거리는 톰 더글러스의 아버지, 즉 토미의 할아버지가 존경하던 영국의 전 수상 윌리엄 글래드스턴[1]의 이름을 딴 것이었고, 그곳은 공교롭게도 포인트 더글러스라 불렸다. 그 구역에 영국으로부터 이민 온 가정은 더글러스 일가 말고는 한 집밖에 없었지만, 그런 사실이 골목에서 어울려 노는 아이들에게는 전혀 문제가 되지 않았다.

톰 더글러스는 그 사실에 고무되었다. 그는 토미에게 말하고는 했다. "너는 크라브첸코[2] 아이와 놀잖니. 그건 참 멋진 일이란다. 원래 세상이 그래야 하는 거야. 나는 옆집 사는 가족들의 말을 알아듣지 못해. 하지만 너희들은 함께 자라고, 함께 힘을 합해 일하게 될 것이고, 함께 세상을 만들어 나갈 거야."

아나벨라 가의 유명한 홍등가로부터 단 한 블록 떨어져 있었던 글래드스턴 가의 작은 집은 화장실이 따로 떨어져 있었고, 마당에 있는 펌프로 물을 끌어올려 썼는데, 자그마한 몸집에 쾌활한 토미의 어머니는 항상 토미를 격려했고, 안락한 가정을 꾸몄으며, 집세에 보태기 위해 하숙을 쳤다. 토미는 노퀘이 가에 있는 작은 학교에 다니면서 다리가 괜찮을 때에는 축구를 하고는 했다. 그는 위니펙의 자유가 좋았다. 그는 친구들과 레드 강과 아시니보인 강의 강둑을 따라 방해받지 않고 놀 수 있었는데, 이는 대부분의 땅이 사유화되어서 외부인의 출입이 금지되어 있던 스코틀랜드와는 너무나도 달랐다.

그러나 얼마 지나지 않아 무릎의 염증이 재발해 그 뒤로 몇 년 동안

---

1) William Gladstone. 리버풀 출생의 영국의 정치가. 자유당 당 대표를 지냈고, 수상직을 네 차례 역임하였다. 윈스턴 처칠과 함께 가장 위대한 영국의 수상으로 여겨지고 있다.

2) Kravchenko. 동유럽, 러시아 출신 슬라브 족의 이름. 여기서는 특정 이름보다는 그런 이름을 쓰는 민족을 가리키는 것이다.

대부분 목발에 의지해 지내야 했고, 아동 병원에 입원과 퇴원을 반복하면서 몇 차례 수술을 더 받았다.

이 불행한 시기에 이웃집 아이들이 토미에게 큰 변화를 가져다주었다.

토미는 평생 열 살 때 겨울에 친구들이 보인 친절을 생생하게 떠올리고는 했다. 그는 막 병원으로부터 퇴원해서, 목발을 짚어야만 걸을 수가 있었다. 날씨가 좋은 날에는 학교에 갈 수 있었지만, 길에 눈과 얼음이 쌓이면 학교에 가는 일은 불가능했다. 토미의 집에 차가 있었다면 이야기가 달랐을 텐데, 그 동네에 자가용을 가질 정도로 여유 있는 집은 한 집밖에 없었다. 토미는 훗날 "그 차는 경이로운 존재였고, 우리는 주인의 허락을 받아 그 차를 구경하고 만져 볼 수도 있었다."고 회상했다.

어느 날 아침, 누군가 현관문을 두드렸다. 토미가 동네와 학교에서 친하게 지내던 폴란드와 우크라이나 출신 친구들이 썰매를 가지고 서 있었다. "그들은 어머니에게 저를 매일 썰매에 태워 등하교시켜 주겠다고 했습니다."라고 토미는 회상했다. 대가를 요구하지도 않았다. 친구들은 순수한 우정과 선의로 그 일을 해 주었다. "그들은 영어도 제대로 하지 못했고 사람들은 그들을 다고스[3], 외국인놈들, 보헝크스[4]라고 불렀지만, 같은 이민자 가정의 친구에게 관심을 보이고 손을 내민 것은 그들이었습니다. 그들이 아니었으면 저는 학교에 다니지 못했을 겁니다."

인종차별이나 그 어떤 종류의 차별도 싫어한 토미 더글러스의 신념은 어려서부터 두 할아버지의 영향을 받아 형성되어 있었지만, 그런 신념

---

3) dago. 이탈리아 사람을 모욕적으로 부르는 말.

4) bohunk. 중부 유럽 출신의 미숙한 이민 노동자.

은 위니펙의 그 추운 겨울날 이후 더욱 견고해졌다.

그러고 얼마 뒤 그는 평생 이어진 큰 교훈을 하나 더 얻었다.

당시 토미의 가정 형편은 무척 어려웠다. 스코틀랜드 폴커크의 주물 공장에서는 괜찮은 임금을 받으며 일했던 아버지가 캐나다 위니펙의 벌컨 주물 공장에서는 1주일에 3일만 일을 할 수 있었다. 따라서 토미가 입원할 때마다 더글러스 가족의 가계에 큰 부담이 되었다. 당시 캐나다에는 공공 의료보험이나 그 밖의 복리후생 제도가 없었다. 토미는 다른 아이들과 함께 한 병동에 입원해 있었고, 당시의 일반적인 치료를 받았다. 전문의도 없었고, 일류 의료진은 더욱 없었다. 의사들은 할 수 있는 일을 다했지만, 결국 다리를 절단해야 한다는 안 좋은 소식을 전해 왔다.

다리를 절단해야 할지 여부를 두고 가족이 고심하고 있던 바로 그때, R.H. 스미스 박사라는 한 유명한 정형외과 전문의가 의과대학생들을 거느리고 토미가 있는 병동으로 회진을 왔다.

스미스 박사는 토미의 침상 옆에 멈춰 서서, 몸이 아프고 집에 가고 싶을 텐데도 쾌활함을 잃지 않고 있는 토미와 몇 마디 농담과 인사를 주고받은 뒤 차트를 빠르게 훑어보았다. 그는 실패로 돌아간 시술과 연이은 수술 기록, 그리고 암담한 예후를 살펴보았다. 그는 이 소년의 사례에 관심을 보였다. 나중에 토미의 부모가 왔을 때, 스미스 박사는 그들에게 한 가지 제안을 했다. 그는 토미의 다리를 살릴 수도 있는 실험적인 수술을 해 보고 싶다는 것이었다. 다만, 그 결과 무릎 관절은 영구적으로 강직될지도 모른다고 했다. 토미의 부모는 학생들이 교육 목적으로 수술을 참관하는 데 동의해 주기만 하면 되었다. 도저히 거절할 수 없는 제안이었다.

"몇 차례 수술 끝에 그는 제 다리를 고쳐 냈습니다." 훗날 토미는 말했다.

실제로 수술은 모두가 예상했던 것보다도 더 성공적이었다. 어른이 되어 토미 더글러스는, 수술 상처가 아문 뒤에 그 유명한 외과 의사가 학생들을 거느리고 와서 다리를 감은 붕대를 풀고 수술 결과를 확인하던 당시 상황을 즐겨 말했다. 스미스 박사는 토미의 다리를 만지고 누르며 상태를 살펴보고는 어느 정도 만족한 결과를 얻었다고 자신 있게 말했다. 그는 감탄하고 있는 학생들에게 "하지만 이 아이가 앞으로 무릎을 구부리지 못하게 된 것은 매우 안타깝네요."라고 말했다.

그때 어린 소년은 "어, 선생님, 저 무릎 굽힐 수 있는데요!"라고 소리치고는 실제로 무릎을 굽혀 보였다!

오랜 세월이 지난 뒤에 토미는 다시 무릎을 다쳐 고통받게 되었지만, 당시 스미스 박사의 수술은 대단히 성공적이어서 토미 더글러스는 그 후 30년 동안 자전거를 타고, 공을 차고, 권투를 할 수 있었고, 정치 유세의 강행군도 감당할 수 있었다.

토미는 정말 운이 좋았다. 그는 "당시의 일을 떠올릴 때마다, 제가 운 좋게 받을 수 있었던 그런 시술이 그 병동의 모든 아이에게도 제공되어야 했다는 생각을 했습니다. 의과대학생들에게 좋은 사례로 쓰이기만 할 것이 아니라 말이죠."라고 회상했다.

그는 자신을 구해 준 의사에게 늘 고마워하는 마음을 가졌으나, "운 좋게 그 의사가 무상으로 은혜를 베풀어 주지 않았다면 저는 다리를 잃었을 것입니다. 저는 그 어떤 소년의 다리나 생명도 일류 외과 의사를 모셔 올 부모의 경제력에 따라 좌우되어서는 안 된다는 생각을 하게 되었습니다. 그 경험을 통해 당시에는 의식하지 못했지만 시간이 지남에 따라, 의료 서비스에는 가격표가 붙어서는 안 되며, 누구나 개인의 경제력에 관계없이 필요한 의료 서비스는 무엇이든 받을 수 있어야 한다고 생각하게 되었습니다."

이렇게 국가 의료보장 제도의 도입이라는 결과를 가져올 씨앗이, 장차 서스캐처원의 주지사가 되고 캐나다에서 "메디케어[5]의 아버지"로 불리게 될 이 소년의 마음에 새겨지게 되었다.

❧

토머스 클레멘트 더글러스(토미 더글러스의 본명)는 보어 전쟁에서 막 제대하고 온 톰 더글러스와 글래스고로 이주해 온 하일랜드 지역 사람의 딸인 앤 클레멘트의 세 자녀 중 첫째로 1904년 10월 20일에 스코틀랜드 폴커크에서 태어났다. 토미 더글러스의 탄생은 토미의 아버지 톰과 토미의 할아버지 토머스가 화해하게 된 계기를 마련해 주었다. 할아버지 토머스는 단호한 성격에 규율을 엄격하게 지키는 원칙주의자였고, 지역에서는 열정적인 웅변가로 알려져 있었다.

할아버지 토머스는 평생을 자유당 지지자로 살아왔고, 한 정치 집회에서 윌리엄 글래드스턴을 소개했던 사실을 평생 자랑스럽게 여겼다.

---

5) Medicare. 메디케어라는 이름의 제도를 운영하고 있는 국가로는 캐나다, 호주, 미국이 있다. 이 책에서 다루고 있는 캐나다의 메디케어는 전 국민을 대상으로 세금으로 운영되는 무상 의료 제도이다. 한편, 한국에서는 메디케어라고 하면 주로 미국의 메디케어를 이르는데, 이는 1965년에 도입된, 65세 이상인 자와 장애인 등 일정 요건을 충족하는 사람만을 대상으로 하는 국가 의료보장 제도이다.

그의 아들 톰은 남아프리카로부터 전쟁의 공포와 부당함에 넌덜머리가 나서 돌아왔고, 그러고 얼마 뒤, 결성된 지 얼마 되지 않은 사회주의 정당인 노동당의 지지자가 되었다. 그러자 아버지는 이 들 을 집에서 내쫓았고, 그들은 일 년이 넘도록 왕래하지 않았다.

그러나 어린 토미가 태어나자, 할아버지는 기쁜 마음에 더는 거리를 둘 수가 없었다. 어느 날 누군가가 톰의 집 문을 두드렸는데 문 앞에는 할아버지 토머스 더글러스가 "아이를 보러" 와 있었다.

그 뒤 몇 년 사이에 그 노인의 다른 일곱 아들들도 노동당을 지지하게 되었고, 결국 그도 지지 정당을 바꾸었다. 이렇게 해서, 1944년에 북아메리카의 첫 사회주의 정부의 수반이 될 토미 더글러스는 자연스럽게 그런 정치적인 성향을 물려받게 되었다.

글래스고와 에든버러 중간쯤의 폴커크 인근에는 1297년에 윌리엄 월리스가 이끄는 스코틀랜드 군과 영국 군이 격전을 벌인 전적지가 있다. 주변의 광산에서 생산된 석탄을 연료로 그 지역에 발달한 철강 산업은 나폴레옹 전쟁 당시에 웰링턴 장군이 사용한 대포를 생산했다. 더글러스 집안의 남자들은 여러 대에 걸쳐 주물 공장에서 일해 왔다. 우애가 깊은 대가족이었고, 첫 손자이자 몸이 약했던 어린 토미는 특히 사랑을 받았다. 아버지는 노동자였지만 폴커크의 기준으로 봤을 때 비교적 안락한 생활을 할 수가 있었고, 토미는 건강 문제만 빼면 행복한 유년기를 보냈다.

더글러스 가족은 언덕 아래에 있는 할아버지 소유의 두 채의 돌집에서 살았다. 토미가 태어났을 당시에 그 집은 초가지붕을 얹은 집이었고, 후에 그 초가지붕은 슬레이트 지붕으로 바뀌었다. 그리고 벽난로로 난방을 했다. 가족들은 책을 많이 읽었고, 정치와 종교, 철학에 대해 논쟁을 벌이고는 했다. 토미처럼 영리하고 주의 깊으면서, 건강으로 인한 한계에 도전하고는 했던 상상력이 풍부한 아이에게는 꽤 고무적인 환경이었다.

할아버지 더글러스는 철공소 일꾼으로 굳은살 박인 커다란 손과 넓은 어깨를 가진 사람이었지만, 주말에는 그림을 그렸다. 글래드스턴을 소개하기도 했던 할아버지는 그의 초상화도 그렸다. 또한 널리 인정받는 아마추어 웅변가였다는 사실이 손자에게 깊은 인상을 주었는데, 그는 스코틀랜드에서 사랑받는 민족 시인인 로버트 번스[6]의 시를 수백 편이나 암송했다. 토미는 할아버지를 "내가 들어 본 가운데 가장 연설을 잘하는 사람 중 한 분"이었다고 기억했다. 토미의 첫 기억은 화롯가에서 〈샌터의 탬〉[7]을 비롯한 번스의 유명한 시들을 암송하는 할아버지의 무릎에 앉아 있는 장면이었다.

어린 토미는 스코틀랜드의 역사와 민족주의, 평등주의, 번스의 종교적인 열정을 자연스럽게 익혔다. 그의 어린 시절 영웅은 13세기에 잉글랜드에 맞서 싸웠던 스코틀랜드의 왕인 로버트 브루스[8]였다. 여러 해가

---

6) Robert Burns. 스코틀랜드 에리셔 출신인 영국의 국민 시인. 최초의 시집 《스코틀랜드 방언으로 주로 써진 시집》(1786)으로 명성을 얻은 그의 시는 18세기 잉글랜드의 고전적인 영향에서 벗어나 스코틀랜드 서민의 소박하고 순수한 감정을 표현하였다. 대표작으로는 《샌터의 탬》(1791) 《둔 강둑》(1791) 《올드 랭 사인》(1788) 《호밀밭에서》 등이 있다.

7) Tam o' Shanter. 스코틀랜드 사람이 쓰는 큰 두건형의 검은 모자. 로버트 번스가 쓴 시의 제목이기도 하다.

8) Robert the Bruce. 로버트 1세, 스코틀랜드의 왕(재위 1306~1329). 13세기 말 스코틀랜드는 잉글랜드의 지배를 받고 있었는데, 로버트 브루스는 잉글랜드 군을 격파하고 스코틀랜드의 독립을 쟁취한 인물이다. 스코틀랜드의 해방자이자 영웅으로서 많은 일화를 남겼다.

지나 첫 선거에서 패한 뒤에 토미는 자신의 지지자들에게 로버트가 결정적인 승리를 얻은 것은 여섯 번이나 패배를 경험한 이후였다는 사실을 상기시켰다.

토미의 아버지는 체격이 크고 건장한 사내였는데, 그럼에도 폴커크 집의 작은 정원에서 장미를 기르는 것을 좋아했다. 그는 교회의 목사와 다툰 뒤로는 교회에 다니지 않았다. 그는 장로교인을 부자와 자유당원과 한통속이라고 생각했다. 그는 자유당을 "모사꾼이자 위선자"이며 노동자의 친구가 아니라고 했고, 토미 역시 같은 견해를 가지게 되었다. 아버지는 열세 살 때 공부를 그만두고 일을 하게 되었는데, 자신이 가족 중에서 지지 정당을 처음으로 바꾼 것처럼, 자신의 아들은 주물 공장의 일꾼이 아닌 길을 가기 원했다. 그는 아들이 제대로 교육받기를 원했고, 대영제국의 엄격한 계급 제도로부터 자유롭기를 바랐다. 그는 "식민지"로 이주할 것을 고려하기 시작했다.

더글러스 가족이 캐나다에서 살기 시작한 지 3년도 채 되지 않아 제1차 세계대전이 발발했고, 영국의 재향 군인이었던 톰은 소집되어 의무부대에 배치되었다. 남은 가족들은 돈을 벌 사람도 없이 캐나다에 남기보다는 프리토리아 호를 타고 유보트가 오가는 바다를 불도 켜지 않은 채로 건너서 스코틀랜드로 돌아왔는데, 열 살 먹은 소년에게 그 여행은 공포스러운 경험이었다. 그들은 글래스고에서 어머니의 부모인 클레멘트 가족과 함께 살게 되었다.

토미의 외할아버지인 앤드루 클레멘트는 생협 시장에 물건을 나르는 트럭 운전수였고 생협운동을 강하게 지지했는데, 세월이 지난 뒤에 그의 손자는 서스캐처원에서 그 운동에 앞장서게 될 것이었다.

토미가 장차 아마추어 권투 선수가 될 조짐은 학교에 다니기 시작할 때부터 나타났다.

세상의 여느 소년과 마찬가지로 그도 약한 아이를 못살게 구는 아이들과 맞서야 했다. 스코틀랜드 스트리트 스쿨에 등교한 첫 날, 그는 당시 캐나다의 학생들이 보통 입는 대로 끈이 달린 헐거운 반바지와 작고 납작한 모자를 쓰고 집을 나섰다. 그가 거리 모퉁이를 지나 거친 불량배들의 영역에 들어서자 커다란 비웃음 소리가 들려왔다. "이봐, 캐나다 자식!" 아이들이 소리쳤고, 그중 한 명이 그의 모자를 채 갔다. 토미는 작았지만, 몇 년 동안 병원을 드나들면서 통증에는 이골이 나 있었고, 결코 싸움을 피하지 않았다. 조디 싱클레어라는 덩치 큰 아이가 그에게 뛰어 보라고 했지만, 토미는 거절했다.

"뛰지 않으면 친다." 조디가 말했다. 그러나 토미는 꿈쩍도 하지 않았고, 결국 코피가 터졌다.

토미도 즉시 조디에게 반격했지만, 덩치 큰 아이의 싸움 상대가 되지 못했다.

다음 날 방과 후에 토미는 조디와 그의 패거리를 찾아 나섰다. 숨을 깊이 들이마신 뒤, 토미는 결투를 신청했다. "아직 맛을 덜 보았으면 내가 매운 맛을 보여 주지. 준비 됐냐?"

때로는 허세와 근성이 효과를 보기도 한다.

토미를 두들겨 패거나 웃음을 터뜨리는 대신에 조디 싱클레어는 깊은 인상을 받았다. "그만하면 됐어, 캐나다 자식."이라고 말하며 그는 깨끗하게 물러섰다.

이제 더는 토미에게 시비를 거는 아이는 없었고, 토미와 조디는 친구가 되었다.

⁓

다리가 건강해지고 통증이 사라지자 토미는 처음으로 어린 시절을 만끽할 수 있었다. 그는 공부에 뛰어나지는 않았지만, 초등학교를 졸업하고 나서 사립학교로 진학했다. 그는 할아버지를 잘 따랐고, 할아버지의 배달 일과 말 돌보는 일을 여러 시간씩 도왔다. 시간이 날 때면 교회에 가고는 했는데, 그것은 특별히 신앙심이 있어서라기보다는 목사들의 멋진 설교를 듣기 위해서였다. 또한 그는 친구 톰 캠벨과 함께 일요일 오후에 글래스고 그린까지 가서 사회주의자들과 가두 연설가들이 기성사회에 대한 비판을 연달아 쏟아 내는 것을 즐겨 들었다.

그러나 그 자신은 순한 소년이었다. "제 주위에는 반항해야 할 만한 사람이 없었거든요." 그는 회상했다.

전쟁 시기에는 아버지도 안 계셨기 때문에 돈이 궁했고, 토미는 여러가지 잡일을 해서 학비를 벌었다. 그가 진짜 하고 싶었던 일은 선원이 되어서 바다로 나가는 것이었는데, 그러기에는 너무 어렸다. 벌이가 가장 좋았던 일은 이발소에서 면도를 기다리는 남자들의 뻣뻣한 구레나룻에 비누를 바르는 일이었는데, 그는 그곳에서 주중 저녁 시간과 토요일 종일 일해서 주급 6실링과 팁을 벌었다. 그는 호감이 가는 소년이었고, 팁을 잘 받았다. 크리스마스에는 주급 외에도 2파운드나 더 벌었는데, 13세 소년에게는 큰돈이었다.

그 다음 해 여름, 그는 한 코르크 공장에서 주급 30실링을 받는 일자리를 구했다. 공장 주인은 토미를 좋게 보아서 주급이 3파운드인 사무직으로 승진시켰는데, 그 액수는 그의 아버지가 철공소 노동자로 받는 것보다도 컸다! 토미는 그 공장에서 크게 인정을 받았기 때문에 가을이 되었어도 학교로 돌아가지 않았는데, 나중에 아버지가 휴가를 받아 집에 돌아와서 그 사실을 알고는 노발대발했다.

한편, 전쟁은 거의 끝나 가고 있었고 다시 캐나다로 돌아갈 때가 되었다. 1919년의 첫 날에 막 14세가 된 토미의 가족은 다시 한 번 항해에 나섰다. 이번에는 캐나다에 영구적으로 정착할 것이었다.

✚ 20세기 초 영국의 보건의료 상황

토미 더글러스가 어린 시절을 보낸 20세기 초 영국의 보건의료 상황은 19세기 말 급속하게 진행된 산업화, 도시화, 그리고 외과학의 발달 등에 영향을 받았다.

1860년대 영국에는 선거권을 가진 자가 전 인구의 3~13퍼센트가량밖에 되지 않았으나 19세기 후반 들어 급속한 산업화, 도시화가 진행되고 노동자 계급의 소득이 증가하면서 선거권도 확대되었다. 하지만 산업화에 따라 강과 대기오염이 진행되었는데, 20세기에 들어선 이후까지도 상당 기간 공해 및 산업보건 문제에 제대로 대처하지 못했다. 한편, 1850년에는 런던을 비롯한 도시의 하수 시설이 확충되었다. 지방 정부 주도로 공립 목욕탕 및 세탁소가 운영되었고, 가정에서 세탁과 목욕을 하는 것도 점차 증가했다. 또한 1865년 파스퇴르가 미생물학을 발전시킨 이후, 전염병의 원인이 미생물임이 밝혀지자 식품과 식수에 대한 보다 구체적인 관리가 가능해졌다.

더불어 의약품의 대량 생산 및 판매가 본격적으로 시작되었고(1860~1914년 사이에 의약품 판매량이 400퍼센트 증가했다), 1870년 이후에는 클로로포름이 이용되고, 수술 기구의 멸균 처리, 무균 수술법의 발전 등으로 수술 후 사망률이 급격하게 감소하는 등 외과학 분야에서 괄목할 만한 발전이 이루어졌다.

당시 영국의 병원은 다음과 같이 세 가지로 구분할 수 있다.

• 정신병자 수용소 : 많은 환자들이 매우 열악한 환경에서 비참한 상태로 감금되었으며, 한 번 수용이 되면 정신병자로 낙인찍혀 평생 감금되었다.

• 임의 기부제 병원 : 기부금으로 운영되는 임의 기부제 병원은 빠르게 발전하는 의학을 적용하여 급성 환자 위주의 진료를 하는 기관으로 특화해 나갔으며, 만성 환자나 전염병 환자의 치료는 거부하였다.

• 공립 병원 : 1871년 천연두가 휩쓸고 간 것을 계기로 런던 교외의 시골에 공립 병원들이 세워졌다. 전염병 유행 기간 동안에는 극빈자뿐 아니라 모든 계층이 이 병원을 이용했고, 이는 영국에서 무상 치료의 원칙을 확립해 나가는 계기가 되었다. 19세기 말이 되자, 런던의 공립 병원망은 세계에서 가장 규모가 크고 효과적인 병원 체계의 하나로 발전하게 되었다.

하지만 19세기 말까지는 토미 더글러스가 여섯 살 때 그랬듯이, 개원한 외과 의사가 환자의 집에서 수술을 집도하는 일이 많았다.

++ 19세기~20세기 초의 스코틀랜드

전통적으로 농경 사회였던 스코틀랜드에서는 1790년대 이후 산업화가 진행되었고, 1870년대가 되자 숙련된 기술자와 풍부한 석탄을 바탕으로 토목공학, 조선, 철도 건설 부문에서 세계적인 중심지가 되었다. 그러나 이 시기에 노동자들은 저임금을 피해서 다른 지역으로 대규모로 이주했는데, 1841년부터 1931년 사이에 무려 200만 명의 스코틀랜드 인이 북미와 호주로 이민을 갔고, 거기에 더해서 75만 명이 잉글랜드로 이주했다.

산업혁명기에 스코틀랜드는 대영제국의 산업 중심지 중 하나였다. 19세기 말에는 강철 생산이 주요 산업이 되었으며, 글래스고에는 당시 세계에서 가장 큰 조선소가 들어섰다. 석탄 산업은 20세기에 들어선 이후에도 지속적으로 성장했는데, 1914년에는 스코틀랜드 광부의 수가 100만 명에 이르렀다고 하며, 광부 특유의 기질에 영향을 받아 남성적인 문화, 평등주의, 연대, 노동운동의 지지가 이 사회의 특징이 되었다.

한편, 스코틀랜드의 농업 같은 경우 산업혁명이 진행됨에 따라 점점 상황이 안 좋아졌다. 영국이 자유무역 정책을 채택함에 따라 미국으로부터 곡물이 수입되기 시작했고, 이에 따라 곡물의 가격이 하락해 농민들은 도시로 이주했고, 더 멀리 잉글랜드, 캐나다, 미국, 호주 등지로 이주했다. 시골 지역 중에서도 고원 지대에 거주하는 이들은 역사적으로도 가난했지만, 그 격차는 산업혁명으로 인해 더 벌어졌다.

반면, 스코틀랜드의 도시 지역에서는 자유무역주의, 강한 개인주의, 교육과 자립을 중시하는 사회 분위기가 주를 이루었다. 산업 발달로 인해 일자리와 부가 창출되기는 했지만, 급격한 변화로 주택, 도시계획, 공중 보건 환경이 열악해졌으며, 일부 지역에서는 인구 밀집, 영아 사망률 상승, 결핵의 유행 등이 심각한 문제로 대두되기도 했다.

농업과 달리 어업은 스코틀랜드에서 비교적 순탄하게 발전해 왔다. 어선에 증기기관을 일찍 도입한 덕분에 제1차 세계대전 전까지 연안 어업의 황금기를 이루었고, 영국 전체 어획량의 3분의 1을 스코틀랜드에서 올릴 정도였다. 제1차 세계대전 동안 스코틀랜드는 군인, 선박, 기계, 수산물의 보급에 큰 역할을 담당했고, 1911년 당시 전체 인구가 480만 명이었던 스코틀랜드에서 69만 명의 남성이 전쟁터로 파견되어 그들 중 7만 4000명이 사망하고 15만 명이 중상을 입었다. 전쟁 기간 동안 조선업은 호황을 누렸으나, 무리한 사업 확장과 전쟁의 종식으로 인해 급격하게 쇠락하게 되었고, 제2차 세계대전이 발발하기까지 심각한 불경기가 이어졌다.

2

Boxing Rings and Grease Paint

권투 경기장과
무대 위의 젊은 날

캐나다로 돌아온 14살의 토미 더글러스는 인쇄소에서 일하면서 여가 시간에는 보이스카우트와 드몰레이 단 활동을 하고, 아마추어 권투 선수로 매니토바 주의 아마추어 라이트급 챔피언이 된다. 또한 일인극과 시의 낭독자로, 연극배우로 다양한 활동을 한다. 그런 토미의 재능을 눈여겨본 W. J. 메이저 변호사는 학업을 계속할 것을 권한다.

1919년 6월 21일, 위니펙 총파업을 종결시킨 폭력 사태로 훗날 '피의 토요일'이라 불린 그 사건의 현장을 토미 더글러스가 한 친구와 함께 지붕에서 내려다보고 있다.

1919년 6월 21일, '피의 토요일'. 그날 저녁 신문의 일면에는 위니펙 총파업을 종결시킨 폭력 사태에서 절정의 순간을 생생하게 보여 주는 사진이 실렸다.

총파업이 절정일 때 메인 가의 상황을 파노라마 화면으로 잡은 장면이었다. 파업 노동자들이 전복시켜서 방화한 그 유명한 노면전차가 한쪽에 보이고, 그 왼쪽에 한 남성이 경찰이 쏜 총에 맞아 쓰러져 있다. 그 주위와 화면 배경에 있는 군중은 서로 주먹질을 하고 있다.

사진의 중앙에는 제복을 입은 캐나다 왕립 기마경찰대가 말을 타고 곤봉을 휘두르면서 거리를 가로질러 돌격하고 있다.

그리고 거기, 사진의 중앙 약간 위쪽, 지붕 위 두 사람이 자신들의 눈앞에서 벌어지고 있는 절대 잊을 수 없는 공포스러운 장면을 내려다보고 있는 모습이 보인다.

그 두 사람은 열네 살의 토미 더글러스와 친구였다.

"우리는 공포조차 느끼지 못할 정도로 물정을 몰랐습니다. 그저 그 모든 상황에 흥분해 있었습니다."라며 훗날 토미는 그때 일을 회상했다.

토미와 어머니와 두 여동생은 1919년 초에 위니펙으로 돌아와, 몇 년 전에 살던 곳에서 멀지 않은 고든 가에 세를 얻었다. 아직 제대하지 못한 톰 더글러스는 몇 달이 더 지나야 돌아올 예정이었다. 어머니 앤 더글러스는 싱어 재봉틀 공장에 취직했다. 토미는 학교에 계속 다녀야 한다는 아버지의 뜻을 따르려는 마음은 굴뚝 같았지만, 당장 돈이 궁했기에 그도 일을 하러 나섰다.

그래서 사건이 있던 토요일 오후, 토미와 마크 탤니코프라는 소년(훗날 토미의 여동생 애니와 결혼하게 된다.)은 시청 근처 마켓 스퀘어에서 신문 배달을 하다가, 소요가 일어났다는 소식을 듣게 되었다. 두 소년은 기둥을 타고 메인 가의 2층 건물 옥상에 올라섰는데 그곳은 폭동의 중심지인 윌리엄스 가에서 가까웠고, 그 둘이 올라간 직후에 발포가 시작되었다. 경찰은 처음에는 공중에 대고 발포를 했는데, 총알 몇 개는 그 소년들의 머리 가까이 바람을 가르며 지나가 그들은 두려움과 흥분 속에서 몸을 낮추었다. 하지만 뒤돌아서 도망치지는 않았다.

사건을 제대로 목격하기 딱 좋은 그곳에서 그들은 모든 것을 볼 수 있었다. 노면전차가 전복되고, 격투가 벌어지고, 기마경찰대가 출동하고, 발포와 곤봉 세례로 두 명이 사망하고 수많은 부상자가 생겨났다. 그 장면은 그 도시, 그 나라 최초의 총파업이 38일에 접어들어 절정에 이른 현장이었으며, 그 사태 이후 파업은 진압되었다. 그날 이후 며칠 동안 다수의 파업 주동자가 검거되었고, 그중에는 더글러스 가족이 다니는 교회의 목사인 제임스 워즈워드도 있었다. 이들 중 일부는 재판을 받고 수감되었다.

토미는 그 장면을 다음과 같이 기억했다. "기마경찰과 일종의 자경단처럼 보이는 사람들이 노스 메인에서부터 메인 가와 포티지 가가 만나는 곳까지 돌격해 왔고, 포티지 가에서 전열을 재정비해서는 시위자들 가운데로 다시 돌격해서 집회를 해산시키고 대열을 흐트러뜨렸습니다."

"총도 상당히 많이 쏘았습니다. 대부분의 기마경찰은 하늘을 향해 총을 쏘았지만, 그들 중 일부는 군중을 향해 발포했습니다."

비록 토미는 그 파업에 직접 참여하지 않았지만, 프레드 딕슨, 존 퀸, 깡마르고 수염을 기른 워즈워드 등 파업 지도자들이 주먹을 휘두르며 연설을 하는 모습은 토미의 기억에 생생하게 새겨졌고, 이들은 소년 토미에게 일종의 롤 모델이 되었다.

이름의 첫 글자인 J.S.로도 알려져 있는 워즈워드는 감리교 목사이자 만민선교회[9]의 대표였다. 그 기관은 복합 사회봉사 센터이자 교육 기관이었는데, 그곳에서 어머니 앤 더글러스는 자원봉사 활동을 했고, 토미도 그곳의 도서관과 체육 시설을 자주 이용했다. 워즈워드는 평소에는 조용조용 말을 하는 사람이었는데, 연단에만 올라서면 사자로 돌변하고는 했다. '실천적 기독교' 혹은 '사회적 복음'이라는 개념을 강하게 지지했던 그에 대해 토미는 "우리가 참여해 활동했던 그 사회에서 그는 작은 하느님이었다."고 설명했다. 워즈워드는 2년 뒤 노동당 후보로 출마해 의회에 진출했고, 15년 후에는 토미의 동료가 되었다. 그런데 위니펙 총파업 때 워즈워드가 연행되었다는 소식은 당시 토미에게는 큰 충격이었다.

"소속 교회의 목사가 감옥에 간 것은 매우 불명예스러운 일이었습니다."라고 토미는 말했다.

위니펙에서의 파업은 토미 더글러스에게 지울 수 없는 인상을 남겼고,

---

9) All People's Mission. 캐나다는 19세기 말~20세기 초에 적극적으로 이민을 받아들였고, 이에 따라 인구 유입이 크게 증가해 1911년에는 위니펙의 인구 14만 명 중 19퍼센트가 유럽으로부터 온 이민자들이었다. 1889년 독일어를 모국어로 쓰는 어린이들을 돕기 위한 감리교회의 주일학교로 시작된 만민선교회는 이민자들에게 식량과 의복을 지원하고, 환자를 돌보고, 직업을 알선하는 활동을 벌여 나갔고, 이민자의 증가에 따라 단체의 활동도 확대되었다. 특히 1907년부터 1913년까지 이 단체의 위니펙 지역 대표였던 J.S. 워즈워드의 지도에 따라 비교파적이고 인도주의적인 활동을 확대해 나갔다. 제1차 세계대전 이후 이민자의 유입이 감소하였으며, 만민선교회는 1978년까지 운영되었다.

그는 점차 정치에 흥미를 가지고 지역운동에 참여해서 전단 배포나 다른 소소한 일들을 하기 시작했다. 워즈워드의 투옥과 피의 토요일에 목격한 폭력 사태만이 그에게 영향을 미친 것은 아니었다.

"(10여 년 뒤에 목격한) 에스테반 항쟁[10]과 그 이후 리자이나 항쟁[11]을 겪고 나서야 이런 사건이 일정한 경향을 보이면서 반복되고 있다는 사실을 깨달았습니다."라고 토미는 회상했다. "권력층은 원하는 것을 손에 넣지 못하는 경우, 반대 세력을 와해시키기 위해서라면 언제든 폭력과 위법 행위를 저지를 준비가 되어 있습니다."

༺ ༻

3년 뒤, 또 다른 싸움이 있었다. 장소는 유니온 스테이션의 맞은편인 메인 가의 포트 게리 호텔 옆에 있는 낡은 경기장이었다. 어느 봄날 토요일 저녁, 많은 관중이 모여들었다. 실내에는 맥주와 땀 냄새가 가득했고, 흥분이 고조되어 있었다. 메인 경기가 시작되려던 참이었는데, 이번에 토미는 구경꾼이 아니라 그 싸움의 한복판에 당사자로 있었다.

챔피언 자리를 놓고 벌인 대전의 마지막 6라운드에서 현 챔피언인 세실 매튜스와 도전자인 17살 토미 더글러스가 동점을 이루었다. 토미는 체격이 작고, 스스로도 인정하듯이 "특별히 뛰어난 권투 선수는 아니었

---

10) Estevan Riot, 1931년 9월 29일에 에스테반 시에서 임금 인상과 작업 조건 개선을 요구하며 파업 행진을 벌이던 석탄 광부들과 왕립 기마경찰대가 충돌을 벌여 경찰대의 총격으로 노동자 세 명이 사망하고 다수의 부상자가 발생한 사건으로 'Black Tuesday Riot'이라고도 한다.

11) Regina Riot. 113쪽에 나오는 '오타와 행진' 항목 참조.

습니다. 좋은 선수가 되기에는 팔이 짧았습니다. 그러나 저는 발이 빨랐고, 꽤 강한 주먹을 날릴 수 있었습니다."

그러나 1922년의 이날 토미에게는 행운이 따랐다. 시간이 지남에 따라 매튜스의 집중력이 떨어졌다. 그는 토미의 가드 아래를 빠르게 공격하려 파고들었는데, 그 과정에서 그만 자신의 가드가 풀려서 허점이 드러났다. 픽! 토미가 그 기회를 잡았다. 상대를 쓰러뜨리지는 못했지만 토미는 그 라운드를 유리하게 마쳐 경기의 승자가 되었고, 그 결과 매니토바 주의 아마추어 라이트급 챔피언이 되었다.

❧

여러분은 그 소년의 부모가 이런 성취를 자랑스럽게 여겼을 것이라고 생각할지도 모르겠다. 그런데 토미의 부모는 자랑스럽게 여기지 않은 정도가 아니라 넌덜머리를 냈다. 신앙심이 강했던 어머니 앤 더글러스는 권투는 악마들이나 하는 운동이라 여겼고, 아버지 톰은 이미 지난 두 번의 전쟁에서 평생 볼 만큼의 폭력을 이미 경험했다. 챔피언이 되기까지 아들은 코뼈가 부러지고, 이빨도 몇 개 나가고, 손과 엄지손가락에 부상을 입었다. 그들은 아들의 벌겋게 부어오른 얼굴과 통증으로 얼얼한 손을 보고는 슬픔에 고개를 가로저었다. "자업자득이다." 톰은 분명히 말했다. "네가 이런 짓을 할 정도로 멍청하다면 우리에게 동정은 바라지 말아라."

토미에게 동정은 필요 없었다.

토미가 권투를 시작한 열다섯 살 당시 그의 체중은 61킬로그램이었다. 그는 총파업 기간 동안에 결성된 '원 빅 유니언'[12]이라는 노동 단체가 운영하는 체육관을 주로 이용하였고, 링의 매력에 빠져들고 말았다. 여러 해 동안 목발에 의지해야 했던 토미는 이제 아주 발이 날랜 선수가 되어 있었다. 그는 캐나다의 라이트급 챔피언이 된 로이드 페펜과 캐나다의 헤비급 챔피언이 된 찰리 벨롱기의 스파링 파트너로 발탁되었다. 그는 십대 시절 내내 권투를 했으며, 결국 챔피언이 되었고, 18세가 된 그 다음 해에는 챔피언 방어에도 성공했다.

권투 선수 토미 더글러스! 몇 해 전 깡마른 소년의 감염된 다리를 치료한 의사들은 이 같은 결과를 전혀 기대하지 못했을 것이다. 그러나 1919년에 위니펙으로 돌아온 토미 더글러스는 4년 전 그 고장을 떠날 때와는 아주 다른 소년이 되어 있었다.

1919년, 봄이 되어 톰 더글러스가 가족 품으로 돌아올 때까지 토미는 집안일의 많은 부분을 책임졌고, 14세 소년은 빨리 성장했다. 실제로 토미는 캐나다로 돌아온 뒤로는 성경에 나온 것처럼, 어린아이와 같은 일은 버리고 어른스러워졌다.

"제가 집안의 유일한 남자였습니다." 그가 회상했다. "여러 가지 집안일을 돌보아야 했죠. 방풍창이 닫혀 있는지 확인했고, 제가 여동생들을

---

12) '단일 노조'라는 일반명사가 있으나, 이 책에 쓰인 것은 특정 단체의 이름인 고유명사라서 원어 그대로 옮겼다.

데리고 학교에 가서 등록시켜 주었는데 그 애들을 학교에 보내는 일 등을 챙겼습니다. 사내아이에게는 나쁘지 않은 일이었죠."

아버지가 집으로 돌아온 뒤에도 토미는 계속해서 아이보다는 어른의 역할을 담당했다. 톰 더글러스는 참호에서 가스를 마셔서 체력적으로 약해져 있었고, 정신적으로도 쇠약해져 있었다. 그는 국왕과 국가에 대한 헌신의 대가로 상여금을 받았는데, 토미의 가족은 그것을 엘름우드 공동묘지 근처의 맥파일 가에 있는 집의 임대 계약금으로 사용했다. 톰은 또한 한 달에 12달러가량의 군인 연금도 받았지만 생계를 이어 가기에는 턱없이 부족했고, 그는 다시 철공소 일을 하게 되었다. 그곳의 일은 위험했고, 아슬아슬하게 피하기는 했지만 용해된 금속을 뒤집어써서 크게 다칠 뻔한 경우가 두 번이나 있었다. 그는 남은 생애 동안 여러 차례 우울증을 앓았고, 그를 캐나다로 이끈 더 나은 삶이라는 꿈은 그의 자녀 대에서나 실현되었다.

그러나 그것은 먼 미래의 일이었다. 1920년대는 더글러스 가족에게 고달픈 시기였고, 토미의 여동생 애니와 이소벨도 초등학교를 마친 뒤에는 점원으로 일했다. 토미는 학교에 다시 다니고 싶었지만 그런 사치를 누리는 것은 아버지의 '꿈속에서나 가능할 것'이라고 생각했다.

토미의 첫 일자리는 로열 알렉스 호텔 근처의 히긴스 가와 메인 가가 만나는 어귀에 있는 약국의 사환 일이었는데, 1주일에 6달러를 받았다. 그러나 그는 항상 더 나은 기회를 잡기 위해 애쓰는 야심찬 소년이어서, 《곡물 거래 소식지》 등 여러 가지 출간물을 제작하는 리처드슨 프레스 사의 구인 광고를 보고는 바로 찾아갔다.

그는 그 인쇄소에 가서 현장 감독에게 일자리를 구하러 왔다고 말했다. 감독은 그를 쳐다보더니 시험 삼아 몇 가지 일을 시켜 보았고, 얼마 안 지나 "내가 아는 걸 모두 가르쳐 주지. 그래도 넌 아무것도 모르겠지만 말이야."라고 말했다.

토미는 5년 동안 견습공으로 일했고, 그 기간 동안 학교나 교육에 대한 생각은 접어 두었다. 처음에는 심부름꾼으로 시작했는데, 늘 지저분한 인쇄소에서도 특히 어렵고 지저분한 일을 도맡아 했다. 그는 나무틀에서 납 활자를 떼어 내서 재사용할 수 있도록 녹이는 일을 했고, 잉크투성이의 기계와 벽과 가구를 휘발유로 닦았다. 얼마 안 지나 그는 식자공이 되어 월요일부터 금요일까지는 종일, 토요일에는 반나절 동안 일했다. 열여섯 살에는, 여전히 견습공 신분이기는 해도 캐나다의 최연소 라이노타이프[13] 식자공이 되었고, 숙련공과 동일한 임금인 45달러의 주급을 받았다.

직장일 외에도 그의 일상은 바빴다.

일주일에 두 번은 저녁에 인쇄와 관련된 강의를 들었고, 그 이외의 저녁에는 근처의 뷸라 침례교회의 활동에 참여했다. 또한 보이스카우트 활동도 했고, 아버지처럼 드몰레이 단[14]이라는 프리메이슨 단체의 청소년부에서 활동했다. 스카우트 활동을 하면서 토미는 빠른 속도로 조장, 패트롤 반장, 소년단장인 컵마스터를 거쳐서 보이스카우트 단장이 되었

---

13) 신문 인쇄에 쓰이던 식자기의 일종.

14) Order of DeMolay. 1919년 미주리 주 캔자스시티에서 설립된 국제 청년 단체로, 12세에서 21세 사이의 청소년을 대상으로 하며, 현재 미국과 캐나다에 약 1만 8000명의 회원이 있다. 프리메이슨은 중세의 석공 길드에서 유래한 단체로 1717년 영국에서 창립되어, 계몽주의 사조에 호응하여 세계시민주의적인 의식과 함께 자유주의 개인주의 합리주의적 입장을 취했는데, 드몰레이 단은 그 산하 단체의 하나이다.

다. 그는 자신보다 어린 아이들과 함께 작업하는 것을 좋아했는데, 그런 점은 그가 훗날 목사가 되겠다고 결심하는 데 큰 역할을 했다.

그는 주 방위군[15]인 제79 카메론 하이랜더즈에도 가입했으며, 군악대원으로 스코틀랜드 전통의 남자 치마인 킬트를 입고 클라리넷을 불며 행진하고서 얼마간의 수당을 받았다.

토미는 권투 이외에도 여러 가지 운동을 했는데, 주로 스카우트를 통해서 했다. 거기서 그는 자전거 동아리를 이끌었다. 엘름우드 지역에서 일하는 소년들은 각자 자전거를 가지고 있었다. "우리는 자전거를 빨간색 바탕에 회색 장식으로 똑같이 칠했습니다."라고 토미는 기억했다. "주말이면 등에 배낭을 메고 위니펙 교외의 이스트 세인트폴 근방의 탁 트인 도로로 자전거를 타고 나가 캠프를 하고는 했습니다. 우리는 토요일 오후에 출발해서 일요일 밤이나 월요일 새벽에 돌아오고는 했죠." 그런 여행을 갈 때면 배낭에 야구공과 글러브, 축구공, 그 밖의 운동용품들을 잔뜩 싸들고 갔다.

그는 권투도 혼자서만 하지 않고, 스카우트 단원들에게도 도전해 보라고 격려했다. "아이들이 프로 권투 선수가 되기를 바란 것은 아닙니다. 싸움은 피하기만 한다고 피할 수 있는 것이 아니고, 싸울 준비가 되어 있다는 사실을 다른 사람들이 알 때 피할 수 있습니다."라고 토미는 말했다.

그의 미래에 더 중요했던 것은 그가 책을 탐독했다는 사실이었는데, 월터 스콧 경의 로맨스 소설 등 영국 소설뿐만 아니라 정치와 종교에 관

---

15) 제2차 세계대전 전까지는 정규군 이외에도 시간제 군인 제도가 있었다.

한 책들도 닥치는 대로 읽었고, 아마추어 연극 무대에도 서게 되었다. 할아버지 더글러스가 로버트 번스의 시들을 낭송했던 것에서 큰 인상을 받았던 데다가, 할아버지의 좋은 기억력을 물려받은 토미는 일인극을 하기 시작했고, 큰 인기를 얻었다. 당시에는 텔레비전도 없고 라디오조차 없던 때여서 사람들은 개인이 하는 유흥거리를 보러 모여들었다. 그는 위니펙의 유명한 웅변가인 진 캠벨로부터 개인 지도를 받았는데, 그녀는 전국적으로 유명한 강연자이자 저술가인 진 알렉산더의 제자였다. 토미는 시인 번스의 생일을 기념하는 행사인 번스 디너스와 프리메이슨 단체의 행사들과 그 밖의 여러 행사에서 번스, 키플링, 당시에 큰 인기가 있었던 캐나다의 인디언계 여류 시인인 폴린 존슨의 시를 낭독해서 인기 낭독자가 되었다. 때로는 스카우트가 토미를 출연진 중 한 사람으로 내세워 공연을 기획해 25센트씩 받고 표를 팔기도 했다.

토미는 이내 청중에 대한 두려움을 떨치게 되었다. "그 경험은 정치가가 되는 데 큰 도움이 되었습니다."라고 그는 기억했다. 당시만 해도 정치가가 되리라고는 꿈에도 생각하지 않았지만 말이다.

또한 이런 다양한 활동을 했던 자신이 "인쇄소에서는 조금 괴짜로 통했다."고 그는 기억했다. "저는 모든 사람과 친했습니다. 그러나 저녁 시간에 동료들과 어울리지는 않았죠. 저는 대부분 인쇄공들이 하듯이 술자리나 포커 판에 끼는 대신 저녁에 할 공연 내용을 암기하거나 말할 거리를 준비했습니다." 그러고는 정색을 하며 덧붙였다. "제가 라이트급 챔피언이었기에 사람들이 저에게 뭐라고 하지는 못했습니다."

이런 청소년기에 두 사람이 토미에게 큰 영향을 끼쳤다.

토미는 드몰레이 단을 통해 W.J. 메이저 변호사 그리고 하우덴 박사와 가까워졌는데, 그들은 그 단체를 이끌던 일종의 맏형 같은 존재들이었다.

변호사인 메이저는 후에 매니토바 주의 검찰청장을 지내고 매니토바 주의 고등법원 판사가 된 인물인데, 그는 토미에게 학업을 계속하라고 설득했다. 그는 젊은 토미가 재능이 많기는 하지만, 공식적인 학력이 뒷받침되지 않으면 그 재능을 펼치는 데 심하게 제약을 받게 될 것이라고 지적했다.

또 다른 스승인 하우덴은 위니펙 극장의 주인이자, 보드빌 써킷[16]의 중심지였던 워커 극장의 공동 소유자였는데, 그는 토미를 비롯한 여러 소년과 함께 공연을 보러 가고는 했다. 토미는 단역부터 맡게 되었고, 식당 지배인 역할을 하거나 스코틀랜드 억양이 필요한 배역을 맡았다.

토미의 소질을 눈여겨본 하우덴은 토미가 일을 그만두고 연극 교육을 전문적으로 받기 원한다면 그 비용을 대 주겠다고 제안했다. 그러나 토미는 무대에 서는 것을 그 정도로 중요하게 생각하지는 않았다.

"그 경험을 통해 분장을 하고 무대를 오른다는 것이 어떤 것인지 알 수 있었습니다." 이어 그는 말했다. "그러나 저는 그저 다른 누군가가 써 준 대본을 그대로 전달하는 그런 존재가 되고 싶지는 않았습니다. 저는 저 자신의 생각에 따라 살고 싶었습니다."

그래도 무대에 선 덕에 토미는 개인적으로 기억할 만한 순간을 경험할 수 있었다.

프리메이슨 총회의 공연에서 주인공 대역 배우로 대기 상태였던 토미는 주인공 배우가 무대에 서지 못하게 되자, 전혀 당황하지 않고 무대에

---

16) 희극 배우, 가수, 댄서, 곡예사, 마술사 등이 출연하는 쇼.

섰다. 공연이 끝나자 5000여 명의 프리메이슨 회원들이 기립 박수를 보냈다. 그리고 그날 공연이 끝난 뒤에 있었던 일을 토미는 절대로 잊지 못했다.

객석에는 아버지가 있었고, 아들이 매우 자랑스러웠던 것이 분명했다. 그러나 톰 더글러스는 과묵한 사람이었고, 특히 아들에 대한 칭찬에 인색했다.

둘이서 시내의 낡은 상공회의소 건물을 나섰을 때, 아버지는 걷자고 했다. 그들은 말없이 메인 가로, 그러고는 헨더슨 가를 따라서, 이전에 살았던 포인트 더글러스 근처를 지나서, 레드 강을 가로지르는 디즈레일리 다리를 건너서 엘름우드의 맥파일 가 132번지의 작고 낡은 집까지 걸었다.

"그 모습에서 아버지가 저의 연기를 보시고 크게 감동받으셨다는 것을 느꼈습니다." 토미는 그때를 회상했다. "집에 오는 내내 우리는 한 마디도 대화를 나누지 않았습니다. 다만 집 현관 앞 계단을 올라가면서 아버지는 제 어깨를 두드리시더니 '나쁘지 않았어.'라고 말씀하셨습니다. 그것이 아버지가 제게 했던 말씀 가운데 가장 칭찬에 가까운 것이었습니다. 어머니에게는 기쁜 속내를 전했을는지 모르지만, 그런 감정을 저에게 직접 말씀하는 것은 매우 어려워하셨죠."

+ 피의 토요일

제1차 세계대전 동안 캐나다 산업계는 군수 산업을 통해 큰 이익을 올렸지만, 노동자의 임금과 노동 환경은 열악했고 당시에는 노동 관련 규정조차 거의 없었다. 한편, 제1차 세계대전이 끝나자 제대 군인과 이민자들이 일자리를 찾아 도시로 몰려들었고, 실업률은 높아져 갔다. 이에 따라 이민자들에 대한 제대 군인들의 적대감이 쌓여 사회 갈등의 요인이 되었다.

당시 러시아에서 일어난 볼셰비키 혁명은 서구의 정치 지도자들에게 공포감을 주었는데, 캐나다 정부와 기업인들은 대중의 분노를 다스리지 못하면 혁명이 일어날 수 있으리라 생각했고, 이민자들과 급진주의자들을 제어하고 파업에 대해서는 강력하게 대응해야 한다는 입장을 가지게 되었다.

위니펙 총파업이 있기 1년 전인 1918년 5월, 물가 상승에 따라 실질생활비가 급등하자 전력, 운송, 수도, 사무직 등 위니펙 시의 공공사업 부문 노동자들이 임금 인상을 요구하며 파업을 벌인 바 있다.

그리고 1919년에 접어들자 위니펙의 건설 및 금속 산업계 노동자들은 협상력을 강화하기 위해 산별 노조를 조직하려 했다. 이에 위기를 느낀 고용주들은 산별 노조에 가입한 단위 노조와 협상하기를 거부했고, 이들 산업체의 노동조합은 교섭 단체로 인정받기 위해 파업을 벌였다. 건설과 금속 노조는 위니펙에서 영향력이 큰 조직인 노조연맹에 지원을 요청했고, 노조연맹은 조합원 투표를 통해 모든 공공 기능을 정지하는 동조 파업을 벌이기로 의결했다.

1919년 5월 15일 화요일 오전 11시, 2만 2000명에 이르는 위니펙의 모든 노동자가 일손을 놓고 파업에 참가했다. 긴장된 분위기가 이어졌지만, 파업은 '피의 토요일'이 있기 전까지는 비폭력적으로 진행되었다.

위니펙의 지역 언론은 파업에 반대하는 입장을 취했다. 이들 신문은 "볼셰비즘이 캐나다에 침투하다." 같은 머리기사를 뽑아내며 위니펙 주민들의 여론에 큰 영향을 끼쳤다. 그러나 사실 대부분 파업 참가자는 개혁을 원했지 혁명을 원한 것이 아니었다. 위니펙의 부유층은 반파업 위원회인 '1000인 시민위원회'를 조직했고, 파업이 소수 외국인의 사주를 받은 폭력적이고 혁명적인 책동이라고 주장했다. 6월 9일, 이 위원회의 요구에 따라 위니펙 시는 시 산하의 거의 모든 경찰을 '노조에 가입하지 않고, 동조 파업에도 동참하지 않겠다.'는 서약서에 서명하기를 거절했다는 이유로 해고했다. 시 당국은 이들 대신 훈련되지 않은 사람들을 더 높은 임금을 주고 고용했다.

시민위원회는 노동부와 내무부 장관을 만나 혁명 세력이 총파업을 주도하고 있다고 주장했다. 이에 내무부 장관은 지역 방위군에 군 병력을 지원했고, 왕립 기마경찰대와 특별 경찰을 배치했다. 의회는 재빨리 외국에서 출생한 자들 중 혁명을 선동하거나 반정부 단체에 가입한 자들을 국외로 추방할 수 있도록 하는 법안을 통과시켰다. 연방 정부의 장관들은 파업 중앙위원회의 대표들과 만나기를 거부한 채, 연방 정부 소속 공무원들에게 업무 복귀 명령을 내렸다.

6월 10일, 연방 정부는 여덟 명의 파업 지도자들에 대해 체포령을 내렸다. 일주일 후, 2만 5000명의 노동자들이 마켓 스퀘어에 모여 시위를 벌였다. 시위자의 수가 증가하자, 폭력 사태를 우려한 시장은 왕립 기마경찰대에 지원을 요청했고, 말을 탄 기마경찰은 시위대를 향해 돌진하면서 곤봉을 휘두르고 총기를 사용했다. 이 폭력적인 사태로 많은 사람이 다치고, 연행되고, 두 명의 시위자가 사망했다. 이 사건은 '피의 토요일'로 알려지게 되었고, 위니펙의 파업은 사실상 계엄 상황에서 진압되었다.

위니펙 총파업은 캐나다 역사상 가장 큰 규모의 파업이자 가장 큰 영향을 끼친 파업 중 하나였으며, 향후 노동 개혁의 기반이 되었다. 파업 지도자들은 체포되어 재판을 받았으며, 그 중 일부는 국외로 추방되었다. 그 밖의 지도자들은 6개월에서 2년 사이의 징역형을 선고받았다. 이 파업의 진상을 조사한 왕립위원회는 이 파업이 외국인들의 사주를 받은 음모가 아니었다고 결론 내렸으며, "자본이 노동자들에게 만족할 만한 삶을 영위할 수 있을 만큼의 대우를 해 주지 않을 경우 주 정부가 개입해서 자본의 비용으로 그 욕구를 충족시키도록 할 필요가 있다."고 권고했다.

노동자들은 파업을 강제로 종식시킨 보수당을 증오하게 되었으며, 같은 해에 농산물에 높은 관세를 물게 하는 법이 통과되어 농민들도 보수당에 등을 돌리게 되었다. 그 결과 1921년 선거에서 보수당은 참패했다. 이어서 집권한 자유당 정부는 강경한 좌파 정당의 대두를 우려해서 파업 위원회가 제안한 다양한 노동 개혁 방안들을 법제화했다. 파업 지도자 중 한 사람이었던 J.S. 워즈워드는 치안 방해 혐의로 기소되었으나 무혐의로 풀려났고, 후에 CCF를 창당하게 된다.

3

A Commitment to the Church

교회에의 헌신

독실한 기독교 신앙을 가진 가정에서 자란 토미 더글러스는 J.S. 워즈워드의 영향을 받아 진보적인 종교관을 가지게 된다. 그는 진보적인 사상의 중심지였던 브랜든 대학에 입학하는데, 정식 신학생이 되기 이전부터 주말이나 방학에 시골 교회에 파견되어 목회 활동을 시작한다. 그는 교회가 단지 구원을 받기 위한 기관에 그치지 않고, 사회 변화와 정의를 위한 도구가 되어야 한다는 사회적 복음 사상을 받아들이게 된다.

시골 지역 교회에 교육 전도사로 파견된 토미 더글러스는 무척 인기가 높았고, 당시 열여섯 살이었던 어마 뎀프시는 그의 설교를 들으러 왔다가 사랑에 빠지게 되었다.

1922년 봄, 위니펙에서 북쪽으로 조금 떨어져 있는 매니토바 주 스톤월의 캐나다 국영 철도역.

말쑥하게 빼입은 한 젊은이가 머뭇거리며 기차에서 나와 사람들이 붐비는 플랫폼으로 내려선다. 그는 열아홉 살이지만 체구가 작고 동안이어서 마치 열네 살인 듯 보인다.

40여 명의 스톤월 침례교회 교인 전체가 위니펙에서 파견 나오는 그날의 설교자를 맞이하기 위해 플랫폼에 모여 있다. 하지만 교육 전도사[17]로 그날 처음 파견 나와 어색해하는 젊은이를 아무도 알아보지 못한다.

토미는 아무도 자신을 알아보지 못하자, 자전거에 기대 서 있는 한 소년에게 다가간다. "침례교회로 가려면 어디로 가야 하지?"

그 소년은 놀란 눈으로 젊은이를 쳐다본다. "침례교회에서 뭐 하시게요?" 소년이 묻는다.

"오늘 아침 예배를 주관해야 하거든." 젊은이가 답한다.

"형이 새 설교자예요?"

"응, 그래."

그러자 소년이 큰 소리로 엄마를 부른다. "엄마, 이 형이 자기가 새 설교자래!"

모든 눈이 토미 더글러스에게로 모아졌고, 그가 훗날 회상한 대로 표현하자면 "그들의 표정에는 실망감이 역력했다."

---

17) 20세기 초 목회자가 부족했던 시기에 담임 목사가 없는 지역의 교회에 주일 예배를 주도하고 설교를 하도록 파견한 평신도를 일컫는다.

하지만 그는 여느 때와 마찬가지로 성공적으로 예배를 마쳤고, 다음에 다시 와 달라고 초청받았다.

～

토미 더글러스는 타고난 정치가였던 것과 마찬가지로, 타고난 목회자이기도 했다.

그의 두 할아버지는 모두 신앙심이 깊었다. 친할아버지 토머스 더글러스는 스코틀랜드에서 창립된 장로교회의 독실한 신자였는데, 번스와 스카치 위스키를 좋아하면서도 노래하거나 춤추는 것, 특히 안식일에 그렇게 하는 것은 언짢아했다. 외할아버지 앤드루 클레멘트는 젊었을 때에는 술고래였지만, 극히 보수적인 '기독교 형제단'에 의해 '구원'받았다. 토미가 태어났을 당시에는 술을 마시지 않는 조용한 사람이었고, 침례교의 평신도 사역자로 물건을 배달하러 다니면서 중간 중간에 전도를 하고는 했다.

어머니 앤 더글러스 역시 꽤 신앙심이 깊었으며, 위니펙에서는 아들이 목회자가 되기를 소망하면서 가족들을 데리고 침례교회에 다녔다. 종교에 관심이 거의 없는 톰 더글러스를 빼고는 가족 모두가 집 근처의 뷸라 침례교회에 열심히 다녔다.

목사가 되기 위해 공부하면서 토미는 이전에 뷸라 교회의 근엄한 목사가 저녁 시간에 더글러스 가정을 방문했던 일을 떠올렸다. 목사가 집에 오고 얼마 되지 않아 톰이 일터에서 돌아왔는데, 언제나처럼 지저분한 바지와 신발을 신은 채 녹은 금속 냄새를 풍기면서 부엌으로 쿵쾅거리며 들어섰다.

톰은 손님에게 "맥주 한 병 하려는데, 한잔 하실래요?"라고 물었다.

목사는 거절했다. 앤과 아이들은 톰의 이런 행동에 마음이 상했으나, 훗날 토미는 아버지의 솔직한 태도를 이해하게 되었고, 동시에 성직에 대한 교훈을 얻었다. 토미는 자신이 목사가 되어 교인들의 집에 갔을 때 그들이 맥주를 권하면 고맙게 받아 마시는 목사, 교인들을 있는 그대로 받아들이는 목사, 그들과 함께하기 위해 애쓰는 목사가 되겠다고 결심했다.

토미가 성직자의 삶을 처음 느껴 본 것은 열다섯 혹은 열여섯 살에 드몰레이 분회의 종교 부장으로 임명됐을 때이다. 당시 그의 역할은 회의 시작 때 기도를 하는 것이었다. 그는 대개 책에 있는 기도문을 읽기만 했는데, 어느 날 밤 시내에 화재가 발생해서 몇 명의 어린이가 사망한 사건이 일어났을 때에는 별도의 기도를 준비해서 성공적으로 마쳤다.

불라는 보수적인 교회로, 구원과 내세를 강조하면서 하늘나라에 가기 위해서는 자신만을 위한 행동보다는 선행을 베풀라고 했다. 그러나 J.S. 워즈워드를 귀감으로 삼고 있던 토미는 보다 진보적인 종교관을 확고하게 세워 나갔다. 그는 친한 친구이자 청소년 스카우트 인솔자 동료였던 마크 탤니코프(후에 이름을 탤니로 바꾸었다.)와 함께 몇 시간씩이나 정치와 종교에 관해 토론을 했고, 그 대화는 갈수록 사회적 복음, 즉 훗날 토미가 표현한 대로라면 "복음을 사회적 상황에 맞추어 적용하는 것"에 점차 초점이 모아졌다. 그들은 스스로를 저항군으로 여겼다. 목사가 되겠다는 생각이 토미의 마음속에 싹튼 것은 자신이 '부름'을 받았다고 생각해서가 아니었다. 그와 마크는 교회를 사회 변화를 가져오는 방편으로 여겼다.

어느 추운 밤, 교회에서 집으로 걸어오면서 두 친구는 목사가 되기로 결심했고, 브랜든 대학에 진학할 것을 꿈꾸기 시작했다. 그곳은 침례교회에서 운영하는, 인문학과 신학을 가르치는 학교였다. 브랜든 대학은 진보적인 사상의 온상이었고, 위니펙에서 기차로 몇 시간밖에 떨어져 있지 않았다.

그들이 실제로 대학에 진학한 것은 그로부터 일이 년이 더 지나서였다. 그동안 토미는 가능한 한 많이 읽었고, 스톤월에서 했던 것처럼 가까운 시골 지역 교회에서 설교 경험을 쌓았고, 돈도 조금 모았다.

토미는 인쇄공으로 일하면서 그의 아버지보다도 더 많은 임금을 받았지만, 그 대부분은 집 대출금을 갚는 데 들어갔다. 대학에 가기 위해 애써서 1년 동안 돈을 더 모았지만, 1924년 가을에 스무 번째 생일을 몇 주 앞두고 브랜든으로 향하는 그의 수중에는 90달러밖에 없었다.

여느 학생들처럼 브랜든에서 공부하는 6년 내내 토미는 돈이 궁했다. 3년 동안에는 다니지 못한 고등학교 과정을 배웠고, 나머지 3년 동안에는 신학 공부를 했다. 그는 생계를 위해 위니펙에서 했던 것처럼 공연당 5달러를 받고 연주회와 춤 무대에 올라 일인극이나 낭송을 했다. 브랜든에서의 첫해 가을, 그는 그 도시 주변 지역을 순회하는 공연단의 스타가 되어 있었다.

그 밖에도 대학에서 처음 몇 해 동안 돈을 벌기 위해 토미는 식당에서 웨이터를 하거나 기숙사에 밤늦게 귀가하는 학생들에게 문을 열어주는 일 등 온갖 일을 했다. 기숙사 문이 잠긴 뒤에 귀가하는 학생들은 초인종을 눌러야 했고, 들어오면서 25센트의 벌금을 냈다. 토미는 이를 다음과 같이 기억했다. "일어나서 문을 열어 주는 대가로 25센트를 받았습니다. 새벽 1시에 누군가를 깨우는 친구는 누구든 그 값을 치러야지요."

더 중요한 일로, 그는 다른 학생들과 함께 대학 시절 내내, 심지어는 실질적으로 고등학교 과정을 배울 때조차 교육 전도사로 활발하게 활동했으며, 주말과 여름방학에는 너무 작아서 전임 목사를 초빙하지 못하는 주변의 시골 교회에서 일했다.

실제로 그는 브랜든 대학에 오기도 전에 유급으로 첫 임무를 부여받았다. 대학에 오는 길에, 포티지 러 프레리와 브랜든 사이의 중간쯤 있는 오스틴이라는 작은 마을에 들러 간단히 처리할 일이 주어졌는데, 신도들이 갈라서서 문을 닫게 된 교회의 뒷마무리를 하는 일이었다.

"그 교회는 여러 파벌로 갈라져 있었습니다." 토미는 훗날 한 인터뷰에서 그 일에 대해 말했다. "그 교회는 분쟁에 휩싸여 있었고, 신도 가운데 절반이 영국이스라엘지파론자[18]였습니다. 그래서 교회를 공식적으로 폐쇄하고 뒷정리를 할 임무가 제게 주어졌습니다." 그러나 그는 성경의 해석에 대한 차이 때문에 그 지역 사회의 젊은이들이 종교 교육을 받지 못하게 되는 것은 부끄러운 일이라고 생각했다. "저는 스무 살밖에 되지 않았는데 저보다 나이가 세 배나 많은 분들에게 태연하게 충고를 할 수 있을 정도로 경솔했습니다. 그래서 저는 그 교회를 닫는 것은 수

---

18) British Israelites. 영국이스라엘지파론이란 서유럽인들, 특히 영국인들이 이스라엘의 잊혀진 10지파의 후손이라고 주장하는 이론이다. 이 이론은 영국의 왕가가 다윗 왕의 후손이라 주장하기도 한다. 이 이론을 지지하는 사람들이 단일한 지도자를 따르거나 조직을 구성한 적은 없다. 그럼에도 1870년대 이후로 다양한 영국이스라엘지파론 단체가 영국과 아메리카 대륙 여러 곳에서 생겨났고, 일부는 현재도 이어지고 있다.

치스러운 일이라고 설교를 하고 말았습니다."

그런데 그 뒤 교인들이 회의를 했고, 집사가 양순한 태도로 토미에게 와서 "자신들이 조금 어리석었다는 사실을 인정했다." 그리고 만약 도미가 매주 일요일에 와 준다면 자신들이 교회를 일 년 더 운영해 보겠다고 했다.

브랜든 대학 당국은 1학년 학생이 그런 중요한 일을 하는 것을 탐탁지 않게 생각했지만, 토미와 그의 친구 마크 탤니가 한 주에 15달러씩 받고 일요일에 교대로 설교하도록 허락했다.

토미는 두 해 여름을 오스틴에서 보냈다. "첫해에는 자전거를 타고 모든 농가를 방문했습니다." 그는 그때를 떠올렸다. "다음 해가 되자 교민들이 제게 낡은 포드 자동차를 제공해 주었습니다. 절반은 그 차가 저를 실어다 주었고, 나머지 절반은 제가 그 차를 밀고 다녔습니다."

2년 뒤, 토미는 브랜든 동쪽 외곽의 카버리에 있는 장로교회에 파견되었다. 녹스 교회는 침례교가 아니었는데도, 목사가 절실하게 필요해서 대학에 도움을 요청했던 것이다. 카버리에서 이루어진 이 교파를 초월한 협력은 토미에게 다른 의미에서도 복을 가져다주었다. 설교자로서 그의 명성이 높아지자 어느 일요일에는 감리교에 다니던 아담한 체격에 갈색 머리를 하고 눈이 빛나는 어마 뎀프시라는 예쁜 소녀까지 그의 설교를 들으러 오게 되었고, 그녀는 바로 다니는 교회를 바꾸었다. 이렇게 훗날 결혼으로 꽃 피울 인연의 싹이 트게 되었다.

토미는 카버리에서 두 해를 보냈고, 그 다음에는 브랜든에서 북서쪽으로 몇 시간 거리에 있는 쇼울 레이크와 스트래드클레어 지역의 교회들로 파견되었다. 그는 토요일 오후면 기차를 타고 미네도사로 가서 스트래드클레어로 가는 기차로 갈아탔다. 토미는 나이 지긋한 키펜 가족의 농가에서 밤을 보냈고, 키펜 형제자매는 다음날이면 그를 쇼울 레이크와 스트래드클레어의 교회로 시간 맞추어 데려다 주었는데, 날씨가 좋을 때면 모델 T 포드 차를, 겨울에는 말이 끄는 수레를 타고 이동했다.

브랜든 대학 졸업반이 된 토미는 전임 목사를 구하고 있는 서스캐처원 주 웨이번의 캘버리 침례교회에 시험적으로 파견되었다.

토미는 신학생 설교자인데도 아주 인기가 좋았고, 특히 어린이들이 그를 좋아했다. 그는 연극과 스포츠 모임을 조직하고, 사내들의 운동인 권투를 보여 주고, 대도시인 위니펙에 대한 이야기를 들려주기도 했다. 그는 주일 학교를 위한 이야깃거리와 재담을 늘 준비하고 있었고, 약간의 손재주를 곁들인 볼거리를 즐겨 쓰고는 했다. 그는 눈 깜짝할 사이에 색도화지로 된 빨간색 하트를 손에 꺼내 들고는, 거짓말을 하거나 훔치거나 부모에게 무례하게 하면 어떻게 될지 아이들에게 경고했다. 그가 "변해라!" 주문을 외우고 나면, 빨간색이었던 하트가 새까만 색으로 바뀌었다.

1929년 9월 29일, 그는 쇼울 레이크의 한 어린 교인의 사인북에 다음과 같은 메시지를 남겼다.

친애하는 윌마에게,

보석이나 꽃 대신에 친구의 마음에 아름다운 생각 한 방울을 남길 수 있다면, 그것은 천사들이 하는 것과 같은 일일 거야.

T.C. 더글러스

현역 목사처럼 설교를 하는 일은 고되었지만, 토미는 브랜든 대학의 생활에도 적극적이었다. 그리스어와 히브리어를 비롯한 학교 공부에서도 두각을 나타냈는데, 특히 히브리어는 랍비가 되고자 하는 유대인 학생들이 같이 듣는 과목이었는데도 그의 점수가 가장 좋았다. 그는 자신의 반에서 첫 3년 동안 수석을 했다. 그때, 역시 인쇄공 경력을 가진 스탠리 놀스가 새롭게 들어와 적수를 만나게 됐다. 놀스와 더글러스는 여러 면에서 유사한 경력을 쌓게 된다. 둘 다 침례교 목사가 되고, 둘 다 유명한 좌파 정치인이 된다. 놀스는 1984년에 은퇴할 때까지 "의회의 학장님"으로 군림했다. 둘은 학창 시절에 경쟁자들 가운데 가장 친했고, 학업 우수자에게 수여하는 상을 둘이서 독점하다시피 했는데, 졸업할 때에는 놀스가 더 많은 금메달을 받았다.

"내가 금메달을 가져가려 했는데, 사람들이 제자리에 갖다 놓으라고 하더라구." 토미가 농담을 하자 놀스는 "토미가 더 똑똑했는데, 필기 시험은 내가 더 잘 봤지."라고 대꾸했다.

브랜든 대학은 온타리오 주 윈저에 있는 침례교 재단의 대학인 맥마스터 대학교 산하의 대학이었다. 당시에 침례교회는 다양한 신학적 쟁점들과 관련해 진보와 근본주의적 관점으로 나뉘어져 있었으며, 많은 침례교인은 자신이 지원하는 브랜든 대학의 신성한 회당에서 무엇을 가르치는지 알았더라면 충격받았을 것이다. 미국에서 다원주의와 종교적 근본주의의 충돌로 악명이 높았던 스콥스의 "원숭이" 재판[19]은 토미가 브랜든에 입학하기 불과 몇 년 전에 벌어졌고, 많은 침례교도는 근본주

의 편이었다. 그러나 대학에서는 진보적인 사상을 자유롭게 이야기할
수 있었으며, 브랜든의 몇몇 교수는 이단이라는 혐의를 받았다. 아이러
니하게도 브랜든 대학은 지질학과가 유명했는데 그 학과에서는 성경의
견해와 정면으로 배치되게 지구의 나이가 수백만 년이 넘는다는 내용
을 가르쳤다. 토미는 근본주의자들의 태도란 다음과 같이 이야기하는
것이라고 비꼬아 설명했다. "나는 사상의 자유가 완전히 보장되기를 원
합니다, 단, 당신의 견해와 저의 견해가 다르지 않는 한에서요. 만약 견
해가 다를 경우에는 당신은 제가 믿는 것을 믿어야 합니다."

브랜든의 교수진이 대거 교체되었는데도 논란은 계속되었고, 갈등은
끈질기게 남아 결국 1938년 침례교 측에서 관계를 단절하고 말았다. 오
히려 그러는 동안, 교회가 인간의 영혼뿐 아니라 육체의 안녕에 대해서
도 관심을 가져야 하며 교회가 변화와 정의를 위한 도구가 되어야 한다
는 사회적 복음 사상이 브랜든 대학을 지배했다. 토미는 이런 개방적이
면서도 지적으로 엄격한 환경에서 교육받았다. 이미 좌익 정치 사상의
영향을 받은 그의 기독교관은 더욱 진보적이 되었으며, 성서적인 진리
는 인간 행동의 방향을 제시하기 위한 은유라는 생각을 하게 되었다. 그

---

19) 1925년 미국 테네시 주에서는 기독교 근본주의 단체의 로비로 주의 공립학교에서 진화론 교
육을 금지하는 법안(버틀러 법)이 통과되었다. 미국 민권자유동맹은 이 법에 반대하는 운동을 벌
였고, 고등학교 생물 교사이자 미식축구 코치인 존 스콥스는 학교에서 진화론을 가르쳐 기소되었
다. 재판은 근본주의 단체와 자유주의 단체 간의 대결 양상으로 전개되었고, 8일의 재판 기간 동
안 거물 변호사들이 동원되고 1000명이 넘는 사람이 방청하는 등 큰 반향을 불러일으켰다. 학계
와 종교계의 큰 관심을 모은 이 재판은 창조론 대 진화론 논쟁의 계기가 되었다. 재판 결과 테네시
주의 주법을 어긴 것이 명확하다는 이유로 스콥스에게 유죄가 판결되었다. 1년 뒤 주 대법원에서
재판 절차상의 잘못을 이유로 스콥스에 대해 무죄를 선고했지만, 1심의 판결은 기독교 근본주의
자의 기세를 드높여 주었고, 이후 진화론 반대 운동이 확산되었다.

런 생각은 학생 시절 내내 담당했던 일요일의 설교에 반영되었는데, 그의 설교는 시골 교회의 보수적인 교인들 사이에서조차 갈수록 인기가 높아졌다.

그는 자신이 설교하는 방식을 다음과 같이 설명했다. "우선 성경 말씀으로 시작합니다. 그런데 성경은 마치 콘트라베이스와 같아서, 원하는 어떤 곡조든 켤 수가 있습니다. 저는 사회적, 경제적인 방면에 관심이 많았기에 자연스럽게 종교란 본질적으로 하느님과의 새로운 관계를 정립하고 우주와 새로운 관계를 정립하는 것이라고, 덧붙여 인간들 사이에 새로운 관계를 정립하는 것이라고 설교하게 됩니다. 또한 기독교 신앙이 어떤 의미가 있다면 그것은 인간의 형제애를 키워 나가는 것이리라고 말이죠."

"그리고 그것은 인간과 인간 사이에 유익한 관계를 정립하고, 인류 그리고 특히 가장 불행한 자들을 구원할 사회와 제도를 만드는 것을 의미합니다. 그것이 제가 전달하고자 하는 내용이었습니다."

토미는 대학의 다른 활동에도 열심히 참가했다. 그는 토론의 챔피언이었으며, 그가 이끄는 팀은 모든 도전자를 물리쳤는데, 그중에는 캐나다를 순방중이던 영국의 명문 옥스퍼드 대학교 팀도 있었다. 그는 또한 연극, 학생신문, 학생회 활동에도 참가했으며, 졸업반일 때에는 학생회장도 지냈다.

그는 그런 여러 가지 성취에도 자신을 너무 내세우지 않았고, 능숙한 재담꾼으로도 명성을 얻었다.

이에 더해 그는 사랑을 키울 시간을 내는 일도 잊지 않았다.

토미는 카버리에 사는 어마 뎀프시를 찾아서 말장수인 그녀 아버지의 농장을 자주 방문했다. 토미는 소년 시절에 글래스고에서 외할아버지 클레멘트가 배달을 할 때 말과 마차를 다루는 일을 도왔기 때문에 말에 대해 조금 알고 있었는데, 이는 무척 다행한 일이었다. 토미는 "제가 말을 화제로 이야기를 나눌 수 없었다면 장인어른은 저를 사위로 받아 주지 않으셨을지도 모릅니다."라고 말했다.

피아노를 연주했던 어마는 고등학교를 졸업한 뒤 음악을 전공하기 위해 브랜든 대학에 진학했고, 둘의 사이는 더 가까워졌다.

"사람들은 여대생들에게 신학생을 가까이 하지 말라고 했습니다." 토미는 기억했다. "그렇지 않으면 결국 외풍 심한 어느 목사관에 살면서 구호품으로 들어온 옷을 얻어 입게 될 것이라고 했죠."

어마는 이에 아랑곳하지 않았다. 그들은 토미가 졸업하고 안수를 받은 직후인 1930년 여름에 결혼했다. 당시 목사 안수를 받은 마크 탤니가 이들의 주례를 서 주었고, 스탠리 놀스가 신랑의 들러리를 했다. 채 26세가 되지 않은 토미와 막 19세가 된 어마는 함께 서스캐처원[20]으로 갔다.

---

20) 앞으로 토미 더글러스가 정치를 펼치는 주 무대가 될 서스캐처원 주는 캐나다 중부 평원 지대로 앨버타 주와 매니토바 주 사이에 있으며, 주도는 리자이나이다. 18세기 말부터 서구인이 정착하기 시작했으며, 20세기 들어 열차가 개통됨에 따라 거주 인구가 늘었고, 1905년에 주로 승격되었다. 현재 서스캐처원의 주요 산업은 농업(밀, 축산업), 광산(포타쉬, 우라늄), 에너지 산업(석유, 천연가스)이다.

4

Dustbowl Preacher

황량한 건조 지대의
열정적 목사

토미 더글러스는 대공황이 막 현실화되기 시작한 1930년에 서스캐처원 주 웨이번에 있는
캘버리 침례교회에 부임한다. 대공황으로 고통받는 농민과 실직자들에게 구호품을 전달하
고 일자리를 제공하는 등의 활동을 펴지만, 시간이 지남에 따라 기존의 경제 체제에 문제가
있다는 신념이 굳어진다.

서스캐처원 주 웨이번에서 캘버리 침례교회의 목사로 있는 동안 토미 더글러스는 실직자들의 조합을 조직한다. "우리는 모든 사회, 특히 기독교 사회는 우리 가운데 있는 나이 든 사람, 병든 사람, 고아, 가난한 사람을 어떻게 대하는지에 따라 평가받는다고 믿습니다." 1930년대 서스캐처원은 황진(黃塵) 지대(Dustbowl)라고도 불렸는데, 이는 황진 피해를 입은 북아메리카 대륙의 건조한 평원 지대를 뜻한다.

1931년 여름, 시카고. '호보 정글hobo jungle'이라 불린 지독한 빈민 거주지가, 시내를 이리저리 가로지르는 기찻길을 따라 말 그대로 하룻밤 사이에 생겨났다.

대공황에 접어든 지 채 2년도 지나지 않았는데, 일자리를 잃은 사람이 벌써 수백만 명에 이르렀다.

일자리 없고 집도 없는 사내들이 어슬렁거리다 삼삼오오 모닥불 주위에 모여 두런두런 이야기를 나누고 있었다. 술을 마시지 않았는데도, 차가운 밤안개처럼 그 남자들의 어깨에 드리워진 절망감으로 인해 분위기는 좋지 않았다. 자정이 지난 늦은 시각이었다. 군청빛 하늘에 뜬 달은 빠르게 흘러가는 구름에 따라 마치 네온처럼 깜빡였다.

말쑥하게 차려입고 공책을 든 젊은이 몇 명이 그곳에 모인 사내들 주변을 어색하고도 조심스러운 태도로 돌아다니고 있었다. 시간이 생각보다 늦어졌고, 주변 분위기가 바뀐 것을 이들도 느끼고 있었다. 나이 든 사내들이 이들을 둘러쌌다.

"이봐, 돈 좀 있나?" 한 사내가 물었다.

"아무것도 없습니다." 젊은이 중 한 명이 대답했다.

"저희는 대학생입니다." 다른 젊은이가 설명했다. "저희는 상황이 어떤지 알아보러 왔습니다. 그러니까……."

나이 든 사내 하나가 웃음을 터뜨렸다. 칼칼하고 음울한 그 소리가, 마치 기침을 해 대는 듯했다. 무더운 여름밤이었지만 갑자기 분위기가 서늘해졌다.

"여러분을 도와드릴 방법은 없는지 찾고 있습니다." 세 번째 학생이 말했다. 토미 더글러스였다.

다시 웃음이 터졌다. 주위에 있던 사내들이 다가왔다. 웃음이 그치고, 거북한 침묵이 감돌았다. 나이 든 사내들의 불신에 찬 눈빛에 학생들은 한발 한발 조심스럽게 발걸음을 옮겼다.

"이보게, 자네들이 우리를 도울 수 있는 방법은 하나도 없다네. 할 수 있는 건 아무것도 없어." 작업복 차림에 철도원의 줄무늬 모자를 쓴 반백의 노인이 마지막으로 말했다. "학교로 돌아가게. 그리고 공부하게. 이런 일이 다시는 일어나지 않도록 해 주게."

그로부터 일 년 전.

브랜든 대학은 인구 5000명의 번영하고 있는 도시인 웨이번에 새로 문을 여는 캘버리[21] 침례교회에 부임할 두 명의 후보를 파견했는데, 바로 절친한 친구인 토미 더글러스와 스탠리 놀스였다. 140여 명의 교인들은 두 사람 모두 좋아했지만 결국 토미가 그 교회에서 일하게 되었다. 놀스는 위니펙의 제일 침례교회에 부임했고, 토미가 정치 활동을 시작한 것과 비슷한 시기에 정치 활동을 활발하게 하기 시작했는데, 선거에서 당선된 것은 토미보다 더 나중이었다.

토미의 연봉은 1800달러였고, 여기에 피아노를 가르치는 어마의 소득을 합하면 상당히 안락한 생활을 누릴 수도 있었다. 그런데 토미는 이

---

21) Calvary. 골고다 혹은 갈보리라고도 하며, 예수가 십자가에 못 박혀 죽은 예루살렘 교외의 언덕 이름이다. 히브리어 Golgotha, 라틴어 Calvary는 해골을 뜻한다.

웃에게 돈을 퍼 주고는 했고, 그런 성향은 평생 이어졌다.

토미와 어마는 세컨드 애비뉴에 작은 아파트를 세내어 이사했고, 곧바로 교회와 지역 사회 활동에 뛰어들었다. 그들은 스케이트도 타고, 컬링 경기도 하고, 공연과 강좌에도 참석하고, 사교 모임에도 참여했다.

토미가 집에서 설교 준비를 하거나 맥마스터 대학교 통신 교육 과정의 과제물을 작성하지 않는 시간이면, 둘이서 클라리넷과 피아노로 함께 즉흥 연주를 하고는 했다.

그는 시립 수영장을 건립하기 위한 모금 운동에도 참여했는데, 수영복을 입고 수영장 옆의 나무의자 가장자리에 부주의하게 걸터앉았다가 훗날 꼬챙이라는 별명을 얻었다.

성직자로 일할 때도 더글러스는 소소한 농담을 즐겼다. 그는 자신의 결혼 소식을 캘버리 교회의 교인들에게 알리면서 다음과 같이 말했다. "다음 주일이면 우리 교회에 새 피아노 반주자가 생기겠습니다." 오래전부터 알던 여자 친구가 방문했을 때는 어마에게 "당신은 그 사람을 좋아할 거야. 그런데 조금 어려울지도 몰라. 그녀는 잘 듣지 못하거든"이라고 말했다. 그리고 역에 손님을 마중 나가서는 "어마는 정말 멋진 사람인데, 하나 문제가 있어. 말할 때 목소리를 크게 내야 해. 귀가 잘 안 들리거든." 토미는 두 사람을 서로 소개하고는 뒤로 물러서서 두 여인이 서로에게 소리를 질러 대는 광경을 구경했다.

때로는 자기 자신이 농담의 소재가 되기도 했다. 토미는 사회학 석사 학위를 위한 작업으로 웨이번 정신병원에서 환자들을 조사하느라 많은 시간을 보냈다. 한번은 평소보다 더 늦게까지 병원에 남아 있다가 신참 직원에게 자신이 환자가 아니라고 설득하느라 진땀을 뺀 적도 있었다.

～

"이곳에는 최소한의 자연조건만이 있다."라고 W.O. 미첼은 자신의 소설《바람을 본 자 누구인가》에서 묘사했다. "본질적으로 필요한 요소인 땅과 하늘만 있다. 서스캐처원의 평원에는."

물론 서스캐처원에 땅과 하늘만 있는 것은 아니다. 그럼에도 그 두 요소가 워낙 광대하고 절대적인 나머지 다른 모든 것을 압도하는데, 그것은 풍경만이 아니라 그곳에 사는 사람들의 정신에서도 그렇다.

1930년의 서스캐처원은 주로 승격된 지 25년밖에 되지 않은 상태였다. 물론 인디언 원주민은 그 평원과 초원 지대와 북방의 숲을 배경으로 수천 년이나 살아왔지만, 1867년 식민지동맹이 결성되기 전까지는 서스캐처원이 정착해서 살 만한 곳이라고 생각한 사람은 몇몇 탐험가와 모피 거래상 외에는 거의 없었다. 그로부터 몇 년이 더 지나서 북서부 기마경찰대가 당도하고 철도가 개통되고 나서야 대규모 이주가 시작되었다. 토미 더글러스가 웨이번에 온 당시에는 인구가 92만 5000명가량으로 최고조에 달했고, 서스캐처원은 캐나다에서 세 번째로 인구가 많은 주가 되었다. 이민자들은 대부분 중앙 및 동유럽에서 온 사람들이었으며, 그가 자랐던 위니펙의 노스 엔드와 유사한 인종 구성이었다.

지역 경제의 중심은 밀이었다. 유럽으로부터 온 농부들은 관개농업 등 현대적인 농업 기술을 이용해서 팔리서 삼각지대라고 알려져 있는 반건조성 기후의 서스캐처원 대초원을 세계 최대의 밀 경작지로 탈바꿈시켰고, 서스캐처원의 경제는 세계 곡물 시장의 가격에 좌우되었다.

밀에 의존하는 서스캐처원의 경제는 세계 곡물 시장의 가격에 따라

1930년대의 대공황기에 붕괴되었다. 밀의 가격이 폭락해서 부셸[22]당 1달러 60센트였던 것이 부셸당 40센트 이하로 떨어졌다. 대자연의 변덕으로 극심한 가뭄과 병충해가 발생해 고통이 가중되었다. 값이 떨어진 밀이나마 경작하기가 어려워졌고, 애써 길러 놓은 밀은 메뚜기떼의 공격을 받아 농사를 망쳤다. 상황은 갈수록 악화되었다. 물이 없어서 농부들은 닭을 기르거나 텃밭 채소를 기를 수도 없게 되었다. 토미가 말한 것처럼 "그것은 농민들이 통상적으로 손에 넣을 수 있던 텃밭 채소도, 닭도, 크림과 버터와 계란도 얻지 못하게 되었다는 것을 뜻했습니다. 단순히 소득이 줄은 정도가 아니라, 생계를 유지할 수가 없었습니다." 비옥했던 토지는 사막으로 변했고, 귀중한 표토는 먼지로 변해서 서스캐처원에 끊임없이 불어 대는 바람에 날렸다. 먼지 폭풍이 너무나 심해서 하늘은 어두워졌고, 이런 기후 때문에 '먼지투성이 30년대'라는 말이 생길 정도였다. 주부들은 창문과 문 주위에 젖은 수건을 덧대서 모래가 불어 들어오는 것을 막아야 했다.

　이것이 1930년에 토미와 어마가 도착한 서스캐처원이었고, 때는 막 대공황이 현실화되고 있던 시기였다.

〰

　너글러스 목사는 캘버리뿐 아니라 이웃 마을인 스타우턴의 교회와 그 주변의 시골 지역도 담당했기에 일요일이면 아주 바빴다. 또한 결혼

---

22) bushel. 곡식 등의 무게를 재는 건량(乾量) 단위로, 약 35리터에 해당한다.

식, 장례식, 병자 방문, 개인 상담도 해야 했다.

새로 온 젊은 목사는 금세 주목 받았다. 모든 사람이 그를 좋아했다. 나이 든 교인들은 그를 영국의 유명한 '설교의 대가'이자 베스트셀러 설교집을 출간한 찰스 해던 스퍼전에 비유하기 시작했다. 젊은이들은 그의 소탈한 태도를 좋아했다.

"토미가 무엇을 하든 사람들이 모였습니다." 젊은 교인이었던 뱁즈 로버트슨은 기억했다. "토미와 어마 모두 쾌활하고 재미있는 사람이었습니다. 당시에 얼마나 즐거웠는지를 지금도 기억합니다. 아무도 토미를 어려워하지 않았습니다. 사람들은 토미를 자신과 같은 사람이라고 여겼습니다. 그는 목사라고 해서 자신을 다른 사람보다 높은 사람이라고 여기지 않았습니다. 그는 겸손했습니다."

토미는 활동 가운데 많은 부분을 청소년들을 위해 할애했다. 주일 학교 이외에도 교회에 나오는 아이들이 연극, 운동, 친교 모임 등에 참여하도록 했다. 때로는 그에게 목사로서의 임무를 넘어서는 일이 맡겨지기도 했다.

어느 월요일 아침, 일요일에 설교를 마쳐 좋은 기분에 잠겨 있던 토미에게 치안 판사로부터 전화가 왔다.

"11명의 소년이 오늘 아침 재판을 받을 예정입니다." 판사가 설명했다. "이들은 자꾸 비행을 저지르고 있습니다. 저는 이들을 리자이나에 있는 비행 청소년 직업훈련소로 보내고 싶지는 않습니다. 그곳은 상당히 삼엄합니다. 그런데 이들을 어떻게 해야 할지 모르겠고, 누군가가 나서서 도와주지 않는다면 제게는 선택의 여지가 없습니다. 혹시 목사님이라면 재판을 지켜봐 주실 수 있을까 해서 전화 드렸습니다."

토미는 재판을 참관했고 그 과정에서 보고 들은 것들로 인해 마음이 흔들렸다. 소년들은 모두 그 도시 외곽의 빈민가에서 살았으며, 결손 가정 출신도 많았고, 가족들도 이들에게서 손을 놓아 버린 상태였다. 이들은 무단결석, 싸움, 들치기, 소매치기, 강도 등 온갖 종류의 비행을 저질렀다. 이들은 지저분하고 남루한 옷을 입고, 기름 낀 덥수룩한 머리는 엉켜 있었다. 토미는 자신이 무슨 일을 하는지 생각지도 않고 판사한테 그 아이들을 자신에게 맡겨 달라고 말하고 말았다.

"아이들을 집으로 데려갔습니다." 토미는 기억했다. "열한 명의 부랑아들과 함께 집에 들어서니 참으로 볼 만했습니다. 당시 저와 결혼한 지 1년도 채 되지 않은 아내는 막 친정을 방문하려던 참이었죠. 그래도 그녀는 씩씩했습니다."

그들은 함께 아이들을 먹였고, 토미는 자녀가 있는 교인들에게 전화를 걸어 입힐 옷을 모았다. 아이들을 목욕시키고 이발시키고 나서, 어느 정도 나이 먹은 소년들에게는 용돈을 벌 수 있도록 잡일을 맡겼다. 그리고 젊은 목사는 교회 청년들의 도움을 받아 소년들이 무엇이든 계속 하게끔 만들어서 말썽을 일으키지 않게 하려고 무척 애를 썼다.

"우리가 그 아이들에게서 처음 알아낸 특이한 점은, 그들이 노는 방법을 모른다는 것이었습니다." 그는 말했다. "그들은 사소한 일로 싸움을 벌였고, 신사적으로 싸우는 법 빼고는 모르는 것이 없었습니다. 자물쇠도 딸 수 있었고, 건물을 마음대로 드나들 수도 있었는데, 누구도 그걸 알아채지 못했습니다. 그런데 그 아이들은 게임을 하고 노는 법은 몰랐습니다."

토미가 이 악당들을 주의 깊게 살필 수 있는 주중에는 그들도 천사처럼 말을 잘 들었다. 그러나 그가 하루 종일 바쁜 일요일이 되면 그들은 다시 비행을 저지르고는 했다. 어느 일요일, 그가 담당하고 있는 시골 교회에서 일을 마치고 돌아왔을 때, 그의 집에는 화가 머리끝까지 난 상점 주인이 기다리고 있었다. 소년들이 상점에 몰래 들어와서 담배와 초콜릿 몇 상자를 훔쳤던 것이다. 토미는 소년들이 어디 숨어 있을지 잘 알고 있었고, 이내 담배 연기가 자욱한 빈집에서 초콜릿을 실컷 먹고 있던 소년들을 찾아내었다. 그는 곧 있을 저녁 예배를 준비해야 했기 때문에 꾸짖을 시간이 없어서 나중에 자신의 서재로 오라고 지시했다.

그 뒤로 여러 해 동안 토미는 다음의 이야기를 즐겨 하고는 했다. "그래서 녀석들은 모두 저녁 예배에 참석해서 예배 시간 내내 마치 천사처럼 얌전하게 앉아 있었습니다. 예배가 끝난 뒤, 제 서재로 온 아이들에게 저는 제가 할 수 있는 최선의 훈계를 했습니다. 그들이 나를 얼마나 실망시켰는지, 그동안 도움을 주고 함께해 준 교회의 청년들을 얼마나 실망시켰는지 말했습니다." 유감이지만 이제 소년들을 재판관에게 돌려보내는 수밖에 없겠다고 그는 말했다.

"아이들이 훌쩍이며 울기 시작했습니다."

그들은 앞으로 다시는 비행을 저지르지 않겠다고 약속했고, 토미는 다시 한 번 기회를 주기로 했다. 서재를 나서다가 레지라는 소년이 멈추어 섰다. 토미는 그에 대해 다음과 같이 떠올렸다. "그 패거리 가운데 가장 거칠고, 실핀 하나만으로도 자물쇠를 딸 수 있었고, 범죄의 습성이 강했으며, 또한 배포도 컸습니다. 그는 상대가 크든 작든 싸움을 벌였습니다. 그는 마치 테리어 종처럼 깡마른 체구였죠. 그가 멈추어 서서 말했습니다. '더글러스 목사님, 저희가 잘못했습니다. 정말 죄송하고요. 여기 목사님 물건을 돌려주고 싶습니다.'"

"그러고는 제 시계, 주머니칼, 만년필 등 제가 잠시 훈계하는 동안 제 책상에서 훔친 열 가지도 넘는 것들을 내놓는 것이었습니다."

대공황의 영향이 깊어지면서 갈수록 그와 같은 훈훈한 순간은 줄어들었고, 가슴 아픈 일만 늘어 갔다.

웨이번의 교회들은 대공황의 영향을 덜 받은 지역의 교회에 도움을 요청했고, 도움의 손길이 답지했다. 브리티시컬럼비아 주로부터는 과일과 채소가 가득한 화물 기차가 왔다. 농산물을 살 소비자가 없었기 때문에 농민들은 그것이 썩도록 두느니 배고픈 자들이 먹도록 내놓았다. 온타리오 주로부터는 재고를 처분하는 상인들이 기부한 신품 혹은 중고 의류를 실은 화물차가 왔다. 사람들이 줄을 섰고, 토미는 여러 목사들과 함께 소매를 걷어붙이고 과일과 야채를 자루에 담아 나누어 주었다. 옷이 필요한 자들에게는 옷을 나누어 주었다.

그런데 어떤 사람들은 자존심 때문에 차마 도움을 청하지 못했다.

"이불감은 충분하십니까?" 토미가 어느 날 아침 교회를 나서는 한 부인에게 물었다. 그녀와 남편은 한때 부유한 농민이었고, 그들이 그들 자신과 여섯 명이나 되는 아이들을 도와달라고 도움을 청하지 못하리라는 것을 토미는 알고 있었다. 그런데 눈썰미가 좋은 이 목사는 이내 그들의 옷이 얼마나 누추해졌는지 알아챘던 것이다.

그녀의 눈에는 눈물이 고였다. "더글러스 목사님, 깨끗한 시트가 없어요. 시트를 기우고 또 기웠는데, 더 이상 어떻게 해야 할지 모르겠어요."

"아이들 옷은 어떻습니까?" 토미가 물었다.

그녀는 어렵게 답했다. "그게, 아이들 겨울 내복이 없어서 밀가루 부대로 만들려 하고 있어요."

"잠시만 기다리세요. 저희가 문제를 해결해 드리겠습니다." 토미는 그녀의 팔에 손을 얹고 안심시켰다.

토미는 갈수록 교회의 한계를 느끼게 되었다. "앞으로 종교는 신학의 교리보다는 인간의 사회적 안녕에 더 많은 관심을 기울이게 될 겁니다." 라고 그는 한 잡지에 기고했다. "낡은 교리를 주장하는 데는 에너지를 쏟아 부으면서 도처에 있는 가난과 불행에 대해서는 입을 굳게 다물고 있다면, 우리의 기독교 정신을 새롭게 해석할 필요가 있다고 인정해야만 합니다."

이런 생각은 많은 성직자들이 보기에는 이단적인 것이었다. 한번은 교회의 대표자 회의에서 토미가 위와 같은 내용을 반영하는 결의안을 제안하자, 한 나이 많은 목사는 계급의 구분은 하느님 계획의 일부이며, 이를 통해서 부자는 자선을 배우고 가난한 자들은 감사하는 법을 배우는 것이라고 주장했다. 교회는 현세에서의 삶의 조건을 걱정하기보다는 내세를 위해 사람들을 준비시켜야 한다고 그 목사는 주장했다.

웨이번의 상황도 나쁘기는 했지만, 토미가 1931년 여름에 학위 준비를 위해 시카고에 갔다가 받은 충격은 더욱 컸다. 그는 시카고 대학교 학생 조직의 일원으로 철로를 따라 형성된 대규모 빈민 거주지의 환경을 조사하기 위해 파견되었다. 그곳은 그 자체로 하나의 도시였고, 유개화차와 버려진 자동차에서 7만 명 정도로 추정되는 사람들이 목숨을 부지하기 위해서 구걸을 하거나 도둑질을 하며 살고 있었다.

"그들은 부랑자나 게으름뱅이가 아니었습니다." 토미는 그때를 회상했다. "그들은 제가 자라났던 것과 같은 가정 출신의 멀쩡한 청년들이 었습니다. 그들과 저의 유일한 차이는, 저는 직업이 있는 데 반해 그들은 그렇지 못했다는 것이었습니다. 그 사실에 큰 충격을 받았습니다."

부랑인들은 숙련공, 은행원, 대학생, 법률이나 의학 전공자 등 다양한 배경을 가지고 있었다. 계층에 대한 하느님의 계획 치고는 지나치게 가혹한 일이었다! 그리고 그들이 처해 있는 절박한 곤경 못지않게 충격적인 것은 경제 체제가 이들을 절망으로 몰아넣었다는 명백한 사실이었다. 그 상황은 서스캐처원의 가뭄과 같은 자연재해가 아니라 인재였다. "저는 사회주의와 생디칼리슴23과 공산주의와 자본주의를 공부해 왔습니다." 훗날 토미는 한 인터뷰에서 말했다. "그런데 그때까지 저는 경제 체제에 어떤 문제가 있는지 스스로에게 정직하게 물어본 적이 없었습니다."

시카고에서 그는 미국 사회당의 지도자인 노먼 토머스와도 만났고, 몇 차례의 당 모임에도 참석했는데, 그 경험으로 그는 더 큰 환멸을 느꼈다. "첫 회의에서였습니다." 그는 기억했다. "그들은 둘러앉아서 혁명 이후에는 사람들이 집에서 식사를 할지, 아니면 공동 식당에서 식사를 하게 될지를 두고 논쟁을 했습니다." 토미는 "바로 지금 사람들이 먹을 것이 아무것도 없는데 그들은 전혀 개의치 않고 있다는 사실"에 넌덜머

---

23) syndicalism. 총파업 등 직접 행동으로 생산과 분배 수단을 수중에 넣으려는 투쟁적인 노동 조합 운동으로 '노동조합주의'라고도 한다.

리가 났다.

토미는 자신도 모르게 일어서서 이렇게 소리쳤다. "여러분은 '지금 당장' 무엇을 할 겁니까?"

그는 그 경험을 통해, 상황이 악화되어 자연적으로 혁명이 일어날 때까지 내버려 두고 뒤로 물러서 있으려는 정치적 순수주의자들과 이론가들에 대해 실망하게 되었다. "어느 날 단추를 한번 누르면 다음 날 아침 일곱 시에 낡은 사회가 사라지고 새로운 세계가 생겨나는 것이 아닙니다." 토미는 주장했다. "사회는 유기적으로 변해 갑니다. 낡은 것을 벗겨 내면 새로운 것이 그 자리에 생겨납니다. 당신이 사람들을 위해 할 수 있는 일을 하는 것이 바로 변화를 위해 일하는 것입니다."

토미는 분을 삭이지 못한 채 고개를 흔들었다. "저는 뒤에 앉아서 사회의 청사진에 대해 말만 하면서 그것을 위해 실제적인 활동은 하지 않는 사람들을 보면 참을 수 없습니다. 저는 시카고에서 그것을 배웠습니다."

웨이번으로 돌아온 토미는 실직자들을 조직하고, 집수리 등 일이 있을 때 실직자를 보내 일하게 하는 직업소개소를 설립하느라 바쁘게 지냈다. 그는 구호비를 증액해 줄 것을 시에 요청했다. 기업가들은 그를 경계하게 되었고, 어떤 이들은 토미를 '빨갱이' 혹은 '위험한 급진주의자'라고 부르기 시작했다. 그도 자신이 성가신 일을 만들고는 한다는 사실을 인정했다.

어떤 사람들은 얼굴에 있는 코만큼이나 명백한 사실을 인정하기를 거부하고, 일을 하고자 하면 누구나 일자리를 얻을 수 있는데 게으름뱅이들만이 구호비를 받으려 한다는 주장을 굽히지 않았다.

한번은 캘버리의 한 교인이 토미가 하는 일을 나무랐다. 그는 잘 차려입은 변호사로, 영향력 있는 기업인 단체인 영 펠로즈의 재정 담당자였다. "저는 목사님이 왜 저 대중들과 섞이려 하는지 이해할 수 없습니다." 라고 그가 말했다.

"그들에 대해 무엇을 아십니까?" 토미가 반문했다.

"글쎄요. 길을 오갈 때 그들을 봅니다."

"그들에 대해 구체적으로 아는 것이 하나라도 있습니까?"

"없는 것 같습니다."

"변호사님은 자신의 사무실에서 돈 있는 사람들을 만납니다. 돈이 없는 사람들은 오지도 않겠지요. 그들은 돈과 관련된 일들, 자산을 키우고 사고파는 데에만 관심이 있습니다. 당신은 이 도시의 가난한 사람들이 어떤 환경에서 사는지 실제로 본 적이 있습니까?"

"저는 이 도시에서 25년 동안 살았습니다." 그 변호사가 항의했다. "목사님보다 더 일찍 이곳에 왔단 말입니다."

"네. 그런데 변호사님은 이 도시의 실상을 보지 못하고 있습니다."

그 대화를 끝내고 결국 토미는 그 사람을 안내해서 웨이번의 가난한 지역을 둘러보게 되었다. 그들은 난방용 석탄이 없는 집을 둘러보았고, 신발조차 없고 일주일째 우유를 먹지 못한 아이들을 보았다. 병이 들었어도 돈이 없어 의사를 찾지 못하는 사람, 신생아 용품과 기저귀를 준비하지 못해 어쩔 줄 모르고 있는 임부를 보았다. 그들은 불과 일 년 전까지만 해도 고등학교를 대표하는 운동선수였지만 대학에 진학할 돈도 없고 직장도 얻지 못해서 실업자로 전락한 청년들도 보았다.

사무실로 돌아온 그 변호사는 거의 울음을 터뜨릴 듯했다. "믿지 못했을 겁니다." 변호사는 머리를 가로저으며 말했다. "이런 일은 런던의 이스트사이드에서나 있지, 제가 살고 있는 도시에서도 벌어지리라고는 생각하지 못했습니다. 이런 사실을 몰랐던 것이 부끄럽습니다."

토미는 그날 저녁 보람을 느끼며 집으로 돌아왔지만, 다음 날 아침이 되자 그 느낌은 사라져 버렸다. 이처럼 현실을 직시하게 되는 한 사람이 있기까지 눈뜨기를 거부하는 수백 명이 존재했기 때문이다. 그는 시카고의 빈민 거주지에서 만난 배고프고 근심에 찬 사내의 간청을 잊지 않았다. "이런 일이 다시는 일어나지 않도록 해 주게."

5

Trading the Pulpit for Politics

목사에서 정치인으로

교인들이 대공황을 겪으면서 받는 고통을 보며 성직자로서 무력감을 느낀 토미 더글러스는
무언가 구체적인 변화가 당장 필요하다는 것을 절감한다. 교회의 한계를 느낀 그는 노동자
와 농민의 연대를 모색하고 정치 활동에 참여하기 시작하고, 새로 창당한 CCF의 자문위
원이 된 데 이어 주변의 권유로 지방선거 후보로 나섰으나, 첫 선거에서 패배한다.

서스캐처원의 급진주의자들인 토미 더글러스와 M.J. 콜드웰이 캐나다의 역사를 바꾼 지 40년이 지난 1971년에 오타와에서 함께 있는 모습.

1932년의 어느 토요일 아침, 메이저 콜드웰은 편지를 한 통 받았다. 당시만 해도 토요일에 우편배달이 되었다! 그 편지는 토미 더글러스가 어려서 다니던 교회의 목사였고, 당시 노동당 소속 하원의원이던 J.S. 워즈워드로부터 온 것이었다.

리자이나의 한 고등학교 교장이자 교사이며 시의회의원이기도 한 콜드웰은 그 주의 좌익 운동 진영을 이끌고 있었으며, 라디오 방송의 저명인사였다. 본래 이름인 메이저 때문에 사람들이 군인으로 잘못 아는 경우가 많았고, 콜드웰이라는 성은 부드러운 영국계 억양과 매력적인 성품의 반전론자와는 정반대의 인상을 주어서, 그는 자신 이름의 첫 글자인 M.J.를 썼다. 토미 더글러스는 이전에 워즈워드에게 조언을 구하는 편지를 썼는데, 거기서 그는 사회 문제를 해결하기 위한 조치가 부족한 것에 대한 불만을 토로했다. 워즈워드는 같은 문제를 지적하는 편지를 보낸 적이 있던 콜드웰과 토미가 서로 만나 보는 것이 좋겠다고 생각했다. 그는 두 사람에게 서로 만나 볼 것을 권하는 편지를 썼다.

콜드웰은 워즈워드의 편지를 두 차례 읽었다. 처음에는 빠르게, 그 뒤에는 좀 더 천천히. 마침 그날은 학교가 쉬는 날이었기에 콜드웰은 열다섯 살인 아들 잭과 함께 드라이브 삼아 웨이번으로 향했다. 더글러스 부부가 지난 가을에 이사해 온 교회 사택인 오두막에 도착한 콜드웰은 문을 두드렸고, 한 젊은 여성이 문을 열었다.

"아버님은 집에 계신가요?" 콜드웰이 물었다.

어마 더글러스의 얼굴이 붉어졌다. "안 계십니다. 그런데 교회에 가시면 제 남편을 만나실 수 있을 겁니다."

토미는 다음 날 할 설교를 준비하고 있었다. 둘은 마치 하키 카드를 교환하는 십대 소년처럼 만사를 제쳐 놓고 정치 이야기에 빠져들었다.

그들은 뜻이 잘 맞았고, 금세 친해졌다. 함께 이야기할 것이 너무 많았다.

෴

2년 전 토미가 캘버리 침례교회에 부임했을 때부터 웨이번과 서스캐처원 전역은 대공황과 가뭄으로 고통받고 있었다.

리자이나와 오타와의 보수당 정부는 주와 국가 전체를 어렵게 하는 거대한 경제 문제에 대처할 능력이 없어 보였고, 100만이 넘는 실직자들이 생겨났다. 또한 대초원 지대를 불모지로 바꾸어 놓은 대자연의 변덕에 대처할 능력 역시 없었다. 총리인 R.B. 베넷[24]이 "후버와 마찬가지로 온통 잘못된 대책만 내놓았다."고 토미는 평가했다.

대초원 지대의 상황은 특히 더 나빴다. 캐나다에서 네 번째로 부유한 주였던 서스캐처원은 가장 가난한 주가 되었다. 웨이번 지역 농민의 95 퍼센트가 구호금으로 살아야 했는데, 이는 이들이 도시에 가서 쓸 돈이 없다는 것을 뜻했다. 기업들이 문을 닫고 노동자들은 일자리를 잃었다. 환자들이 병원에 가지 못해 웨이번의 병원들은 텅텅 비었다.

성직자로서 토미 더글러스는 교인들이 고통받는 것을 보면서 무력감을 느꼈다. 기도만으로는 문제를 해결할 수 없다는 것이 분명했다. 무슨

---

24) R.B. Bennett. 캐나다의 변호사, 사업가, 정치인. 캐나다의 11대 총리로 대공황이 가장 심각했던 1930년 8월부터 1935년 10월까지 재임했다. 퇴임 후 베넷은 영국으로 이주했고, 자작의 작위를 받았다.

조치든 취해야만 했다. 그런데 어떤 조치를 취해야 한단 말인가?

그는 지역에서 웨이번 노동협회를 통해 실직자들을 조직하는 등 작은 활동을 벌였는데, 그런 활동은 도시 지배층의 반발만을 불러올 뿐 충분하지 않아 보였다. 연방 차원이 아니라면 주 차원에서라도 정치적인 행동이 필요하다는 것이 유일한 답인 듯했다. 그렇다면 또다시, 구체적으로 어떤 행동이 필요한가?

그때 에스테반에서 사건이 터졌다.

토미가 시카고에서 돌아온 직후인 1931년 9월, 웨이번으로부터 남동쪽으로 약 80킬로미터 떨어져 있는 그 석탄 생산지의 노동자들이 파업을 벌였다. 이미 저임금에 시달리고 있던 광부들은 임금이 더 깎이자 들고 일어났는데, 광산주들은 이들이 아니라도 더 싼 임금으로 일하려는 실직자가 많다는 사실을 알고는 임금을 깎은 것이었다. 이런 상황에 더해서 틈틈이 농가의 일손을 돕는 비정기적인 일자리마저 없어져서 소득은 더욱 감소했다.

광산 노동조합은 9월 8일 파업에 돌입했는데, 적대적인 정부와 언론은 노동자들을 비난했다. 언론은 십여 년 전에 있었던 위니펙 총파업 당시와 마찬가지로 이를 볼셰비키 혁명이라고 떠들어 댔다. 겁에 질린 대중의 눈에는 노조에 공산주의자들이 있다는 것, '외부 선동자'가 있다는 사실만이 부각되었고, 저임금이나 열악한 작업 조건 같은 문제는 가려졌다. 급진적인 지도부가 이끄는 서스캐처원 주 캐나다 농민연합만이 이들을 지지했다.

토미와 어마는 에스테반을 방문해서 빈페이트라는 마을을 둘러보았는데, 그들은 광부들의 가족이 사는 회사 소유의 판잣집과, 광부들을 빚에서 헤어날 수 없게 만드는 회사 소유의 상점 제도를 보고 충격받았다. 토미는 그 주 일요일에 이런 상황을 비난하는 설교를 했고, 파업자들과 그 가족을 위해 음식을 모았다. 광산주들은 캘버리의 집사들에게 불만을 호소했고, 토미가 빨갱이자 골칫거리라는 평판은 더욱 높아졌다.

9월 29일이 되자 상황은 더 악화되었다. 광부들이 에스테반의 주요 도로에서 행진을 벌이려고 했다. 기마경찰대와 이들을 지원하는 광산주들이 고용한 사설 경찰이 예민해져서 행진 참가자들을 공격했다. 이 또한 위니펙 파업과 같은 양상이었다. 시위자와 행인 스물세 명이 부상당하고, 그중 세 사람이 사망했다.

토미의 좌절감은 갈수록 커졌다. 그는 자신이 실직자들을 위해 해 온 일을 생각했고, 또한 지역 농민들과 농촌 조직이 광산 노동자의 파업을 지지해 준 사실을 생각했다. 그는 농민과 노동자가 공동의 관심사로 연대하도록 하는 방법을 모색하기 시작했다. 그렇게 해서 더 잃을 것도 없지 않은가? 그는 이런 생각을 담아서 워즈워드에게 편지를 썼던 것이다.

M.J.와 토미의 만남은 천상의 결합이었다. 조용한 말투에 기품 있는 신사인 콜드웰은, 젊은 성직자인 토미가 묘사한 바에 따르면 이 새로운 멘토는 자신보다도 더 "열정이 넘치는 급진주의자"였다고 한다. "그는 제가 만나 본 사람들 가운데 가장 역동적인 사람이었습니다. 보다시피 사람들이 집을 잃고, 농장에서 쫓겨나고, '굶주리고' 있었습니다. M.J.는

이런 상황에 분개했습니다. 그와 농민 지도자인 조지 윌리엄스는 대초원 지역 주민들을 각성시켰고, 민중이 '불필요하게' 겪고 있는 이런 고통에 저항하는 핵심 세력이 되었습니다."

그 뒤로 몇 년 동안 헤아릴 수 없이 많은 정치 활동이 이루어졌고, 이는 전국 단위의 좌익 정당인 CCF[25]의 창립으로 이어졌다. 토미가 이 모든 과정에 직접 관여한 것은 아니었다. 그에게는 돌봐야 할 교인들이 있었고, 대학원 공부를 해야 했고, 1934년 4월에 태어난 딸 셜리는 아직 갓난아이였다. 그래도 그 운동이 진행되는 모든 과정은 결국 그의 미래에 영향을 미치게 되었다.

교회의 제약에 대한 토미의 불만은 갈수록 커졌으며, 그는 점차 정치적인 활동에 이끌리게 되었다. 그러나 그 방향으로 나가도록 결정적으로 작용한 것은 다른 무엇보다도 콜드웰과의 만남이었다.

그들의 회동이 가져온 첫 번째 결과로, 웨이번에 토미를 대표로 하는 노동 단체가 조직되었고 이는 곧 콜드웰이 이끄는 주 단위의 단체들과 연대하게 되었다. 그리고 1932년 7월 27일에 조지 윌리엄스의 농민연합이라는 농민운동 단체와 M.J. 콜드웰이 이끄는 독립노동당이라는 노동운동 단체가 연합해서 노동자-농민당을 결성했으며, 이는 1년 뒤에 열매 맺을 CCF라는 전국 단위 정당의 서스캐처원 조직이 되었다. 이 역사적인 연대는 리자이나 박람회 부지의 빈 건물에서 이루어졌는데, 건물

---

25) CCF, co-operative commonwealth federation을 우리말로 옮기는 것은 상당히 까다로운 일이다. 일부 문헌에서는 협동연방당이라고 옮겼는데, 그 밖에도 협동사회연합, 협동공화연합 등으로도 옮길 수 있다. co-operative라는 단어는 '협동, 협력'의 의미뿐 아니라 '조합'이라는 의미가 내재되어 있으며, commonwealth는 영연방을 나타내기도 하지만, '민주국가, 공화정치, 단체'의 의미도 갖는다. 따라서 원어의 의미를 살리고자 그 약자인 CCF로 옮기고자 한다.

밖에서는 매년 열리는 서스캐처원 박람회 행사가 요란하게 벌어지고 있어 흥분한 아이들이 질러 대는 소리가 들려왔다. 당 대표로는 콜드웰이 선출되었으며, 캐나다 농민연합의 무뚝뚝하고 거친 지도자였던 조지 윌리엄스는 정당 자문위원회의 의장이 되었다.

토미는 그 중요한 행사에 참석하지 못했다. 그는 석사 학위에 필요한 경제학 강의를 듣기 위해 위니펙에 가 있었다. 그는 부재중이었는데도 새 정당의 자문위원으로 선출되었다. 그러나 그는 여전히 정치인으로 나서는 것을 전혀 생각하지 않고 있었다. 토미는 그 다음 달에 캘거리에서 열린, CCF 창당의 마지막 준비를 하는 중요한 회의에도 참석하지 못했다. 그 회의에서 좌익 사상을 잘 드러내는 단어를 넣어서 당명을 정했는데, 바로 "협동연방co-operative commonwealth"이었다. 그 이름을 전해 들은 토미가 받은 첫인상은 "발음하기 버겁다."는 것이었다.

다음 해 여름, CCF는 리자이나에서 창당 대회를 개최하여 워즈워드를 당 대표로 선출했는데, 토미는 3일 동안 열린 그 행사 가운데 마지막 날에만 가까스로 참석할 수 있었다. 그럼에도 토미는 그 행사가 "내가 본 중 가장 멋진 행사"였다고 친구들에게 말했다. 그는 그 창당 대회에서 제정되어 유명해진 리자이나 선언문[26]을 강력하게 지지했는데, 그 헌장에는 공공 의료보험, 실업보험, 연금 제도 등이 언급되어 있었고, 국영 기업을 확대해서 운송, 통신, 은행 부문까지도 관장하도록 요구했다. 또한 인권 조항을 강화하도록 캐나다 헌법을 개헌할 것을 요구했다. 이런 내용이 현재 캐나다에는 제도로 잘 확립되어 있지만, 1930년대에는

---

26) 이 장의 끝에 선언문의 '서문'이 실려 있다.

상당히 급진적인 사상이었다.

선언문은 또한 자본주의를 뿌리 뽑을 것을 내걸었는데, 선언문의 내용 가운데 그 부분이 가장 부각되었고, 그 때문에 CCF는 실체를 숨긴 공산주의 정당이라는 비난을 받게 되었다.

리자이나 선언문은 워즈워드를 중심으로 모인 온타리오 주의 젊은 지식인들이 초안을 잡았는데, 자본주의 체계가 자신을 철저하게 파산시킨 경험을 한 서스캐처원 농촌의 사회주의자들도 그 내용이 현실적이라고 인정했다. "저는 그 선언문이 상당히 현실적인 문건이라고 생각했습니다." 토미는 훗날 평가했다. "선언문을 둘러싼 논란이 도대체 왜 생겨나는지 알 수 없었습니다."

사회주의에 대한 토미 자신의 견해는 그 시기에 점차 윤곽을 잡아 갔다. 사람들이 새로운 사상을 접할 때 종종 그렇듯, 그도 서로 모순된 생각에 혼란스러워하기도 했다. 한편으로 그는 성경과 기독교적인 사고로부터 큰 영향을 받은 사람으로서 개인의 가치를 중시했고, 그렇기에 풀뿌리 민주주의에 매력을 느꼈다. 그는 정치인이나 관료나 배후 조정자가 아닌, 그 결정의 영향을 받는 사람들이 정치적인 결정을 내려야 한다고 생각했다. 다른 한편으로 그는 그동안 받아 온 지적인 수련의 결과로 불합리한 것을 몹시 싫어했고 이성적인 해법을 추구했다. '시장의 지혜'를 강조하는 자본주의라는 경제 체제가 문란해졌으며, '자유 기업'이라는 말은 단지 협잡에 불과하다는 사실이 대공황을 통해 여실히 증명되었다. 토미는 그 상황을 "코끼리가 한 무리의 닭 사이에서 춤을 추면서 '알아서 피하라'고 말하는 것이나 마찬가지."라고 비유했다.

젊은 목사였던 그에게는 사회적, 경제적 문제를 전문가들이 과학적이고 합리적으로 연구해서 결정을 내리는 일종의 사회공학이 해답인 듯 보였다.

계획과 전문가에 의지하는 그러한 방식은 조지 오웰의 소설《1984년》의 '빅 브라더'로 너무나도 쉽게 변질될 수 있는 것이었고, 그런 사고의 연장선에서 토미는 우생학이라는 모호한 과학에 관심을 가지기도 했다.

맥마스터의 지도 아래 사회학 석사 논문을 쓰기 위해 그는 '정신지체 가계'를 연구했고, 웨이번 지역에서 한 무리의 '부도덕한 혹은 도덕관념이 없는 여성들'을 찾아냈다. 이들 10여 명의 여성들에게는 95명의 자녀와 100명이 넘는 손자, 손녀가 있었다. 이들을 조사한 결과, 토미는 이들이 성병을 비롯한 여러 가지 질병, 낮은 학업 성취도, 높은 문맹률, 범죄율, 그 밖의 여러 가지 '도덕적 해이'와 밀접하게 관련이 있다는 사실을 알아냈다.

그는 논문에서 "정신지체 가계는 가정 문제 중에서도 가장 심각한 문제들을 일으킨다. …… 정신지체 가계에서 장차 감옥과 정신병원을 채우고 자선에 의지해서 생활하게 될 사람들이 계속 태어나도록 방관하는 것은 매우 어리석은 일이다."라고 썼다. 그는 '정신적 결함'이 있는 사람들이나 불치병을 앓고 있는 사람들에게 불임 시술을 할 것을 제안했다. 이는 그다지 기독교적인 생각도 아니었으며, 오늘날의 좌익 진영이나 양식이 있는 사람들로부터도 지지를 얻지 못할 견해였다. 그러나 1933년 당시에는 이런 생각을 지지하는 사람이 많이 있었다.

우생학은 독일의 나치가 지배자 민족을 창조하려는 커다란 계획의 일환으로 그들이 부적절하다고 생각하는 다양한 부류의 사람에게 강제로 불임 시술을 한 이후로 대중적인 설득력을 잃었다. 물론 토미 역시 서스캐처원의 주지사와 보건부 업무를 관장하게 되어 자신이 뜻했던 일들을 실현할 수 있는 위치에 올라섰을 때에는 우생학에 대한 생각이 바뀌어 있었다.[27]

토미 자신은 출마할 생각이 없었는데도, 1934년 6월 지방 선거가 다가오자 노동자-농민당 동료들은 그에게 출마하라고 압력을 넣기 시작했다. 대공황과 가뭄에 대한 대처가 미숙했던 보수당이 패하리라는 것은 명백했고, 지지도가 높은 제임스 가디너가 이끄는 자유당이 승리해서 차기 주 정부를 구성할 가능성이 컸다.[28] 웨이번에서는 휴 이글샴이라는 막강한 후보가 있었는데, 그는 크게 존경받는 가정의학과 의사였고, 토미의 설명에 따르면 "우리 지역 사람들의 절반은 태어날 때 그가

27) 토미 더글러스는 우생학을 주제로 쓴 석사 학위 논문 때문에 훗날 비난을 받았다. 그러나 그 논문을 썼던 1930년대에는 나치의 유대인 대량학살 사건이 일어나기 전이었고, 우생학에 대한 대중 및 과학계의 경각심이 크지 않은 상황이었다. 이 문제에 대한 더글러스-콜드웰 재단의 입장은 다음과 같다. "우생학에 대한 더글러스의 관점은 유감스러운 일이기는 하지만, 20세기 초에는 폭넓은 공감을 얻었던 견해였다. 중요한 것은 토미가 서스캐처원의 주지사가 된 이후에 어떤 행동을 했는지일 것이다. 그는 우생학적인 접근을 명확하게 거부하였고, 정신 질환자에 대한 치료와 장애인 훈련 및 교육 프로그램을 도입했다. 그에 비해 당시 브리티시컬럼비아와 앨버타의 정치 지도자들은 우생학적인 정책을 더 많이 용인했다.

28) 캐나다에는 20세기 초까지 자유당과 보수당 두 개의 정당만 있었는데, 제1차 세계대전 이후인 1921년부터는 다양한 정당이 출현하여 3개 이상의 정당이 하원 의석을 나누어 가지게 되었다. 1935년 이후에 지속적으로 하원의원을 배출한 정당으로는 자유당, 보수당, 그리고 CCF와 CCF의 뒤를 이은 신민당이 있다. 그 밖에도 진보당, 앨버타 주 농민연합, 사회신용당, 노동진보당 등이 의회에 진출한 바 있다. 1933년에는 훗날 캐나다 동맹이 되는 개혁당과 퀘벡 블록이 극적으로 하원에 진출하였다. 캐나다에서 선거에 후보를 단 한 명이라도 출마시키고 있는 정당은 100개가 넘는다.

받아냈으며, 따라서 아무도 그 지역에는 출마하려 하지 않았다."고 한다. 그러나 임무가 주어졌고, 토미는 그 임무에 따랐다.

현실 정치에 완전히 문외한이었던 토미는 자신도 인정했듯, 선거운동을 그다지 효과적으로 벌이지 못했다. 그는 "마치 대학 교수가 사회학 강의를 하듯이 유세를 했습니다. 저는 수많은 자료를 가지고 있었는데도 청중의 절반은 제가 무슨 말을 하는지 못 알아들었던 것이 분명합니다."

오늘날의 선거운동에 비해 토미가 1934년에 벌인 선거운동은 빈약한 예산으로 운영되었는데, 참으로 아슬아슬할 정도였다. 선거운동을 후원하는 사람이 없었으며, 특히 기업들의 지원은 전무했다. 유세장과 회의장에서 모자를 돌려 푼돈을 모으는 것이 전부였다. 유세에 사용한 차량은 토미와 어마가 집을 살 때 차고에 전 주인이 버려 두고 간 모델 A 포드였는데, 이 차를 용케 고쳐서 움직일 수 있게 만들었다. "다음 집회 장소까지 갈 수 있을 만큼의 기름 값이 있으면 운이 좋은 것이었습니다." 라고 토미는 기억했다. 그런 방식으로 그는 120회의 집회에 참석했고, 지역구의 여러 마을을 몇 차례씩 방문해 냈다.

이 신설 정당은 리자이나 선언문에 제시된 일부 정책 때문에 극심한 반발에 부딪혔다. 농지의 일부를 국유화한다는 강령 때문에 많은 농민들은 노동자-농민당이 승리할 경우 자신의 땅을 빼앗길 것이라고 생각했다. 사회주의에 대한 로마 가톨릭 교회의 반대도 장애물이었다. 이 모든 것에도 불구하고, 토미와 그 지지자들은 못 말릴 정도로 낙천적이어서 자신들이 승리할 것이라고 믿었다. 어쨌든 웨이번에서 워즈워드와 토미가 유세하던 날에는 2000여 명의 청중이 모여들었다. 그들은 또한

CCF가 창당된 지 불과 몇 달 뒤인 1933년 말에 치러진 브리티시컬럼비아 주의 선거에서 여섯 명의 후보가 당선되고, 더 중요한 현상으로 이 신생 정당이 유효 득표의 3분의 1이나 되는 지지를 받았다는 사실에 고무되어 있었다.

따라서 토미가 3위로 낙선을 하고, 주 의회 의석 다섯 석만을 얻은 결과는 매우 실망스러운 것이었다.

또한 이 선거운동은 토미 더글러스를 정치인의 길로 들어서도록 불을 붙이지도 못했다. 자신에게 주어진 임무를 마친 그는 본래의 삶으로 돌아가고 싶어 했다. 그는 밀워키 등 여러 곳의 교회로부터 초빙을 받은 상태였고, 학문을 더 연구하는 것도 매력적이었고, 마침내 석사 학위를 받은 상태였다. 그는 가족과 함께 시카고로 이사해서 그곳에서 박사 과정을 본격적으로 밟을 것을 진지하게 고려하고 있었다. 그런데 그가 자신의 생각을 미처 정리하기도 전에, 양보할 수 없는 목표와 저항할 수 없는 힘이 충돌해서 그의 인생 경로를 완전히 바꾸어 버렸다.

1935년의 연방 선거[29]가 다가왔지만, 토미는 출마할 생각이 없었다. "저는 빼 주십시오."라고 그는 말했다. "제가 할 일은 이미 했습니다. 저 말고도 출마할 사람이 있을 겁니다." 그는 자신의 생각을 전달하고 여름 동안 공부를 하기 위해 시카고로 떠났다.

---

29) 캐나다의 의회는 수상과 내각의 추천으로 총독이 임명하는 상원과, 선거를 통해 선출되는 하원의 양원제로 구성되어 있다. 총독은 여왕의 대리인이라는 상징적인 존재이며 실질적인 입법권은 하원이 수행한다. 하원의원을 선출하는 연방 선거 결과 제1당이 된 당의 당 대표가 내각의 수반인 총리로 지명되며, 내각을 조직할 권리를 가지게 된다. 하원의원의 임기는 관습법상 5년이지만 4년에서 4년 반 사이에 해산하는 것이 통례이다. 캐나다 하원의원의 정수는 308명이고, 원칙적으로 각 주의 인구에 비례하여 배분된다. 한편, 각 주의 주 의회는 하원만으로 구성된 단원제이고, 다수당의 지역당 대표가 주지사로 지명된다. 지방 선거는 통상 5년마다 시행한다.

침례교회의 한 오지랖 넓은 감독관이라는 하늘의 도움이 아니었다면 그대로 일이 진행되었을 것이다. 그는 토미가 지난 지방 선거에 출마한 것에 분명히 반대했다. 하지만 그는 캘버리 교인들의 여론을 살펴보고는, 젊은 목사가 정치 활동을 하는 것에 대한 반대 여론이 거의 없다는 사실을 알게 되었다. 그는 토미를 꾸짖기 위해 왔다가, 그렇게 하지 않기로 했다. 그래도 한마디 하지 않고는 직성이 풀리지 않는 모양이었다.

"자네 교인들은 개의치 않는 것 같더군. 그들이 문제 삼지 않으면 나도 아무 말 않겠네." 그 교회 인사는 토미에게 말했다. "단, 이번이 마지막이네. 앞으로는 출마하지 말게."

캘버리는 자립도가 높은 교회였고, 그 교회에서 하는 일에 침례교단의 승인이 필요하지는 않았다. 그래도 토미는 그 감독관이 다른 교회에서 자신의 앞길을 막을 수 있다는 사실을 알았다. 토미는 마침 에드먼턴의 스트래스코나 침례교회로부터 바로 전날 초빙 제의를 받고 수락 여부를 고려하던 중이었다. 놀랍게도 그 방문자는 토미에게 그 제의를 받아들이라고 격려했다.

"그곳에 가서 대학원 공부도 함께 하게." 그가 말했다. "그것이 자네에게 가장 좋을 것 같네."

"이곳의 많은 사람들은 제게 또다시 출마하라고 요구하고 있습니다." 토미는 말했다. "저는 출마하고 싶지 않습니다. 그래도 한편으로 제가 이 정당의 창당 과정을 보아 왔기 때문에 이대로 두고 떠나는 것도 싫습니다."

"떠나게." 감독관이 경고했다. "자네가 떠나지 않는다면 그리고 계속 정치를 한다면, 자네는 캐나다의 다른 어떤 교회에서도 일자리를 구하지 못할 걸세. 내가 지켜볼 것이네. 위원회가 그럴 권한을 내게 위임했으니까."

토미 더글러스에게 그 말은 매우 도발적인 것이었다. "감독님은 방금 CCF 후보를 하나 만드셨습니다." 토미는 답했다. 이로써 목사로서 그의 앞길은 막혀 버렸다.

+ 캐나다의 대공황

1930년대 캐나다의 경제는 막 1차 산업에서 제조업으로 이행해 가던 차였는데, 대공황으로 큰 타격을 받았다. 1933년이 되자, 캐나다 노동 인구의 30퍼센트가 일자리를 구하지 못했고, 국민 총지출은 1929년도에 비해 42퍼센트 감소했다. 국민 5명 중 한 명은 정부의 지원을 받아서 생활할 수밖에 없었는데, 일부 지역에서는 경기 침체가 훨씬 더 심해서 주민의 3분의 2가 주 정부의 구호에 의존해야 했다. 1932년도의 산업 생산은 1929년도의 58퍼센트밖에 되지 않았고, 국민 총소득은 1929년도의 55퍼센트로 감소되었는데, 이는 세계에서 미국 다음으로 큰 폭으로 감소된 수치였다.

대공황 당시 캐나다 서부 대초원 지대의 주들은 캐나다에서도 가장 큰 고통을 받았다. 밀의 거래 가격이 폭락하자 농민들은 앨버타 주의 캘거리, 서스캐처원 주의 리자이나, 매니토바 주의 브랜든과 같은 도시로 이주했고, 대초원 지대의 전체 인구가 감소했다.

캐나다의 도시 가운데 가장 큰 충격을 받은 곳은 온타리오 주 서부의 중공업 단지였다. 캐나다 최대의 철강 도시인 해밀턴을 비롯해서 토론토, 틸버리, 윈저 등 자동차 생산지가 타격을 받았다. 온타리오 지역의 실업률은 45퍼센트까지 치솟았다. 온타리오 주 정부는 대규모 토목 공사를 발주함으로써 노동자들을 고용하고 경제를 활성화시키려 애썼다.

하지만 대공황 시기에 노동 계층의 불만은 높아져 갔다. 대공황의 여파로 조직적인 노동 활동은 위축되었지만, 동시에 상당수의 노동자와 실업자는 단체 행동을 모의하게 되었다. 이런 필요에 부응해서 공산당의 노동자연맹이 혁명을 목표로 하는 운동을 조직하려 했다. 이 시기에 수많은 파업과 시위가 벌어졌고, 그중 일부는 경찰과 무력 충돌을 일으키기도 했는데, 1931년의 에스테반 항쟁, 1935년의 밸런타인 부두의 싸움, 리자이나 항쟁을 가져온 오타와 행진 등도 그런 경우였다. 공산주의자의 수는 실제로는 많지 않았으나, 그들이 끼친 영향은 매우 컸다. 1935년 이후에는 공산당이 노선을 바꾸고 베넷 총리의 보수당 정권이 참패함으로써 갈등이 어느 정도 가라앉았지만, 갈등과 긴장은 대공황기 내내 이어졌다.

대공황의 발단은 미국이었고, 미국과 밀접한 관계를 맺고 있는 캐나다의 경제 위기는 미국에 이어 세계에서 두 번째로 심각한 것이었다. 하지만 캐나다는 매우 건전

한 금융 제도를 유지하고 있었고, 영연방의 일원으로 영국의 지원을 받을 수 있었기에 경제난 극복에 유리했다.

그런데 각 주 정부는 1920년대에 사회 인프라를 확충하고 교육에 투자하느라 부채를 많이 지고 있었기 때문에 대공황 초기에는 극복의 여력이 없었고, 연방 정부가 경제 회생을 위해 나설 수밖에 없었다. 그러나 대공황이 시작될 당시 총리였던 자유당의 매켄지 킹은 경제 위기의 심각성을 간과하고 소극적인 대책만을 내놓았다.

1930년에 집권한 보수당의 베넷 총리는 재정 적자를 만회하기 위해 1932년도의 연방 정부 지출을 큰 폭으로 축소했는데, 이로 인해 공무원 일자리가 줄고 공공사업이 취소되어 불황이 더욱 깊어지는 결과를 가져왔다. 베넷 정부는 지지율이 떨어지고 불경기가 악화되자 미국의 정책을 본떠서 최저임금제, 고용보험 등의 제도를 도입했으나, 이 시도는 대체로 성공적이지 못했다.

연방 정부와 달리 온타리오 주는 1935년에 산업기준법을 제정해서 주 정부의 주도로 노동자와 고용주들이 협의해서 최저임금과 노동 기준을 제정하게 했다. 이를 통해 불공정 경쟁을 타파하고, 노동 착취를 방지하게 되었다. 산업기준법은 이후 캐나다의 사회, 경제, 노동 부문의 역사에서 중요한 역할을 하게 되었다.

한편, 제1차 세계대전에 참전하고 돌아온 제대 군인들은 전쟁 기간 동안 기여한 것을 제도적으로 보상하라고 강하게 요구했고, 이들의 요구는 캐나다의 사회보장 제도 확대에 중요한 역할을 했다. 이들은 가난과 실직으로부터 보호받을 권리를 자선이 아닌 시민으로서의 정당한 권리로 주장했던 것이다.

1935년에 압도적인 지지로 재집권한 자유당은 미국과의 호혜통상협정을 맺어서, 1930년 이후 지속되었던 미국과의 무역 분쟁을 해소하였다. 매켄지 킹 총리는 주로 온타리오와 퀘벡의 산업화된 지역의 경제 재건에 더 많은 관심을 기울였다. 실업 문제에 있어서 그는 케인즈주의적인 정책을 마지못해 받아들였다.

이렇듯 자유당과 보수당 모두 캐나다 국민의 기대에 부응하지 못하자 제3의 정당들이 부상하게 되었는데, CCF가 그 대표적인 정당이었다.

++ 리자이나 선언문 서문

리자이나에서 열린 첫 전국 전당 대회에서 채택.
1933년 7월, 서스캐처원 주

CCF는 캐나다에 협동연방(Co-operative Commonwealth)을 건설하는 것을 목표로 하는 단체들의 연맹이다. 그곳에서 생산과 분배와 교환의 원칙은 인간의 필요에 따른 보급이지, 이윤 추구가 아닐 것이다.

우리는 한 계급이 다른 계급을 지배하고 착취하는 사회 질서를 가진 현재의 자본주의 체제와 그 속에 내재되어 있는 불의와 비인간성, 그리고 경제 계획으로 규제되지 않는 민간 기업 활동과 경쟁을, 경제적 평등을 바탕으로 하는 진정한 민주적인 자치를 실현하는 사회로 대체할 것을 목표로 한다. 현재의 질서는 부와 기회의 심한 불평등, 혼란스러운 낭비와 불안정, 그리고 풍요의 시대에 다수의 민중을 가난과 불확실성 속으로 몰아 가는 것을 특징으로 한다. 갈수록 권력은 책임을 지지 않는 소수의 금융업자들과 자본가들의 손에 쥐어지고 있고, 그들의 탐욕스러운 이윤 추구 앞에 다수는 지속적으로 희생되고 있다. 개인의 이윤 추구가 주된 경제 행위의 동력이 되는 경우, 우리 사회는 투기꾼들과 폭리를 취하는 자들에게 큰 이익이 돌아가는 불안정한 번영의 시기와, 보통 사람들의 위험과 고통이 커지는 파멸적인 불황의 시기 사이를 오가게 된다. 이와 같은 악습은 계획되고 사회화된 경제를 통해서만 제거될 수 있다고 우리는 믿는다. 그 사회는 우리의 자연 자원과 주된 생산과 분배 수단을 민중이 소유하고 통제하는 사회이다.

우리가 목표로 하는 사회 질서는 통제된 체계에 의해 개인의 독자성이 억눌리는 사회가 아니다. 인종적, 종교적 소수자의 문화적 권리를 침해하지도 않을 것이다. 우리가 이루고자 하는 것은 모든 민중이 더 여유롭고 풍요로운 삶을 누리게 하는 방향으로 우리의 경제 자원을 전체적으로 조직화하는 것이다.

이 사회적·경제적 변환은 정치적 조치를 통해서, 다수의 민중이 지지하는 협동연방의 이상을 추구하는 정부를 선출함으로써 이룰 수 있다. 우리는 폭력을 통해 변화를 이룰 수 있다고 믿지 않는다. 캐나다의 오래된 두 정당은 모두 자본의 이익을 위한 도구여서 사회 개조를 감당할 수 없으며, 또한 표면상으로 나타난 두 정당 간의 차이가 아무리 커도 그들은 그 정당들에게 돈을 대 주는 대자본가의 명령에 따라 정부를 운영할 수밖에 없을 것이다. CCF는 정치에서 이런 자본주의 지배를 종식시키기 위한 정치 권력의 획득을 목표로 한다. 우리의 운동은 농민 단체, 노동 단체, 사회주의 단체가 연대한 운동으로, 그 당원들이 운영비를 대고, 헌법에 명시된 방식을 통해 목표를 이루고자 하는 민주적인 운동이다. 우리의 경제적, 정치적 제도를 근원적으로 개조해야 할 시간이 되었다고 믿는 모든 사람, 다음의 정책을 실현하기 위해 함께 일하고자 하는 모든 사람의 지지를 호소한다.

6

의회의원이 되다

1935년 연방 선거에 출마한 토미 더글러스는 치열한 선거전 끝에 하원의원으로 선출된다.
수도인 오타와로 가서 8년 동안 하원의원 활동을 하면서 토미는 농업과 노동 부문 외에도
외교 정책, 복지, 건강보험 등 다양한 사안에 관심을 보이며 진보적인 주장을 편다.

토미 더글러스는 1935년에 하원의원으로 선출되었으며, 이내 정부에 대한 날카로운 비판
자이자 토론가로 명성을 얻었다. "이곳이 의회인가요? 미안합니다. 전 유치원인 줄 알았
습니다."

1935년 9월 말 웨이번의 어느 추운 밤, 연방 선거가 있기 불과 몇 주 전이었다. 커다란 하키 경기장을 빌린 유세장에 그 지역구 하원의원인 자유당의 에드 영 의원이 CCF의 정치 신인 T.C. 더글러스 목사를 상대하는 것을 보기 위해 7000명에 가까운 군중이 모여들었다.

영의 가늘고 날카로운 목소리는 공연과 웅변에 익숙한 토미의 훈련된 목소리에 상대가 되지 못했다. 또한 그는 젊은 상대에 비해 임기응변도 부족했다. 영 의원이 CCF를 공격하자 토미는 자유당이 "가장 교활한 자가 살아남는다."는 현실을 증명하고 있다고 받아쳤다.

그러나 결정타는 영 의원이 토미 진영의 새로운 캠페인 전단을 치켜들고 흔들어 대면서 "도대체 이게 다 무슨 소란인지 모르겠습니다. 이 전단에는 별 내용도 없습니다. 관심을 보일 가치가 없습니다."라고 소리친 직후에 터졌다. 그는 그 전단의 일부를 야유조로 읽어 내려갔다.

토미는 영 의원의 손에 들린 전단이 누군가가 훔쳐 낸 것이라는 사실을 이미 알고 있었고, 두터운 외투를 입고 쉼 없이 몸을 움직여 추위를 쫓고 있는 청중들도 대부분 그 사실을 알고 있었다. 그 전단은 아직 배포되지 않은 것이었고, 이틀 전 인쇄소에 누군가 침입한 사건이 있었다. 토미는 유세 바로 전날 기마경찰대의 경찰관과 함께 영 의원이 교장으로 근무하고 있는 맥타가트 마을 학교에 가서 영 의원의 캠페인 담당자인 J.J. 맥크루든을 만났다. 학생들이 보는 앞에서 맥크루든은 부끄러움에 고개를 숙이고 절도 사실을 시인했다.

"이런 방법을 쓰는 자는 이 나라의 어린이들을 가르치는 교사가 될 자격이 없습니다." 토미가 숨죽인 청중에게 말했다. "그리고 훔친 물건을 정치 연단에서 인용하는 자는 주민들을 대표해서 의회에 갈 자격이 없습니다!"

청중은 폭발적인 반응을 보였고, 응원과 비난의 함성이 경기장을 가득 채웠다. 영 의원은 토미를 향해 주먹을 흔들었고, 맥크루든 교장이 눈을 부릅뜨고 연단으로 뛰어올랐다. 1미터 80센티미터의 덩치 큰 남자가 토미를 때려눕히겠다고 위협했다. 그러자 건장한 농부들이 청중석으로부터 난간을 넘어서 연단으로 몰려왔다. 그들 중 한 사람이 위협하듯 손가락으로 가리키며 교장에게 소리쳤다. "감히 그 분을 건드리기만 해!"

토미는 그때를 회상하며 말했다. "정말 대단한 결말이었습니다."

토미 더글러스는 1935년 연방 선거에서 승리해 이후로 44년 동안 정치인의 경력을 이어 가게 되었는데, 하마터면 그 선거에서 승리하지 못할 수도 있었다. 301표라는 근소한 차이로 당선이 되었는데, 토미는 당시 선거운동 과정에서 일반적이었던 '선거꾼'의 수법을 써서 선거전을 벌였고, 그 때문에 CCF에서 거의 축출될 뻔했다.

출마를 결정하기 전부터 이미 토미는 그 정당의 전국적인 지도자로 떠올랐다. 선거가 있기 전 해 여름 위니펙에서 열렸던 CCF 전당 대회 당시에 워즈워드는 채 30세도 안 된 토미에게 당의 청년 조직을 이끌어서 좌익 진영의 불만을 잠재워 달라고 요청했다. 토미는 그 불만의 선동자들이 공산주의자들이며, CCF를 접수하거나 당을 쪼개려 한다는 사실을 알게 되었다.

CCF 청년 조직의 대표라는 전국적인 인지도와, 그 지역에서 말썽꾼이라는 평판을 얻고 있던 덕에 토미는 에드 영에 대적할 이상적인 후보로 떠올랐다. 노련한 이 자유당 하원의원은 대기업의 심부름꾼으로 평판이 자자했고, 심슨 백화점의 대표인 백만장자 C.L. 버튼이 유세 기간 중에 지지방문을 했는데, 전용 기차를 웨이번 역에 정차시켜 두어 사람들이 모두 보게 하는 바람에 토미에게 많은 표를 가져다주었다. 버튼은 일자리가 없는 남자들은 군사 훈련소로 보낼 것을 제안함으로써 리자이나 지역 신문을 장식하던 참이었다.

영은 부주의하게도 의회에서 "캐나다인들은 더 낮은 생활수준을 받아들여야 한다."고 발언함으로써 스스로를 궁지에 몰아넣었다. 대공황이 한창이던 시기에 그렇게 말하는 것이 일리가 있을 수는 있었지만, 유권자들이 듣고자 했던 말은 분명 아니었고, 토미는 영으로 하여금 그 말이 잘못되었음을 인정하도록 만들었다.

영의 말을 인용해서 선거운동을 벌이던 어느 날, 토미는 한 농부에게 누구에게 투표할지 물었다. 농부는 "누구를 찍지 '않을' 것인지는 확실해요. 우리더러 더 낮은 생활수준을 받아들이라고 했던 자요."라고 답했다. 토미는 큰 인상을 받았다. 단순함 속에 정치적인 위력이 있었다.

영의 말에 주목해서 토미에게 그것을 이용하자고 설득한 것은 댄 그랜트였다. 1920년대 서스캐처원에서 KKK단이 잠시 인기를 얻었을 때 그 단체를 위해 일함으로써 처음 정치에 입문한 정치꾼이었던 그랜트는 웨이번의 지방 정부에서 일자리를 얻었다가 가디너와 그의 동료들이 집권한 뒤 파면되었다. 자신에게 유리한 시기가 되자, 다양한 아이디어를 갖고 있으면서 자유당에 복수하고자 하는 욕망도 품고 있던 그는 토미의 선거운동 진영에 합류해서 운전 등 온갖 잡일을 맡아서 했다. 심령주의자이자 홍차잎 점술사였고, 중산모자를 쓰고 하이칼라 옷을 말쑥하게 차려입고는 했던 그랜트는 어느 모로 보나 괴짜였는데, 선거운동에 관해서는 마치 상어와 같이 날카로운 감각을 가지고 있었다. 그는 토미에게 영의 "낮은 생활수준" 발언을 붙잡고 늘어지라고 하는 것 말고도, 전단 도난 사건을 고발할 것도 고집했다.

그리고 맥크루든 교장이 절도 사실을 실토하자 "그 사건으로 큰 논란을 불러일으킨 것"도 그랜트였다. "저는 그 사건이 큰 문제가 될 거라고 생각하지 않았는데, 그랜트가 보기에는 굉장한 호재였습니다."

"은제 탄환silver bullet" 복권이라는 묘수를 생각해 낸 것도 댄 그랜트였다. 토미의 낡은 모델 A 포드 자동차가 완전히 고장나 버리자, 그랜트는 한 자동차 판매상을 설득해서 실버 허드슨 테라플레인 차량을 외상으로 사서 유세 차량으로 이용하도록 했다. 가는 유세장마다, 토미가 유권자들을 만나는 동안 그랜트는 자동차를 경품으로 내걸고 장당 1달러씩에 복권을 팔았다. 그렇게 모은 돈으로 선거 유세가 끝난 뒤에는 경품으로 내걸었던 자동차 값을 다 냈을 뿐 아니라, 유세 비용 대부분을 충당할 수 있었다.

1934년의 선거전에서 했던 것과 같은 딱딱한 강의식 연설은 더 이상 없었다. 토미는 댄 그랜트로부터 배운 단순함과 청중의 주의를 모으는 기술에다, 그동안 목사, 연기자, 낭독자, 희극인, 로버트 번스 등의 역할로 쌓은 경험을 살린 연출과 유머를 더해서 자신의 정치적인 스타일을 완성했다. 간단히 말해서, 그는 연단 위에서 긴장하지 않고 자신을 있는 그대로 보여 줄 수 있게 되었다.

"저는 우스갯소리도 하기 시작했습니다." 토미는 그 선거 당시를 회상했다. "유세장에 온 주민들은 아주 피곤하고 낙담하고 지쳐 있었기에 그들에게는 무언가 위안거리가 필요했습니다. 여성들이 특히 더 그랬습니다. 그들은 허리가 휘도록 일했습니다. 그래서 저는 그들을 격려하기 위해 재미있는 이야기를 섞고는 했습니다."

"그리고 웃음을 주면 사람들이 귀를 기울입니다."

토미는 유머 감각을 유지해야만 했다. 그리고 선거전이 치열해지면서 자동차 주유구에 자물쇠를 채워 놔야만 할 지경이 되었다. 주유구에 설탕이나 모래 같은 것을 부어 넣는 황당한 경우를 몇 차례 당하고 나서부터였다. 어느 날 저녁에는 바퀴에 구멍이 나서 토미와 그랜트가 타이어를 갈려고 보니, 자동차 뒷바퀴의 모든 나사가 풀려 있어서 크게 놀란 적도 있었다.

오데사 마을의 학교에서 열린 유세에서는 아주 험악한 분위기가 연출되었다. 청중이 가득 찬 강당에 조용히 앉아 있던 한 무리의 젊은이들이 돌연 소리치고 소란을 일으키더니, 연단으로 올라오기 시작했다. 토미는 그 장소에 빠져나갈 곳이 없다는 사실을 재빨리 간파했고, 자신의 참모인 캘버리 교회의 장로 테드 스틴슨이 겉옷을 벗고 소매를 걷어 올리는 모습을 보았다. 매니토바 주의 전 라이트급 챔피언은 물병을 집어들고 책상에 부딪혀 깨뜨려서 무기로 삼고는 소리쳤다. "이곳에 올라오면 다친다."

바로 그때, 다른 한 무리의 CCF 지지 청년들이 들어서면서 사태는 진정되었다. "토미, 무슨 문제 있나요?" 그들 가운데 한 사람이 물었다.

"아직 괜찮네."

폭력 사태에 이를 뻔했던 그 경험은 토미에게 충격을 주었다. 그 사건은 절대 잊을 수 없는 위니펙 총파업이 벌어졌던 어느 날의 오후와 에스테반 항쟁, 더 가깝게는 그해 7월 1일 리자이나에서 실직자들이 정부 정책의 변화를 요구하며 오타와까지 행진을 하는 평화로운 집회를 경찰이 공격한 사건을 떠오르게 했다. 토미는 그 현장에 없었지만, 사건이 일어난 다음 날 라디오 방송 때문에 리자이나를 방문했다가 CCF의 활동가이자, 경찰 폭력에 의해 다친 사람들의 상처를 여러 시간에 걸쳐 봉합했던 휴 맥린 박사로부터 생생한 증언을 전해 들었고, 그의 의지는 더욱 결연해졌다.

그러나 폭력배들이나 무뢰한이나 경찰보다도 토미를 더 힘들게 했던 것은 바로 사회신용당이었다.

사회신용당은 "바이블 빌"이라 불린 애버하트라는 이름의 목사 출신 정치인이 이끄는 정당이었는데, 그는 라디오 방송에서 종교 프로그램을 진행하는 근본주의 신학자로, 특히 앨버타 주에 지지자가 많았다. 폭넓은 지지를 받고 있던 애버하트와 사회신용당 지지자들은 1935년 연방 선거가 있기 불과 2개월 전에 앨버타 주에서 집권했다.

사회신용당의 본바탕은 보수주의 운동이었지만 표면적으로는 CCF와 매우 유사한 주장을 했기 때문에, 정치적으로 치열했던 1935년에 유권자들이 두 신생 정당 사이에 어떤 차이가 있는지 구분하기는 무척 어려웠다. 두 정당 모두 기존 정당과 은행, 베이 스트리트의 기업가들, 동부 지역의 '대기업'들을 비난했다. 그해 늦여름에 접어들자 승기를 잡고 있던 애버하트가 동쪽 진출을 모색한다는 소식이 들려오면서 서스캐처원의 상황은 점차 복잡해졌다.

CCF의 전문가 집단은 조심스럽게 접근했다. 당의 지도자인 M.J. 콜드웰과 조지 윌리엄스는 사회신용당이 자본주의 정당이라는 사실을 강조하면서도 하원의 CCF 의원들은 애버하트의 경제적 실험을 억누르려는 연방 정부의 그 어떤 시도에도 반대할 것이라고 호소하는 성명을 발표했다.

그러나 웨이번의 토미 더글러스와 그의 지지자들은 사회신용당의 후보가 야권의 표를 분산시켜서 자유당인 에드 영에게 승리를 안기는 일이 생길 것을 우려했다.

그래서 워터게이트와 비슷한, 불법은 아니지만 부적절한 정치적인 책략이 구상되었다. 그 때문에 토미는 큰 곤경에 처하기도 했는데, 한편으로는 그 책략 덕분에 당선될 수 있었던 것인지도 모른다.

토미와 그의 선거운동 담당자인 테드 스틴슨과 댄 그랜트가 판단한 바에 따르면, 사회신용당 측에서 후보를 내지 않더라도 자유당이 가짜 사회신용당 후보를 내세울 가능성은 있었다. 어느 쪽이든 CCF는 표를 잃게 될 것이었다.

9월 초 스틴슨은 서스캐처원 주 남부 도시인 무스 조에서 애버하트의 참모와 만나서, 토미가 자신의 지역구에서 사회신용당의 지지를 끌어내 준다면 앨버타 주의 새 주지사이자 사회신용당의 지도자인 애버하트가 토미를 지지해 주겠다는 합의를 이끌어 냈다.

토미는 합의가 이루어진 직후에 성명을 발표했는데, 그 내용은 콜드웰과 윌리엄스의 것에서 한 걸음 더 나간 것이었다. 그는 만약 자신이 당선된다면 "사회신용당의 체계를 실현하고자 하는 모든 주가 그렇게 할 수 있게 할 법안을 발의하고 지지할 준비가 되어 있다."고 《더 웨이번 리뷰》와의 인터뷰에서 말했다.

한편 스틴슨과 그랜트를 비롯한 몇 명은 가짜 웨이번 지역 사회신용 당 조직을 설립했다. 자유당도 같은 방법으로 가짜 조직을 설립해서 에릭 맥케이라는 CCF 지지자에게 그 단체의 후보로 나서 달라고 하면서 2000달러를 제시했다. 그는 그 제안을 거절했으나, 자유당 측은 모턴 플레처라는 다른 정치 지망생을 찾아내서 사회신용당의 후보로 나서게 했다.

9월 28일 토미는 자신을 지지하는 사람들이 결성한 사회신용당의 관계자들을 모아서 애버하트가 토미를 지지하겠다는 뜻을 전한 전보를 읽어 줄 수 있었다. 가짜 사회신용당 설립을 두고 벌인 자유당과의 대결에서 CCF가 승리한 것이다.

그러나 그것으로 문제가 해결된 것은 아니었다.

워즈워드를 비롯한 CCF의 지도자들은 경쟁 정당과 협조하는 것에 대해 갈수록 불쾌하게 생각했다. 리자이나에서 토미를 지지하는 '웨이번 CCF-사회신용당 위원회' 명의의 포스터가 나도는 것을 본 윌리엄스와 그의 지지자들은 머리끝까지 화가 났다. 앨버타에서 온 사회신용당의 관계자가 토미와 함께 연단에 모습을 나타내고, 《더 리자이나 리더 포스트》가 토미가 이전에 했던 발언을 왜곡해서 그가 "사회신용당의 공약을 100퍼센트 지지할 의향이 있다고 공식 선언했다."고 보도하자, 문제는 더욱 심각해졌다.

토미는 선거가 있기 불과 5일 전인 10월 9일에 호출되었다. 그는 리자이나의 서스캐처원 호텔 회의실에서 윌리엄스를 비롯한 CCF의 핵심인사 다섯 명과 면담을 가지게 되었다. 그를 고발한 자들은 문제가 된 포스터와 더 심각한 증거, 즉 토미를 "사회신용당 후보"로 인정하는 전보를 제시했다.

"우리 주의 조직을 잘도 와해시켰군." 윌리엄스가 화난 목소리로 말했다.

"제가 자본주의 운동 조직을 지지하고 있다고 생각한다면 잘못 알고 계신 겁니다."라고 토미는 반박했다. "저는 단지 사회신용당에게 재량권을 주고, 의회가 그렇게 하도록 지원하겠다고 약속했을 뿐입니다. 조지와 M.J.도 분명 우리가 그렇게 해야 한다고 했습니다." 그는 얼굴을 찌푸린 채 문제의 포스터를 손에 쥐고 흔들고 있는 윌리엄스를 노려보았다.

"누가 이것을 만들었나?"

"우리 지역구의 합동위원회입니다."

"찬조 연설자는 어떻게 구했나?"

"그쪽에 플레처를 물리칠 만한 사람을 보내 달라고 요청했습니다."

"그래서 이 사람이 앨버타로부터 파견되었나?"

"네."

이때, 콜드웰의 동지이자 당의 원로인 맥린 박사가 끼어들었다. "저의 경우에도 공산당이 저를 지지해 준 적이 있습니다. 그렇다고 제가 공산당원은 아니지요."

"당신은 사회신용당의 지지가 없이는 승리할 수 없다고 생각해서 이렇게 한 겁니까?" 다른 질문자가 물었다.

"사회신용당의 세력은 얼마 되지 않습니다." 토미가 비웃듯 말했다.

"그렇다면 왜 CCF 단독으로 운동을 하지 않지요?"

"그렇게 하고 있습니다." 토미는 주장했다. "저는 CCF의 후보이고, 사회신용당 세력은 저를 지지할 권리가 있고, 합동위원회는 문건을 발표할 권리가 있습니다. 저는 단지 애버하트에게 도움을 주겠다고 약속했을 뿐입니다."

그러고는 이 자존심으로 가득 찬 젊은 목사는 매니토바 주의 라이트급 권투 챔피언이었다면 하지 않았을 말을 해 버렸다. 그는 고개를 쳐들고서 "이 집행부에서 어떤 조치를 취하든 제게 영향을 미치지는 못할겁니다."라고.

그의 말은 틀린 것이었고, 맥린 박사가 한사코 만류한 덕에 당장 당에서 쫓겨나는 신세를 면할 수 있었다. 윌리엄스를 비롯한 사람들은 그를 출당시키기 원했으나, 맥린 박사가 그날 회의에 참석하지 못한 콜드웰의 견해를 우선 들어보자고 이들을 설득했다. 다음 날, 콜드웰은 토미에게 징계가 내려진다면 자신도 사퇴하겠다고 위협했다. 그는 웨이번의 후보를 축출하는 것은 "운동 전체에 악영향을 가져올 것"이라고 주장했다. 그러나 콜드웰은 앞으로는 당 최고위층의 동의 없이는 타 정당과 협력하는 일이 없도록 지시했고, 그렇게 해서 토미는 가벼운 경고만 받고 가까스로 궁지에서 벗어날 수 있었다.

4일 뒤, 토미는 근소한 차로 선거에서 승리했다. 자유당이 지지한 사회신용당 후보 모턴 플레처는 단 362표밖에 얻지 못했다. 하지만 토미가 사회신용당의 지지를 얻지 못했더라면 플레처가 더 많은 표를 얻었을 것이고, 그만큼 토미의 지지표가 이탈했을 것은 분명했다.

여러 해가 지난 뒤에 토미는 그때의 술수를 다음과 같이 정당화했다. "대중, 농민, 소상공인, 철도 노동자는 무엇인가 잘못되어 있다는 사실을 알고, 어떤 대상이든 지지하고 싶어 했습니다. 그런데 이들은 상세한 문제에 대해서는 전혀 개의치 않았습니다."

　토미, 어마, 그리고 어린 딸 셜리는 오타와로 떠나기 전에 위니펙에서 크리스마스 연휴를 보냈다. "애야, 이걸 기억해라." 아버지 톰 더글러스는 의회의원이 된 아들에게 말했다. "노동자들이 너에게 커다란 신뢰를 보냈으니 절대로 그들을 실망시키지 말아라." 그로부터 한 달 뒤, 토미는 아버지의 장례식에 참여하기 위해 그곳으로 돌아와야 했다. 부친은 57세의 나이에 맹장염의 합병증으로 갑작스레 별세했다. 이제 무대는 오타와로 옮겨졌고, 그것은 그 자신과 다른 모든 사람들이 예상한 것보다도 훨씬 긴 정치 역정의 시작이었다.

　토미 더글러스는 항상 웨이번의 목사 출신이었다고 기억될 것이다. 그는 웨이번의 캘버리 침례교회에서 물러나 그 뒤에도 교회 활동을 계속하고 때로는 교회의 초청을 받아 설교를 하기도 했지만 다시 목사로 봉직하지는 않았다.

　토미는 하원의원 생활에 빠르게 적응했다. 소수 정당 소속 의원인 관계로, 의회에서 양심을 일깨우는 역할이나 정부의 잘못을 지적하는 역할밖에 할 수가 없었지만 그는 그 일을 기꺼이 했다. 어쨌든, 하원의원의 일은 연구하고, 글 쓰고, 사람 만나고, 사람들의 문제 해결을 도와주고, 설교와 다를 바 없는 연설을 하는 것 등으로 목사가 하는 일과 그다지 다르지 않았고 토미는 그 일에 금방 익숙해졌다.

　윌리엄 라이언 매켄지 킹 총리가 이끌던 자유당은 "킹이냐 혼란이냐"

라는 구호를 앞세워 선거를 치렀고, 절대 다수의 의석을 확보했다. 워즈워드가 이끄는 정당이 100명이 넘는 후보자를 냈음에도 불구하고, 하원에는 당 대표인 워즈워드, 토미, M.J.(토미 말고 서스캐처원 주에서 선출된 하원의원은 M.J.밖에 없었다.), 밴쿠버의 앵거스 맥니스 등 단 여덟 명밖에 진출하지 못했다. 앵거스의 부인인 그레이스는 당의 간사로 일했다. 그녀는 워즈워드의 딸로, 후에 하원의원으로 선출되기도 했다. 그로부터 얼마 뒤 옥스퍼드 대학교 로즈 장학생으로 공부를 마치자마자 돌아온 몬트리올 출신의 젊은 변호사 데이비드 루이스가 합류해 당의 주요 조직가가 되었다.

더글러스 부부는 토미가 받는 4000달러의 연봉과 2000달러의 수당으로 안락한 생활을 할 수가 있었으며, 직책상 제공되는 무료 철도 이용권으로 고향을 자주 오갔다. 의회 회기 중에는 오타와의 작은 아파트에서 살았고, 여름이 되면 웨이번으로 돌아왔다. 그런데 셜리가 학교에 입학할 나이가 되자, 어마는 셜리를 데리고 웨이번에 머물렀다. 어느 경우이든 토미는 아내와 보내는 시간보다 콜드웰과 함께 보내는 시간이 더 많았다. 이들은 하원 센터 블록 6층에 있는 사무실을 함께 사용했으며, 머지않아 가장 친한 친구가 되었고, 어마가 고향으로 돌아간 뒤에는 같은 집에서 지냈다.

토미는 농업 부문에 관심이 많았고, 외교 정책에도 점차 큰 관심을 가지게 되었다. 그는 정부에 대한 날카로운 비판자이자 토론가로 빠르게 명성을 높여 나갔다. 민간 곡물 회사의 대표를 캐나다 밀 위원회의 의장으로 임명한 것에 대해 비난하면서 그는 그것이 마치 "족제비에게 닭장을 지키라고 하는 것"과 같다고 비유했다. 한번은 서스캐처원의 주지사를 그만두고 매켄지 킹의 농무부 장관이 된 지미 가디너가, 농민을 위한 활동을 하는 토미에 대해 농부 출신이 아니라고 비웃었다. 그러자 토미는 "그렇습니다. 그리고 저는 계란을 낳아 본 적이 없지만 그 어느 닭보다도 오믈렛에 대해 잘 알고 있습니다."라고 반박했다.

그는 자신의 당으로 오라는 킹 총리의 회유에 퇴짜를 놓았고, 한 잡지에 보낸 기고문에서는 자유당 의원들이 밀의 가격은 아랑곳하지 않은 채 지엽적인 문제를 놓고 요란하게 논쟁이나 벌이고 있다고 비난했다. "국민을 먹이고, 입히고, 돌보는 것은 상대적으로 덜 중요한 일입니다. 자기 의석을 지키는 일이 가장 중요합니다. 그래, 이곳이 의회인가요? 미안합니다. 전 유치원인 줄 알았습니다."

토미는 의회에서 첫 연설을 하면서, 최근에 이탈리아가 에티오피아를 침공했는데도 정부가 아무런 조치를 취하지 않은 것에 대해 강도 높게 비난했다. 그는 또한 의원 생활과 그 이후에도 계속 붙잡고 늘어진 주제인 복지, 고용, 고용보험, 농산물 가격, 농가 부채, 건강보험 등 다양한 사안에 대해 거침없이 이야기했다.

"저는 가뭄과 가난과 실직으로 고통받고 있는 대초원 지대에서 이제 막 왔고, 리자이나 항쟁은 제게 지울 수 없는 인상을 남겼습니다." 그러고는 덧붙였다. "그러니 제가 이 주제에 대해 말하는 것은 당연한 일입니다. 그리고 그런 문제에 대해 사실상 아무것도 하지 않고 있는 정부에 대해 참지 못하는 것 또한 당연한 일입니다."

CCF 소속 의원들은 종종 빨갱이 사냥의 대상이 되었고, 토미는 공산주의자들이 많이 포함되어 있던 '전쟁 및 파시즘 반대 연대'라는 단체의 부의장이 됨으로써 스스로 그런 비난의 표적이 되었다. 그는 자본주의를 종식시키려는 의지를 가지고 있다는 면에서 CCF와 공통점이 있는 공산당과 협력하지 않을 이유가 없다고 생각했고, 공산당과 관련된 또 하나의 단체인 캐나다 청년회의에서도 활동했다. 1936년에 그는 캐나다 청년회의의 대표로 제네바에서 열린 국제 청년회의에 참석했다.

토미 개인의 견해가 사람들의 예상과 달랐던 경우도 간혹 있었다. 예를 들어, 그는 국가 공용어로 두 가지 언어를 함께 쓰는 초기의 조치로 화폐에 영어와 불어를 병기하자는 자유당의 계획에 반대했는데, 그렇게 되면 서부 지역에 갈등이 심화될 것을 우려했기 때문이었다.[30] 그는 의회에서 정부는 "잠들어 있는 개가 눈을 뜨지 않도록 가만 두어야 한다." 고 했다.

그러나 더 많은 경우 토미는 "정의의 편"이었고, 자유당 정부가 서부 지역과 농민과 빈곤층을 위해 더 많은 일을 하고, 파시즘에 반대하도록 촉구하는 활동을 벌였다.

여러 해가 지나고, 언론인 브루스 허치슨은 토미가 오타와에서 지낸 8년을 다음과 같이 요약했다. "그는 마치 아마추어 권투 시합을 하는 것처럼 싸웠다. 그에게는 불시에 공격하는 재빠른 주먹이 있었고, 발이 날렵했으며, 무엇보다 용기가 있었다. 그는 의회에서 인기가 좋지는 않았지만, 사람들로 하여금 자신의 말에 귀를 기울이도록 만들었고, 때로는 코뿔소 가죽처럼 질긴 정부까지도 움직여 놓았다."

---

30) 캐나다의 헌법에는 영어와 프랑스어를 모두 공용어로 명시하고 있다. 2006년도 인구 총조사의 결과를 보면 영어가 모국어인 사람이 인구의 58.8퍼센트, 불어가 모국어인 사람이 인구의 23.2퍼센트로 나타나 있다. 주 정부가 공용어를 별도로 지정한 곳도 있는데, 뉴브런즈윅 주는 영어와 불어를 모두 공용어로 지정했고, 주민의 85퍼센트가 프랑스어를 사용하는 퀘벡 주는 프랑스어를 공용어로 선정했다. 그 이외의 주들은 별도로 공용어를 정하지 않았다.

✚ 오타와 행진

오타와 행진은 1935년에 서부 캐나다 변방의 수용소에서 일하던 수천 명의 실직자들이 자신의 열악한 삶의 조건을 알리고, 연방 정부 관계자들을 면담하기 위해 캐나다 동부까지 집단으로 행진에 나선 것에서 촉발된 일련의 사건을 말한다.

대공황기에 젊은 독신 남성들은 다른 연령대의 인구 집단에 비해 국가의 지원에서 순위가 밀렸을 뿐 아니라, 베넷 정부는 이들을 잠재적인 위협 세력으로 분류해서 변방에 지은 노동자 수용소에 수용하고, 하루에 20센트의 임금을 주고 도로 건설이나 그 밖의 공공 건설 사업에 투입했다.

1935년 4월 4일, 열악한 수용소의 노동 조건과 생활 조건에 대한 누적된 불만을 호소하고자 1600여 명의 노동자들이 수용소를 나서서 일차로 브리티시컬럼비아 주의 밴쿠버로 향했다. 이들의 요구 사항은 수용소에 구급의약품을 충분히 제공할 것, 수용소의 노동자들도 '노동자 보상법'의 적용을 받게 해 줄 것, 캐나다 형법 98조 폐지할 것, 수용소 입소자들에게 연방 선거권을 인정할 것 등이었다.

강력한 여론의 지지를 받는 가운데 연방 정부에 자신들의 입장을 전달하기로 결정한 수백 명의 노동자들은 1935년 6월 3일, 연방 정부가 있는 오타와로 가기 위해 화물차를 타고 출발했고, 6월 14일에 서스캐처원 주 리자이나에 도착해서 17일에 베넷 정부의 로버트 매니언과 로버트 위어 장관과 면담을 했다. 정부 측에서는 노동자 대표 여덟 명을 오타와로 초청하는 대신, 나머지 노동자들은 강력한 왕립 기마경찰대의 본부가 있는 리자이나에 머물 것을 요구했다. 리자이나에 남은 노동자들은 리자이나 박람회 부지의 경기장에 머물렀다.

6월 22일에 오타와에서 대표자들과 총리의 면담이 성사되기는 했지만, 고성을 주고받는 것으로 끝이 났고, 대표단은 26일 리자이나로 돌아왔다. 행진 참가자들은 자동차나 트럭을 타고 리자이나를 벗어나려 했지만 왕립 기마경찰대가 이들의 길을 봉쇄했다. 행진 참가자 측은 1935년 7월 1일 아침에 그동안의 경과를 시민들에게 보고하는 행사를 마켓 스퀘어에서 가지기로 했고, 그곳에 1500~2000명의 군중이 모여들었다. 그들 중 행진 참가자는 300여 명에 불과했고, 대부분의 행진 참가자들은 박람회장에 머무르고 있었다.

행사가 있던 날 아침, 리자이나의 경찰이 군중을 공격하기 시작했고, 시내 곳곳에서 육박전이 벌어졌다. 왕립 기마경찰대가 개입해서 말을 탄 채 곤봉으로 군중을 구타하기 시작했다. 연단 위에 있던 노동자 대표들은 사복 경찰에 체포되었다. 경찰은 군중을 향해 발포를 했고, 최루탄을 쐈다. 상가와 사무실의 유리가 깨졌지만, 약탈 행위는 단 한 건에 불과했다. 행사장에 있던 노동자들은 흩어졌다가 대부분의 노동자가 모여 있던 박람회장으로 되돌아왔다. 이날 120명의 행진 참가지와 시민이 연행되었고, 사복 경찰 한 명과 행진 참가자 한 명이 사망했다. 수백 명의 주민과 행진 참가자들이 병원 혹은 민가에서 치료를 받았는데, 병원에 간 사람들은 그 자리에서 연행되었다.

총기로 무장한 경찰은 박람회장을 포위했고, 그 이튿날 박람회장 주위에 철조망이 쳐졌다. 그 안에 있는 노동자들에게는 물과 음식 공급이 차단되었다. 이 사건에 관한 뉴스가 전국으로 퍼져 나갔다.

노동자 대표들은 밤중에 봉쇄를 뚫고 가디너 주지사에게 전화를 걸어 면담을 요청했다. 주지사는 총리에게 전화를 해서 행진 참가자들과 협상을 하고 있는 마당에 경찰이 폭력 사태를 악화시키고 있다고 항의했다. 그는 또한 행진 참가자들에게 식사를 제공하고, 원하는 사람들은 원래의 수용소나 집으로 돌려보내야 한다고 주장하면서, 주 정부가 이들을 돌려보낼 준비가 되어 있다고 했다.

사태가 마무리되자, 베넷 총리는 자신이 공산주의자들의 반란이라고 믿는 사태를 진압했다는 사실에 만족했고, 가디너 주지사는 자신의 주에서 노동자들을 내보내게 되어서 한시름 놓게 되었다.

사태 이후 오래 지속된 재판에서 노동자들이 그 기간에 총기를 사용했다는 증거는 전혀 발견되지 않았다. 하지만 베넷 총리는 오타와 행진이 단지 법과 질서에 맞서 들고 일어선 사건이 아니라 일부 집단이 권력을 찬탈하고 정부를 전복하려고 시도한 혁명이었다고 주장했다. 반면, 이 사건에 대한 공식 보고서는 수용소의 노동자들이 잠을 잘 만한 판잣집이 부족했던 것이 사태의 원인이 되었다고 보고했다.

이 사건으로 베넷의 보수당 정권의 지지도는 크게 떨어졌고, 1935년에 시행된 연방 선거에서 보수당의 의석수는 134석에서 39석으로 크게 떨어졌다. 또한 이 사건의 배후가 된 캐나다 공산당에 대한 여론 역시 나빠졌다. 문제가 되었던 수용소들은 이내 문을 닫았고, 주 정부가 조금 더 나은 임금을 주고 계절에 따라 수용소들을 운영하게 되었다. 비록 행진의 본대가 오타와까지 가지는 못했지만, 그 영향력은 확실히 오타와에 전해졌다. 행진 참가자들의 요구 중 일부는 결국 받아들여졌고, 이들에 대한 여론의 지지와 함께, 이 사건은 전후 시대의 사회 개혁과 복지 정책의 방향에 영향을 미쳤다.

++ 사회신용당

사회신용당은 1930년대부터 1970년대까지 캐나다의 앨버타 주와 브리티시컬럼비아 주를 중심으로 강한 세력을 형성했던 대중적인 정치 운동 세력이다.

1930년대의 캐나다에서, 특히 대공황의 고통이 극에 달했던 1934년이 지나면서는 급진적인 조치에 대한 요구가 커졌다. 무엇보다 많은 농민이 대출 이자를 감당하지 못해 농장을 압류당할 절박한 위기에 처해 있었다.

성경의 가르침을 바탕으로 1932년에 앨버타 주에서 시작된 사회신용 운동은 1935년이 되자 정치 세력을 이루었으며, 마치 들불처럼 그 세력이 확장되었다. 그 지도자는 윌리엄 애버하트로, 그는 기독교 근본주의자이자 라디오 방송을 통해 복음 전도사로 명성을 얻었다. 그는 모든 성인에게 일인당 매달 25달러를 지급하면 소비를 되살릴 수 있을 것이라고 주장했다.

앨버타 주의 상공인, 전문가, 언론은 애버하트의 주장에 강하게 반대했지만, 그렇다고 당면한 문제를 해결할 다른 비전을 제시하지도 못했다. 그 결과 사회신용당은 1935년 선거에서 앨버타 주 의회 의석 63석 중 56석을 차지하는 압승을 거두었다.

그런데 집권한 사회신용당과 애버하트는 균형 재정을 회복하는 데 우선순위를 부여해서 재정 지출을 줄이고 부가세와 소득세를 인상했다. 가난한 자들과 실직자들은 사회신용당 정부로부터 아무런 지원도 받지 못했고, 매월 25달러의 지원금 제도는 영영 도입되지 않았다. 1937년에 주 의회는 급진적인 금융 관련 법을 통과시켰으나, 금융을 관할하는 권한을 가지고 있는 연방 정부가 이를 불허하였다. 애버하트가 은행과 언론에 적대적이기는 했지만 자본주의 지지자였고, 서스캐처원 주의 CCF와 달리 사회주의 정책을 지지하지는 않았다.

사회신용당이 1948년에 월 25달러의 지원금 공약을 철회하고 농민 단체와의 노선 차이가 드러났는데도, 1940년대의 경제회복과 제2차 세계대전의 발발 등 상황이 변한 덕에 경제에 대한 불안과 농민들의 불만은 잦아들었다.

애버하트는 1943년에 사망하였고, 후임 주지사로 그의 제자이자 추종자였던 어니스트 매닝이 부임했다. 우익 정당으로 변모한 사회신용당은 매닝의 지도 아래 1968년까지 앨버타 주에서 집권하였다.

7

Victory in Saskatchewan

서스캐처원에서의 승리

대공황의 상황이 점차 호전됨에 따라, 토미는 주로 제2차 세계대전 문제에 힘을 쏟는다. 1940년대 초가 되어 높은 지지율에도 서스캐처원의 CCF 지도부에 대한 불만이 쌓여 가자 토미는 당 대표인 콜드웰의 요청을 받고 다시 지역 정치에 뛰어들게 된다. 서스캐처원의 지역당 대표가 된 토미는 지방 선거에서 압승을 거두고 주지사가 된다.

1944년 선거일 저녁, 열 살 된 셜리 더글러스가 부모와 함께 앉아 있다. 그날 CCF가 승리하고 그녀의 아버지는 서스캐처원의 주지사가 된다.

1944년 7월 15일, 서스캐처원 주 지방 선거가 있던 날 저녁. 웨이번의 리즌 홀에 있는 토미 더글러스의 위원회실에서 토미의 젊은 수행원 톰 맥러드가 전화를 받고 있다.

머리를 곱게 땋은 열 살 된 셜리가 방으로 달려 들어온다. "우리 아빠 주지사 되셨나요?" 그녀가 숨을 몰아쉬며 묻는다.

"아직." 맥러드가 대답하며 미소 짓는다. 그는 울리고 있는 다른 전화기를 집어 든다.

승기가 확실해지고 있다. 유럽에서는, 연합군이 9일 전 노르망디 해안에 상륙한 이후 진격을 계속하고 있고, 전쟁이 곧 끝날 것 같은 느낌이 든다. 서스캐처원에서는, 주민들의 삶이 이전보다 나아졌다.

당의 일꾼들이 주 전체에 걸쳐 정교한 전화 연락망을 구축해서 모든 전화가 웨이번의 위원회실로 연결되게끔 해 두었다. 밤 9시가 되자 토미의 승리가 확실해졌다. 10년 전 지방 선거에 처음 출마했을 때 패배한 경험이 있었기에 이번 승리는 더 큰 기쁨을 주었다.

"우리 아빠 주지사가 되셨나요?" 셜리가 궁금해한다.

"이제 곧." 맥러드가 답한다. "이제 곧 되실 거야." 그사이 전화가 또 울린다.

밤 10시가 되자 셜리가 더 이상 물을 필요가 없어졌다. 압승의 소식이 주 전체로부터 쏟아져 들어오고 있다. CCF는 52개 의석 중 47개를 차지했다.

그날 밤이 지나기 전에, 셜리는 아버지가 지지자들의 어깨 위에 들려서 메인 가를 행진하고 있는 모습을 본다.

"대공황으로 암울했던 시기에"라고 운을 떼며 토미는 회상했다. "저는 재무부 장관에게 왜 정부는 산업을 재건하고, 자원을 개발하고, 실직자들에게 일자리를 제공하지 않는지 묻고는 했습니다. 그러면 그는 '젊은이, 돈은 산딸기처럼 저절로 열리는 것이 아니라네.'라고 답했습니다. …… 그런데 전쟁이 발발했고, 그들은 돈이 열리는 나무를 찾아냈습니다!"

1939년에 영국이 독일에 대해 선전포고를 하자, 캐나다도 재빨리 참전했다. 하원의원인 토미 더글러스는 즉시 군에 지원해서 웨이번으로 돌아와 남부 서스캐처원 연대에 입대했다. 긴긴 대공황의 직후라서 일자리가 없거나 딸린 가족이 없어 군에 자원하는 사람들이 많았다. "장정들이 기차에서 내려서는 그대로 신병 모집 창구로 몰려들었습니다."라고 토미는 말했다.

그는 하사로 입대했지만 곧 장교로 승진해서 대위가 되었다. 토미는 종군목사를 하라는 제의를 거절하고, 그 대신 다른 사람들을 훈련시키는 역할을 담당했다. 해외로 파견되지 못한 그의 전투 무대는 의회였다.

그런 그도 한번은 거의 전장에 파견되어 실제 전투에서 목숨을 잃을 위험에 놓일 뻔한 적이 있었다.

1941년 10월, 캐나다는 홍콩에 있는 영국군을 지원하기 위해 퀘벡 왕립 라이플 부대와 위니펙 보병대를 파병했다. 서스캐처원 출신으로는 토미를 포함한 여섯 명의 장교를 비롯해 백여 명의 군인이 그 보병대에 배치되었다. 토미는 출발할 준비를 다 마쳤는데, 마지막 순간에 어려서 다리를 다쳤던 병력 때문에, 당시에는 다리에 아무 문제도 없었는데도 파병에서 제외되었다.

그 부대가 홍콩에 도착한 지 몇 주 뒤, 일본군이 홍콩으로 진격해서 미처 준비가 되어 있지 않았던 부대를 공격했다. 많은 캐나다 군인이 사망했고, 살아남은 자들은 남은 전쟁 기간 동안 포로수용소에서 지내야 했다. 그렇게 홍콩이 함락되고 정국이 요동치는 가운데, 토미는 정부를 정면으로 비판했고, 국내 인지도도 상승했다. 제대로 훈련되지도 않은 캐나다 군을 장비도 부족한 상태에서 파병한 것은 아닌지 조사하기 위해 정부 차원의 조사단이 꾸려졌고, 그 문제에 대해 토미가 하원에서 했던 연설은 상당히 설득력이 있어《글로브 앤드 메일》이 다음 날 그 연설의 전문을 실을 정도였다.

토미가 홍콩에서의 대패를 신랄하게 공격하는 것을 두고 어떤 사람들은 비애국적인 행위라고 비난하기도 했는데, 그는 그런 비난을 특유의 논리로 일축했다. "만약 홍콩이 비효율적이고 부적격한 요충지였다면 그곳을 일본으로부터 지켜야 할 이유도 없었습니다. 당국자들은 모든 것을 알고 있었습니다."

토미는 1936년 여름 이후로 정부의 전쟁 관련 정책에 대한 비판자가 되었는데, 그해 그는 유럽 여행을 갔다가 독일의 거리를 행진하는 나치 당원들을 보고, 노동운동가들이 수용소에 수감되었다는 풍문을 들었다. "그 이후로 저는 언론, 종교, 집회, 사상의 자유를 잃는 것과 무력에 의지해서 이를 지키는 것 사이에서 선택을 해야 할 상황에 처하게 되면 무력을 행사해야 한다고 생각하게 되었습니다."라고 그는 말했다. 이는 강한 신념의 평화주의자였던 워즈워드와 콜드웰과 대치되는 입장이었다. 또한 그의 이런 입장은, 1939년에 히틀러와 스탈린이 불가침 조약을 맺자 극우 독재에 반대하던 입장에서 독일과의 전쟁에 반대하는 쪽으로 돌아선 공산주의자들과의 사이도 멀어지게 했다. 토미는 캐나다의 공산주의자들이 태도를 바꾼 것을 비난하는 내용의 글을 한 잡지에 기고했는데, 그 제목은 "넌덜머리가 난다"였다.

캐나다가 참전을 선언한 것은 안 그래도 적은 수의 CCF 의원들에게 타격을 주었는데, 평화주의 노선에 충실했던 워즈워드가 전쟁에 찬성하지 않을 것이었기 때문이다. 결국 그는 당권을 콜드웰에게 넘기고 개인 자격으로 전쟁을 비판했고, 반면에 토미를 비롯한 다른 의원들은 해외 파병까지는 아니었지만 캐나다의 참전을 지지했다. 기존의 당 노선이었던 중립 정책을 강하게 지지해 온 M.J.는 그것이 자신이 평생 내린 결정 중 가장 어려운 것이었다고 했다.

토미는 전쟁을 통해 폭리를 취하는 것을 제한하는 CCF의 운동에 활발하게 참여했지만, 그 운동은 성공하지 못했다. "부를 징발하지 않는 한 군인도 징집하지 말아야 합니다."라고 그는 주장했다. "희생을 치르는 데도 형평성이 있어야 합니다." 매켄지 킹 정부는 전쟁과 관련된 산업의 이윤율을 5퍼센트 이내로 제한하자는 CCF의 제안을 받아들였다가 재계가 반발하자 이를 철회했다. "참으로 어처구니없는 일이었습니다."라고 토미는 말했다. "무기 생산업자들이 사실상 파업을 벌인 것입니다. 노동자들이나 군인들이 그와 같은 행동을 했다면 그 반대 여론이 어땠을지 생각해 보십시오."

토미는 전쟁이 발발한 직후, 킹 총리가 실시한 1940년도 총선에 출마해서 커다란 표 차로 당선되었다. 춥고 눈이 내리는 겨울에 진행된 웨이번의 선거운동은 커다란 쟁점 없이 진행되었고, 그는 자유당 후보 한 사람하고만 대결을 펼쳐서 거의 1000표 차이로 승리했다. CCF의 의석수는 더 늘었다. 서스캐처원 주에서 당선된 다섯 명을 포함해서 여덟 명의 CCF 소속 후보가 당선되었고, 그 결과 서스캐처원 주는 이 전국 정당의 중심지가 되었다.

전쟁 기간 동안 CCF의 정책 가운데 오점이 하나 있었는데, 그것은 정부가 일본계 캐나다 국민에게 취한 조치를 다른 정당과 마찬가지로 지지한 것이었다. 수천 명의 서부 연안 거주 일본인들이 수용소에 수감되고 그들의 재산이 경매에 붙여지는 동안 토미 더글러스마저 침묵했다.

이전까지 토미의 주요 관심사였던 대공황의 상황이 점차 호전됨에 따라, 토미는 그 뒤 몇 년 동안 주로 전쟁 문제에 힘을 쏟았다. 이제는 콜드웰이 당 대표였고, 토미는 사실상 그의 부관이었는데, 그의 의회 생활은 곧 끝날 터였다.

서스캐처원 주가 그를 부르고 있었다.

사실, 토미가 주의 정치에 대한 관심을 접은 적은 없었다. 의회의원으로 지내는 동안 그는 서스캐처원 주의 CCF 활동에 적극적으로 참여해 왔다. 그는 사회신용당과 협약을 맺었을 당시 자신을 당에서 축출하려 했던 조지 윌리엄스와 긴밀하게 협력하는 관계를 유지했다. 콜드웰이 1935년에 오타와로 진출한 뒤 지역당 대표가 된 윌리엄스는 지역당의 총재와 당의 활동을 감독하는 대의원단의 위원장도 겸임했다. 이런 철권통치에도 불구하고, 아니면 그랬기 때문에 당의 의석수는 갈수록 줄고 있었다. 1938년의 지방 선거에서 의석을 11석 확보했는데, 이는 1934년의 의석수보다는 배나 많은 수였지만 기대했던 것만큼은 아니었다. 이에 대해 토미는 얼굴을 찌푸리며 "형편없는 싸움"이라고 평가했다. CCF는 리자이나에서 제1야당이었는데도 당의 지도부에 대한 불만은 쌓여갔다.

지도부가 있는 오타와에서도 윌리엄스에 대한 불만이 있었다. 콜드웰은 세계대전이 발발하고 CCF의 당 대표가 된 이후 토미에게 고향인 서스캐처원 주에서 활동하는 것이 당에 가장 크게 기여하는 일이라고 권하기 시작했다.

토미도 윌리엄스의 "독단적인 당 운영"이 당에 힘이 되기보다는 문제가 되고 있다는 사실에 어느 정도 동의했다. "어떤 조치이든 취해져야 한다는 것은 분명했습니다." 토미는 말했다. 그렇지 않으면 "앞날이 밝지 않을 것이라는 느낌이 점차 강해졌습니다."

그러나 전쟁이 발발하기 전부터 다음 선거에 출마하는 대신 박사 학위 공부를 계속할 것을 고려하고 있었던 토미는 서스캐처원 주의 분란에 끼어드는 것을 원치 않았다. "정작 저를 움직인 것은……" 토미는 회상했다. "저를 찾아온 농민들이었습니다. 그들은 '많은 농민이 농장을 잃고 있습니다. 농작물 가격이 시원치 않아서 밀린 빚을 갚기에는 역부족입니다. 농장들이 담보로 넘어가고, 농민들은 농장에서 쫓겨나고, 농기계는 할부금을 내지 못해 차압당하고 있습니다. 만약 의원님께서 부채 상환 조건을 조정해 주거나 담보를 제공해주는 것밖에 하지 못해도…… 의원님은 오타와에서 연설을 할 수 있습니다. 그런데 이곳에서 우리가 주 정부를 구성하게 되면 당신은 최소한 그것보다 더 많은 일을 할 수 있을 겁니다.'라고 했습니다."

그것은 설득력 있는 주장이었다.

그러나 서스캐처원에 있는 모든 사람이 토미가 윌리엄스를 대신할 만한 인물이라고 생각한 것은 아니었다. 서스캐처원 대학교의 영문학 교수였던 칼라일 킹은 평화주의자였는데, 그 문제로 윌리엄스와 갈등을 빚어 왔으며, 토미에 대해서도 "사실상의 제국주의자"라며 멀리했다. 킹은 "더글러스는 머지않아 우리를 떠날 것이라고 생각하는데, 그건 참으로 고마운 일이지."라고 말했다. 그러나 얼마 지나지 않아 그는 태도를 바꾸어서 토미의 강력한 지지자가 되었다.

윌리엄스는 군에 자원해서 해외로 파견되어 나감으로써 스스로 이 문제를 부각시켰다. 1941년 7월에 열린 주 전당 대회에서 토미는 지역당 총재로 선출되었다. 윌리엄스가 지역당 총재이자 대표였기 때문에 토미는 자신이 그 두 가지 당직을 이어받은 것으로 생각했는데, 그에 대한 저항이 있었다. 그래서 1942년 초에 또 한 번의 전당 대회를 통해 토미가 지역당 대표로 선출될 때까지 당의 주도권은 명확하게 확보되지 않았다. 그 전당 대회에서 콜드웰의 수석 보좌관을 지냈고, 리자이나의 시의원인 클래런스 파인스가 지역당 총재가 되었다. 윌리엄스의 지지자였고, 윌리엄스가 떠난 뒤 임시 지역당 대표를 맡았던 주 의회의원 존 브로클뱅크는 토미의 추천으로 지역당의 부총재가 되었다.

토미가 당권을 확보하는 과정에서 있었을지도 모를 갈등은 빠르게 해소되었다. 토미는 적을 만들기에는 너무나도 매력적이었고 경험 많고 "사람이 따르는" 인물이었기에, 그는 재빨리 기반을 다졌고 권위를 확보하게 되었다. 잠재적인 경쟁자였던 브로클뱅크가 평가했듯이 "토미는 외교력이 좋았던 반면에, 조지는 그렇지 못했다."

토미 자신은 이렇게 설명했다. "제 임무는 모든 사람이 함께 일하도록 만드는 것이었습니다. 당은 교향악단과 같습니다. 제 역할은 박자를 맞추어 주고 모든 사람이 같은 악보에 따라 연주하도록 하는 것이었습니다."

꙰

당시 캐나다에서는 사회주의 운동이 활발하게 벌어지고 있었다. CCF의 지지율은 전국 모든 지역에서 나날이 상승하고 있었다. CCF는 서스캐처원 주뿐만 아니라 브리티시컬럼비아 주와 온타리오 주에서도 제1야당이 되었고, 이제 토미는 주 정부를 구성할 것을 바라보고 있었다.

수많은 사람이 정부의 구호금에 의지해야 했던 1938년만 해도 지미 가디너의 자유당 지배 집단은 "자유당을 지지하지 않으면 구호 대상에서 제외될 것"이라는 노골적인 구호를 내걸고 유권자의 표를 얻을 수 있었다.

"무척 끔찍한 현실이었습니다." 토미는 말했다. "민주주의를 전적으로 부정하는 일이었습니다."

하지만 이제는 주민들이 두려움 없이 자신의 생각대로 투표할 수 있게 되었다. 서스캐처원 주의 자유당에게 악재가 하나 더 있었으니, 그것은 가디너의 후계자였던 윌리엄 패터슨 주지사가 이제 지치고 아이디어도 고갈되었다는 사실이었다. 선거는 1942년, 아니면 늦어도 1943년에 치러졌어야 하는데도 패터슨은 권력을 내놓지 않고 선거를 1944년 6월까지 연기했다. 그는 전쟁 기간 중에는 안정이 필요하다는 이유를 내세웠는데, 그렇게 선거를 지연시킨 것이 유권자들을 더 자극했다.

선거가 늦어진 것은 CCF에게도 유리하게 작용해서 토미가 당의 조직을 정비하고 선거에 대비할 시간을 주었다. 만약 패터슨이 "1942년이나 1943년도에 선거를 시행했다면 접전이 벌어졌을 겁니다."라고 훗날 토미는 말했다. "1943년 말에는 이미 대세가 굳어져서 어떻게 해도 그가 승리할 수는 없었습니다."

베이 스트리트의 은행가들과 자본가들, 전국의 신문들이 CCF에 공격을 퍼부었다. 그들은 사회주의자들이 양의 탈을 쓴 공산주의자들이며, CCF 정부가 수립되면 부동산과 보험증권과 은행계좌를 몰수할 것이라고 주장했다. 서스캐처원 주의 지방 선거 일정이 발표되자, 자유당은 이 공포의 목록에 CCF가 교회와 술집을 모두 금할 것이라는 주장을 추가했다. 토미와 그의 당은 공산주의자라는 비난과 나치당원이라는 비난까지 모두 들었다. 참으로 대단했다. "공격은 날이 갈수록 더 신경질적이 되었습니다."라고 토미는 기억했다.

자유당은 선거전에서 궁지에 몰리자 포스터와 신문 광고를 통해 "제발 한 번 더 기회를 주십시오."라고 읍소하는 지경에 이르렀다.

서스캐처원 주의 신문들은 토미 쪽으로 기울어진 대세를 역전시키려 안간힘을 썼다. 그들은 CCF가 승리할 것을 예측한 갤럽 여론조사를 보도하지 않고, 대신에 자유당이 앞서고 있다는 자체 설문 결과를 보도했다. 《더 리자이나 리더 포스트》는 토미 더글러스가 주지사가 되면 무능하고 독재적인 주 정부가 들어설 것이라고 예측했다.

토미와 CCF는 명확한 공약을 내세우고, 후보자 교육을 통해 CCF의 모든 후보가 당의 공약을 잘 파악하도록 함으로써 이에 대응했다. 토미와 오타와에서 온 데이비드 루이스노 강사로 참여했다. 토미는 다음과 같이 조언했다. "여러분은 일어섭니다. 여러분은 연설을 합니다. 여러분은 입을 다뭅니다." 공약의 내용에는 농가 안정을 보장하는 법의 제정, 협동조합의 지원, 공립학교의 개혁, 국영 기업 체계의 출범, 공공 의료보장 제도의 첫걸음이 되는 내용 등이 들어 있었다.

그러나 CCF의 가장 강력한 무기는 토미 자신이었다. 그는 매력적인 목소리와 마음을 움직이는 힘을 지닌 지칠 줄 모르는 열정적인 운동가였다.

정치인에게 '카리스마'라는 표현을 사용하기 훨씬 전이었지만, 토미에게는 카리스마가 있었고, 정치인이 텔레비전을 통해 주 전체에 걸친 지지를 얻을 수 있게 되기 훨씬 전부터 토미는 그런 지지를 얻고 있었다.

위즈워드의 딸 그레이스 맥니스의 표현대로라면 토미 그 자신이 CCF가 서스캐처원 주에 약속하는 밝은 미래의 "살아 있는 표상"이 되었다. 밴쿠버에서 온 CCF 당원인 그랜트 맥닐은 당을 선거에서 이기게 한 열쇠는 바로 토미였다고 했다. "그는 다른 누구보다도 월등했습니다."

브랜든 대학에 다닐 때부터 토미의 친구였고, 역시 하원의원이 된 스탠리 놀스 역시 동의했다. "파인스는 그 일을 해내지 못했을 겁니다. 당시의 인물 가운데 그 누구도 해내지 못했을 겁니다. 1944년 당시 서스캐처원 주에 CCF가 집권할 분위기가 조성되어 있기는 했지만, 조지 윌리엄스를 내세웠으면 승리했을까요? 전 그렇게 생각하지 않습니다."

놀스는 토미가 "적임자였다."고 말했다.

토미는 확실히 끊임없이 전진하는 사람이었다. 그는 새벽부터 밤늦게까지 유세를 했고, 쉴 틈 없이 회의와 집회와 행사장에 참석했다. 그는 평소에 즉석 연설을 선호해서 연설문을 작성하지 않았는데, 전시였던 당시에는 방송이 되는 모든 내용을 사전에 검열받아야 했기에 그도 라디오에서 발언할 내용을 서면으로 제출해야 했다.

"일정을 마친 뒤, 새벽 두세 시까지 호텔방에 앉아서 방송에서 말할 내용을 쓰고는 했습니다." 그는 회상했다. "밤중까지 이동하고 나서 몇 시간 잠을 청하고는, 방송 내용을 쓰고, 녹음하고, 다시 길을 나섰던 적이 여러 번 있었죠."

무척 고된 일정이었지만 토미는 잘 소화해 냈다. "이것이 정치인의 가장 무거운 십자가랍니다." 그는 불평 반 농담 반 말했다. "먹기보다는 잠을 자야 하는데, 주위 사람들은 재우기보다는 먹이려고만 합니다."

그가 행한 모든 연설에서, 토미는 자신이 가장 중시하는 두 가지 문제를 강조했다. 그것은 의료와, 농민들이 처한 곤경에 관한 것이었다.

그는 당시 밀에 전적으로 의지하고 있는 경제를 다변화시키고, 서부에 사는 농민들을 자신의 땅으로부터 쫓아내려 열을 올리고 있는 동부의 은행가들에 대항하겠다고 약속했다.

또한 그는 캐나다 인의 65퍼센트가 수술비를 대기 위해 빚을 지게 만드는 보건의료 제도를 손보겠다고 약속했다.

그러나 그는 현실적인 사람이었고, 청중에게 "완전히 새로운 사회를 기대하지는 마십시오. 한 개의 주만 가지고는 아무도 그렇게 할 수 없습니다."라고 주의를 주었다. 캐나다의 국가 체계에서는 화폐, 공공요금, 운송비 등 서스캐처원 주의 여러 핵심 현안에 대한 권한을 연방 정부가 가지고 있으며, 토미는 앨버타 주의 사회신용당과는 달리 "헌법상 할 수 없는 일을 하겠다고 공약함으로써 단 한 표라도 더 얻는 것을 원하지 않았다."

토미는 가는 곳마다 사람들을 매료시켰고 유권자의 마음을 휘어잡았는데, 속이 빈 말이나 허황된 약속을 해서가 아니라, 사람들이 처한 상황에 대한 빈틈없고 현실적인 평가와 예수가 했던 것과 같은 비유와 그 자신의 유머 감각을 이용해서 그렇게 한 것이었다.

토미가 가장 즐겨 들려주었던 비유 하나는 그가 어떤 농장을 방문했다가 그곳에 고립되어 농장 일을 돕던 경험에서 나왔다. 우유에서 크림을 분리해 내는 크림 분리기의 손잡이를 돌려 우유를 저으면서, 그는 그 구식 기계가 자본주의 체계와 얼마나 많이 닮았는지에 대해 생각하게 되었다. "농민들이 신선한 우유를 기계에 부어 넣습니다. 도시의 노동자들이 분리기를 돌립니다. 한쪽 홈통에서 노동자들과 농민들을 위한 탈지유가, 다른 쪽 홈통에서는 기계 소유주들을 위한 크림이 분리되어서 흘러나옵니다. 크림을 너무 많이 먹은 소유주가 배탈이 나면 그들은 손을 번쩍 들고서 말합니다. '잠깐! 멈추시오! 이제 우유는 없습니다. 대공황이 왔습니다!'"

그가 가장 즐겨 말했던, 그리고 사람들이 가장 좋아했던 이야기는 고양이들이 정권을 잡고 있는 생쥐 나라에 관한 이야기였다. 쥐들은 4년마다 이 무리 혹은 저 무리의 고양이들을 선출해 왔다. 고양이들은 똑똑해서 좋은 법들을 통과시켰다. 자신들을 위해 좋은 법들을 말이다. "그런데, 이런, 그 법들은 쥐들에게는 불리한 것이었습니다." 토미는 눈을 굴리며 이야기하고는 했다. 검은 고양이들이 집권했을 때 쥐들은 너무 살기가 힘들었고, 그래서 4년 뒤에는 검은 고양이 대신 흰 고양이들에게 권한을 주었다. 그런데 흰 고양이들은 이전 고양이들보다 더 탐욕스러웠고 야박하게 굴었다. 그래서 그 다음 선거에서는 다시 검은 고양이들이 기회를 잡았다. 계속 이런 식으로 지내 왔고, 쥐들은 언제나 불리한 쪽에 있었다.

그러던 어느 날, 어떤 쥐가 좋은 생각을 떠올렸다. "'쥐'를 뽑아 보는 것은 어떨까?"

고양이들과 심지어는 일부 쥐들까지도 그 쥐를 급진주의자, 공산당, 나치 쥐라고 몰아붙였는데, 한편으로 다른 쥐들은 그 아이디어에 대해 이야기하기 시작했고, 그 생각은 퍼져 나갔다.

"친구 여러분!" 토미는 윙크를 하면서 다음과 같이 이야기를 마무리하고는 했다. "아이디어를 가진 작은 친구를 찾아보세요."

선거가 있던 날 밤, 서스캐처원 주의 쥐들은 정말 아이디어를 실현한 것 같았다. 그리고 개표 결과가 집계되는 것을 보고 있던 토미는 진짜 싸움은 이제부터라는 사실을 알고 있었다. "저는 신혼의 단꿈 같은 환상을 품지 않았습니다." 그가 말했다. "저는 농부들이 제게 했던 말을 항상 마음에 담고 있었습니다. '우리 농장을 구해 주셨으면 좋겠습니다. 그렇게만 해 주셨으면……'"

마우스랜드라는 고장에서 있었던 이야기입니다.

마우스랜드는 작은 쥐들이 살고, 놀고, 태어나고, 죽는 고장이었습니다. 그들은 바로 여러분과 제가 사는 것처럼 살았습니다.

그 고장에는 의회도 있었습니다. 4년마다 선거를 했습니다. 이들은 투표소에 가서 투표를 했습니다. 일부 쥐들은 차를 타고 멀리 투표를 하러 가기도 했습니다. 4년 뒤에도 차를 타고 가서 투표했습니다. 여러분과 저처럼요. 작은 쥐들은 선거일이면 매번 투표소에 가서 자신들을 다스릴 정부를 선출했습니다.

그 정부는 크고 뚱뚱한 검은 고양이들이 차지하고 있었습니다.

지금 쥐들이 고양이를 선출해서 정권을 맡기는 것을 이상하다고 생각한다면, 지난 90년 동안의 캐나다 역사를 돌아보세요. 그들이 우리보다 더 어리석었던 것은 아니라는 사실을 알 수 있습니다.

고양이들을 비난하려는 게 아닙니다. 고양이들은 위엄 있게 정부를 운영했습니다. 그들은 좋은 법들을 제정했습니다. 고양이에게 좋은 법들을요. 그러나 고양이에게 좋은 법은 쥐에게는 그다지 좋지 않았습니다. 어떤 법에 의하면 쥐구멍의 크기는 고양이의 발이 들어갈 수 있을 정도로 커야만 한다고 되어 있습니다. 다른 법에는 쥐들이 일정 속도 이상으로 달리면 안 된다고 되어 있습니다. 고양이들이 힘들이지 않고 이들을 잡아먹을 수 있게 하기 위해서입니다.

모든 법은 좋은 법이었습니다. 고양이를 위해서요. 그러나 유감스럽게도 법은 쥐들에게는 가혹했습니다. 사는 것이 갈수록 힘들어지기만 했습니다. 더는 견딜 수 없게 된 쥐들은 무슨 수든 써야 하겠다고 생각했습니다. 그래서 그들은 투표소로 몰려갔습니다. 그들은 선거를 통해서 검은 고양이들을 몰아냈습니다. 그러고는 흰 고양이들을 선출했습니다.

흰 고양이들은 굉장한 캠페인을 벌였습니다. 그들은 "마우스랜드에는 비전이 필요합니다."라고 선전했습니다. 그들은 "마우스랜드의 문제는 쥐구멍이 둥글다는 것입니다. 우리를 뽑아 주시면 모든 쥐구멍을 네모로 만들겠습니다." 그러고는 그 공약을 이행했습니다. 네모인 쥐구멍은 둥근 쥐구멍보다 두 배는 컸고, 이제는 고양이들이 양발을 모두 넣을 수 있게 되었습니다. 생활은 더 힘들어졌습니다.

더 참기 힘들어지자, 쥐들은 흰 고양이 대신 검은 고양이를 뽑았습니다. 나중에는 다시 흰 고양이를 뽑았습니다. 그리고 다시 검은 고양이를. 그들은 반은 검고 반은 흰 고양이를 뽑아 보기도 했습니다. 그 정부를 '연립정부'라고 했습니다. 심지어는 점박이 고양이를 선출해 보기도 했습니다. 그 고양이들은 쥐의 소리를 냈지만 먹기는 고양이처럼 먹었습니다.

보십시오, 여러분! 문제는 고양이의 색깔에 있지 않습니다. 문제는 그들이 고양이라는 사실에 있습니다. 그들은 고양이이기 때문에 당연히 쥐보다는 고양이를 위해 일하는 것입니다.

이윽고 어떤 작은 쥐가 좋은 생각을 해냈습니다. 여러분! 이 작은 친구를 주목해 주세요. 그는 다른 쥐들에게 "우리는 왜 자꾸 고양이들을 선출하는 거지요? 쥐들로 구성된 정부를 선출해 보는 것은 어떨까요?"라고 말했습니다. 쥐들은 "앗, 저 자는 볼셰비키다. 잡아넣어야 해!"라고 말했습니다. 그들은 그 쥐를 감옥에 가두었습니다.

저는 여러분에게 말씀드리고 싶습니다. 한 마리의 쥐나 한 사람을 감옥에 가둘 수는 있지만, 생각을 가두어 둘 수는 없습니다.

— 토미 더글러스, 1944년

8

Tommy Douglas in Power

주지사 토미 더글러스

1944년에 북아메리카 대륙 최초로 서스캐처원 주에 사회주의 주 정부를 구성한 토미 더글러스는 지지자들의 환희와 반대자들의 불신 속에서 사실상 파산 상태에 있던 주를 재건하기 시작한다. 헌신적인 당직자들과 외부의 전문가를 영입하여 공교육을 강화하고 공적 의료보험을 일부 도입하고, 농가부채로부터 농민을 보호하는 법안과 진보적인 노동법을 제정하는 등, 개혁 정책을 추진한다.

1945년 3월, 토미 더글러스는 잠수함이 출몰하는 북대서양을 군함을 타고 건너서 유럽
에 파병되어 있던 서스캐처원 주 부대를 방문한다.

1944년 멋진 가을날, 서스캐처원 주의 스터지스. 추수가 끝났고, 곡물 가격이 좋다. 전쟁은 거의 끝나 가고 있고, 청년들은 고향으로 돌아오고 있다. 그리고 리자이나에는 온갖 비현실적인 약속을 내건 새로운 정부가 들어섰다.

새 주지사인 토미 더글러스가 낡은 학교 건물에서 열린 어떤 모임에서 발언을 하고 있다. 날이 어두워져 석유 등불이 켜져 있다. 그런데 주지사가 이제 곧 그 등불이 필요 없어질 것이라고 한다!

"우리는 북쪽의 처칠 강에 댐을 짓고 에스테반의 탄광에서 석탄을 캐서 서스캐처원 주 전역에 전기를 공급할 것입니다." 주지사가 열정적으로 말한다.

교실 뒤편에 있던 크고 건장한 사내가 소리 내어 웃는다. "주지사님은 몽상가로군요."

토미는 그냥 미소만 짓는다.

몇 년 뒤, 토미가 스터지스를 다시 방문했는데, 이번에는 새 학교의 개교 행사에 참석하기 위해서였다. 그 학교에는 중앙 난방 시설과 배수 시설이 구비되어 있고, 전기가 들어온다. 한 사내가 그에게로 다가온다. "실례합니다. 주지사님, 저를 기억하십니까?"

"낯이 익은 것 같은데, 언제 만났는지는 기억이 안 나네요." 토미가 실토한다.

"작은 학교 건물에서 있었던 회의에서 주지사님을 만난 적이 있습니다." 그는 어색해하면서 말을 잇는다. "그날 교실 뒤에서 일어서서 주지사님께 몽상가라고 말했던 사람이 있었습니다. 그게 저였습니다. 이 일을 해내시리라고는 생각지도 못했습니다."

북아메리카 대륙 전역의 신문들은 토미 더글러스가 "자본주의 대륙에 사회주의의 교두보를 세웠다."고 선언했다.

서스캐처원 주에서 새 주 정부를 지지했던 자들은 들뜨고 환희에 넘쳐 있었고, CCF에 반대표를 던진 자들은 새 주 정부를 불신하고 두려워하고 있었다.

그런데 주 정부는 사실상 파산 상태였다. 1932년 이래 자유 시장에서는 돈을 빌릴 수조차 없는 상태였고, 이제 새로 들어선 주 정부는 적대적인 기업가들, 적대적인 언론, 적대적인 연방 정부와 맞서야 했다.

서스캐처원에서 체계를 개혁하고, 주민의 삶의 조건을 개선하고, 진보적인 새로운 사업을 밀고 나가려면 스스로의 힘으로 해야만 한다는 사실을 토미는 알고 있었다.

사회주의 이념은 토미가 항상 말했듯이 굉장히 쉬운 것이다. 그것은 경제력이 있는 사람에게서 필요한 사람에게로 부를 분배해서, 필요 이상으로 소유한 사람도, 필요한 것을 구하지 못하는 사람도 없도록 하는 것이다. 그러나 사회주의를 실현하는 것은 그리 쉽지 않다는 사실을 그는 오래 지나지 않아서 깨닫게 되었다. 가진 자들은 자신의 소유물을 내놓지 않으려 하고, 시장의 힘으로 움직이는 자본주의 자유 기업 중심의 사회 조직은 변화에 저항한다. 토미 더글러스와 CCF는 사회주의를 내걸고 서스캐처원 주에서 집권했고 그런 방향으로 나아가는 정책을 도입하기 시작했지만, 그들의 시도가 얼마나 성공했는지에 대한 평가는 50년 이상이 지난 현재까지도 여전히 논란의 여지가 있다.

토미는 확고한 사회주의자인 동시에 민주주의의 원칙도 확고하게 지지했다. 그는 권력이란 정교하게 균형을 잡아야 하는 일이라는 사실을 이해하고 있었다. 지지자들을 만족시키고 적들을 달래는 동시에, 변화를 지나치게 빨리 추구해서 대중을 불안하게 만들지는 말아야 한다. 점진주의 철학이 그의 신조가 되었으며, 점잖게 그리고 유머도 곁들인 설득이 그의 가장 강력한 방편이 되었다. 그는 스코틀랜드의 오랜 격언을 곧잘 인용하고는 했다. "바닥이 보이지 않으면 건너지 말아라."[31]

토미는 사회주의 이론을 실현하기 위한 핵심은 계획 경제에 있다고 확신했다.

그런데 누가 계획을 세우는가?

1944년 리자이나에 들어선 정부는 CCF라는 당만의 창조물이 아니라 진보적인 사회주의 운동 진영의 작품이었다. 그 정부는 누구를 책임져야 하는가? 당인가? 사회주의의 이상인가? 아니면 서스캐처원 주민 전체인가?

취임한 지 이틀 뒤, 토미는 라디오 방송에 출연해서 융자 회사들에게 더 이상 농장을 압류하지 말라고 경고했다. 그 방송에서 그는 자신이 모든 사람의 주지사이지, 자신을 지지하거나 자신이 속한 당원들만의 주지사가 아니라고도 말했다.

해야 할 일은 엄청나게 많았는데, 서스캐처원 주뿐만 아니라 전국의 많은 이들이 냉소적인 웃음을 지은 채 뒤로 기대앉아서 새 주지사가 제

---

31) If you canna see the bottom, dinna wade far oot. 모험을 완수할 길이 보이지 않으면 모험을 시작하지 말라는 뜻이다.

발에 걸려서 넘어지기를 기다리고 있었다.

그는 실제로 비틀거리기도 했다. 그러나 대부분의 사안에 대해 그는 빠르게 일을 추진했고, 한 언론인이 말했듯이 토미 더글러스 주지사는 "서스캐처원 주를 20세기에 걸맞게 도약시키는 일을 주도했다."

"토미는 우리 서스캐처원 주민을 일등 시민으로 변모시켰습니다." 군대를 제대하자마자 토미가 공무원으로 채용한 로이 버로먼은 말했다. "그전까지 우리는 항상 동부 지역을 동경하면서 '저곳에 모든 것이 있다. 저곳에 돈이 있고 저곳에 기회가 있다. 이곳 서스캐처원 주에 있는 우리에게는 기회가 돌아오지 않는다.'라고 말하고는 했습니다.[32] 토미가 취임한 뒤에는…… 우리는 고개를 당당하게 들고 '우리도 남들만큼 할 수 있다. 우리는 다른 누구에게도 뒤지지 않는다.'라고 말할 수 있게 되었습니다."

토미가 이끄는 정부는 집권 첫해에 선거 공약 중 많은 것을 실현했다. 메디케어를 향한 첫걸음이 되는 조치들이 취해졌으며, 학교는 교과서를 무상으로 제공했고, 정부가 운영하는 자동차보험 회사가 세계 최초로 설립되었으며, 부채에 시달리는 농민을 보호하는 법안이 통과되었다. 그는 또한 행정 개혁에 착수했고, 공무원이 노조를 설립하도록 장려했으며, 다른 주들보다 여러 해 앞서 가장 진보적인 노동법을 통과시킴으로

---

32) 캐나다의 동부에는 대서양 연안을 따라 15세기부터 유럽인들이 정착해서 살았고, 16세기부터는 영국과 프랑스의 식민지가 확립되었다. 캐나다의 동부가 오래전부터 개발되어 인구가 증가하고 산업과 금융의 중심지로 성장한 반면, 서부 지역은 19세기 이후에야 캐나다에 편입되고 차례로 주로 승격되었다. 서부 지역의 산업은 농업과 광물과 에너지 등 1차 산업이 주를 이루어서 사회·경제적인 여건이 20세기 초까지도 동부에 비해 낙후되어 있었다.

써 노동자들이 조직하고 클로즈드 숍[33]을 도입하고 급료에서 조합비를 자동으로 공제할 수 있도록 하는 권리를 보장했다. 또한, 2주간의 유급 휴가를 보장하는 법도 제정함으로써 서스캐처원 주의 노동자들은 다른 주의 노동자들보다 훨씬 앞선 혜택을 받게 되었다.

토론토의 한 신문은 서스캐처원 주에 캐나다의 "사회주의 기니피그 정부"가 수립되었다고 보도했다. 다른 신문은 마지못해서 CCF 정권이 "캐나다 전체의 사회 변화를 주도하고 있다."고 선언했다.

※

선거가 있던 다음날, 톰 맥러드는 주지사 당선자를 방문했다.

"새 정부에서 일을 해 보는 것은 어떻겠나?"라고 토미가 물었다.

맥러드는 토미가 캘버리 침례교회에서 조직한 청소년 단체의 단원이었으며, 그 이후로 계속해서 토미의 일을 돕고 있었다. 그는 토미처럼 브랜든 대학에 진학했으며, 인디애나 주로 가서 경제학 박사 학위를 땄고, 그 후에는 브랜든 대학으로 돌아와서 가르치고 있었다. 그는 그해 여름 동안 웨이번에서 토미의 선거운동을 도왔다. "괜찮을 것 같습니다." 그가 더듬거리며 말했다.

"다행이군." 토미가 말했다. "자네가 그만둘 거라고 벌써 대학 측에 전보를 보냈거든."

맥러드는 내각의 경제 부문 자문이 되었고, 토미의 주 정부에 뛰어난

---

33) 노동조합원만을 고용하는 사업장을 가리킨다.

인재들을 많이 합류시켰다. 그들 중 일부는 사회주의자였고, 나머지 사람들은 새 정부의 주장에 동조적인 입장을 가진 자들이었다. 토미가 개인 비서로 발탁한 엘리너 매키넌은 켈버리 침례교회의 집사이자 주목받는 자유당 인사의 딸이었다. 그녀는 브랜든 대학을 졸업했고 웨이번 정신병원 원장의 비서로 일했다. 그러니 그녀가 때로는 정신없이 돌아가는 리자이나 소재 정부 청사의 주지사 사무실로 자리를 옮긴 것은 어쩌면 자연스러운 일일 수도 있다. 어쨌든 그녀는 이내 태풍의 중심에서 토미가 계획대로 일하도록 하고, 산더미처럼 밀려드는 우편물을 정리하고, 이상한 사람들을 접근하지 못하게 하는 일을 해 나갔다. 그녀는 그로부터 42년 동안 리자이나와 오타와에서 토미의 옆을 지켰다.

클래런스 파인스는 리자이나의 학교 교사로, 서스캐처원 주 CCF에서 조직의 귀재였는데, 토미의 오른팔로, 주의 재정 담당자이자 부주지사가 되었다.

CCF의 당선자들 중 여섯 명은 주로 철도 노동자인 노조원이었고, 일부는 교사였으며, 대다수는 농부였다. 토미는 이 무경험자들로 내각을 구성하고는 마치 세 곳의 공연장에서 동시에 쇼를 하는 서커스의 무대 감독처럼 이들을 이끌어 갔다. "내각은 주민 구성 비율을 잘 반영했습니다." 파인스가 말했다. "커다란 열정과 헌신성을 가진 평범한 사람들이었죠. 우리에게는 비전이 있었고 그것이 차이를 만들어 냈습니다." 톰 맥러드는 토미의 리더십에 대해서 "논란의 여지가 없었습니다. 그에게 도전하는 자도, 의문을 제기하는 자도 없었습니다." 사람들을 대하는 토미의 태도는 "제가 본 가운데 가장 유연한 사람이었습니다."라고 파인스는 말했다.

주 정부의 임원이나 관리들이 지쳐 보일 때면 그 주변 사람들은 "가서 토미가 하는 이야기를 듣고 에너지 좀 충전하고 와."라고 조언하고는 했다.

새 주지사가 처음으로 발의한 법안 가운데 하나는 기존의 아홉 개 부서에 노동부, 협동조합 담당 부서, 사회복지부를 더해서 열두 개의 부서로 주 정부를 개편하는 것이었다. 예산 낭비라는 비난을 잠재우기 위해 그는 장관의 연봉을 7000달러에서 5000달러로 내렸고, 자기 자신의 연봉도 6500달러로 삭감했다. 처음 임명된 각료들로는 파인스 이외에도 젊은 교사이자 서스캐처원 주 교원 노동조합 대표였던 교육 국장 우드루 로이드, 몇 해 전 CCF의 지역당 대표 자리를 놓고 토미와 경쟁을 벌였던 시정 국장 존 브로클뱅크가 있었다. 토미는 한때 심각하게 대립했던 조지 윌리엄스에게도 출마를 권유했고, 그는 유럽에 파병된 군부대에 있는 상태에서 부재자 후보로 와데나 지역구에 출마해서 당선되었다. 그는 농무 국장으로 임명되었으나, 취임하기 전에 뇌졸중으로 쓰러져 얼마 뒤 사망했다.

내각에는 여성 장관이 없었는데, 첫 번째 임기 중 메이플 크리크 지역구의 베아트리스 트루가 유일한 CCF의 여성 간부였다.

토미와 그의 내각은 준비가 되어 있었기에 새 정부가 출범하자마자 빠른 시일 안에 일을 진행할 능력을 갖추고 있었다.

한편, 더글러스 주지사는 전문가들에게도 도움을 많이 청했고, 아이디어를 구하고 일을 추진하기 위해서 외부 인사도 많이 초빙했다. 예를 들어, 미국인을 포함한 일단의 보건 전문가들은 훗날 메디케어 정책이 될 청사진을 신속하게 제시했다.

열성적인 CCF 지지자들은 이들 전문가들 중 일부는 사회주의자가 아니라는 사실에 화를 냈다. 그러나 토미는 "사회주의자를 엔지니어로 만드는 것보다 엔지니어를 사회주의자로 만드는 것이 더 쉽다."면서 비판을 가라앉혔다.

⌁

주민들은 CCF를 압도적으로 지지해 주었지만, 자유당은 여전히 CCF를 공격했다. 그들은 주 의회에서 다섯 석이라는 초라한 성적을 거두었는데도 여전히 새 정부를 곤란하게 만드는 일이면 무슨 일이든 했다.

1944년 7월 10일, 총독 대리인 아치볼드 P. 맥나브의 주재로 신생 주 정부가 출범했다. 틴들산産 대리석으로 지어진 장엄한 검은색 돔, 대리석 바닥과 기둥, 거대한 계단으로 치장되어 있는 주 의회 건물에서 거행된 취임식에는 수백 명의 하객이 참석했다. 주지사의 취임식을 공개적으로 진행한 것은 그때가 처음이었다. 하객들 가운데는 자랑스러운 아들을 둔 토미의 어머니 앤이 정장에 커다란 모자를 차려 입고 주 의회의원들과 함께 귀빈석에 앉아 있었다.

그런데 토미와 그의 내각이 새 사무실에 들어서 보니, 모든 서류 창고가 텅텅 비어 있었다. 이는 정권을 넘겨주어 배가 아픈 이전 주 정부가 저지른 만행이었다.

선거가 끝나고 얼마 뒤, 주지사의 업무 외에 보건 분야를 직접 담당하기로 한 토미는 자유당 정권의 보건 국장이었던 존 우리히 박사를 우연히 만났는데, 자신에게 조언해 줄 것은 없는지 물었다.

"당신이 그 많은 공약을 내걸었고, 당신이 그 해법을 모두 알고 있으니, 당신이 그 일을 해내시오." 우리히가 퉁명스레 답했다.

한 자유당 소속 주 의회의원은 주 의회의 첫 회기에 토미에게 "냄새 나는 스컹크"라고 소리쳤다가 회의장에서 퇴장당한 일도 있었다.

그의 비판자들은 대부분 이들보다는 더 문명인이었다. 새 주지사는 자신이 가져올 변화에 반대하는 사람들의 우려를 잠재우고, 그들 중 일부를 자신의 편으로 만드는 데 천재적인 소질이 있었다.

자신을 신뢰하지 않는 의사 단체와 만났을 때 그는 왜 자신이 보건 부문을 직접 담당하기로 했는지를 설명했다. "의사들이 아무도 출마하지 않아서 매우 유감입니다. 저는 의회에 더 많은 의사가 있어야 한다고 생각합니다. 여러분 중에도 앞으로 출마하실 분이 있으면 좋겠습니다. 그런데 여러분은 우선 저를 상대해야 할 겁니다. 그리고 보건 행정 부문에는 민간인 전문가를 위한 자리도 있습니다."

그러고 나서 토미는 골수염을 앓았던 어린 시절에 대해, 자신에게 관심을 보인 한 명의 의사가 아니었다면 다리를 잃었을지도 몰랐던 상황에 대해 이야기했다.

한번은 면허세가 큰 폭으로 오른 것에 대해 화가 나서 소리를 질러 대는 수천 명의 트럭 운전사들과 대화하기 위해 의회 건물 밖으로 나섰다. 토미는 소음이 가라앉을 때까지 미소를 잃지 않고 조용히 서서 기다렸다. 이윽고 소리가 잦아들자 그는 서스캐처원의 구불구불하고 울퉁불퉁한, 캐나다에서 최악인 도로에서 운전하면서 생계를 이어 가고 있는 그들의 사정을 자신이 얼마나 공감하고 있는지 이야기했다. 그는 정부가 계획하고 있는 도로 정비 계획을 알리고 그것이 그들에게 어떻게 도움이 될 것인지 이야기했고, 값싼 자동차 보험을 도입하려는 주 정부의 계획을 설명했다. 그리고 역시 토미답게 사람들로 하여금 자신의 농담에 웃고 박수치도록 만들었다.

그렇게 대화가 끝나고, 트럭 운전사 몇 명은 집으로 돌아가면서 주지사가 얼마나 대단한 사람인지 이야기하고 있었다. "그래, 그런데 우리가 떠들어 대려고 했던 면허세 문제는 어떻게 됐지?" 한 사람이 갑자기 생각나서 물었다. "그 빌어먹을 자식이 거기에 대해서는 말도 꺼내지 않았네."

⌒⌒

CCF가 집권했을 당시 서스캐처원 주 정부는 1억 7800만 달러의 빚을 지고 있었는데, 이는 오늘날의 가치로 환산하면 무려 170억 달러에 달하는 금액이었다! 클래런스 파인스는 해마다 예산의 10퍼센트를 빚 갚는 데 써야 했다. 20년 뒤 CCF가 정권을 내줄 때에는 부채를 사실상 모두 갚은 상태였다.

토미와 파인스가 재정을 담당한 CCF 정부는 새로운 학교, 병원, 도로, 정부 건물을 짓기 위한 자금을 따로 '설탕 단지' 계정에 모아 두었다가 집행함으로써 부채를 더 늘리지 않도록 했다. 충분한 돈이 모이기 전까지는 새로운 시설 건립을 추진하지 않았다.

파인스가 세운 첫해 예산은 약 4000만 달러였다. (오늘날 서스캐처원 주의 예산은 60억 달러가량으로 이는 당시보다 약 150배에 이르는 규모이다.)

서스캐처원 주의 유능한 농부들처럼, 그들은 돈이 없어 살 수 없는 것들은 공짜로 얻거나 빌리거나 재활용했다. 수백만 달러어치의 군대 유휴 시설을 헐값에 이용했다. 비행기 격납고들은 지역 사회의 스케이트장으로 변모했고, 작은 마을까지도 소방차가 배치되었다. 퇴역 군인들이 남아도는 스프레이 분무기를 이용해서 서스캐처원 주의 수천에 이르는 농가에 페인트칠을 해 주었다.

토미는 입법부의 문호를 전례가 없을 정도로 개방해서, 쟁점들은 인쇄되어서 배부되었고 라디오로 생방송되어 큰 인기를 끌었는데, 이런 조치는 캐나다 최초로 도입된 것이었다. 그 결과, 정부가 추진하는 일은 주 전체 주민이 저녁 식사 자리나 커피 가게에서 일상적으로 나누는 대화의 주제가 되었다. 거기에는 그럴 만한 이유가 있었다. 리자이나에 있는 주 정부에서 추진하는 일들이 서스캐처원 주민 모두에게 커다란 영향을 미치게 되었기 때문이다.

1945년 여름, 연방 정부와 주 정부의 대표들이 전후 시대의 새로운 관계를 정립하는 회의에 참석하기 위해 모였을 때 토미 더글러스의 편은 한 사람도 없었다. 좌익 정당인 CCF를 의식한 매켄지 킹은 사회보험, 고용보험, 공평 과세 등을 골자로 한 야심찬 계획을 내놓았다. 강력한 중앙 정부를 지지하던 토미는 그 계획을 지지한 반면, 다른 주지사들은 자신들의 권력이 약화되는 것을 우려해서 모두 이에 반대했고, 결국 그 계획은 좌절되었다.

그러나 서스캐처원 주는 대부분의 사안에 대해 다른 주들이 아니라 중앙 정부와 대립각을 세웠다.

중앙 정부와의 대립 가운데 가장 극적인 사례는 농가 부채 문제를 둘러싼 길고 긴 싸움이었다.

공약대로 채권자로부터 농민을 보호하기 위한 법안이 1944년 가을에 주 의회가 통과시킨 첫 법률 중 하나로 통과되었다. 농가 보호법은 은행과 융자 회사들이 주거용 건물, 즉 농장 중에서 농민이 사는 집과 그 부속 건물이 있는 부분을 압류하는 것을 금지했으며, 흉작이 들어 농민이 빚을 갚지 못하는 해에는 빚의 상환을 늦추도록 했다. 이런 조항들만 해도 이미 채권자들로서는 받아들이기 어려운 것이었는데, 그들이 펄쩍 뛸 만한 내용이 더 있었으니, 그것은 작황이 좋지 않은 해에는 이자도 면제한다는 조항이었다. 농민들이 이익을 올릴 때 은행들도 이익을 올렸듯이, 위험도 나누어 져야 한다는 것이 토미의 이론이었다.

금융업계는 예상대로 오타와로 몰려가 하소연했고, 킹 총리는 헌법에는 있지만 거의 행사되지 않던 조항을 들어 그 법의 시행을 용인하지 않겠다고 위협했다. 연방 정부는 그 조항으로 앨버타 주에서 사회신용당 정부가 추진하던 더 급진적인 사업들을 성공적으로 무산시킨 바 있었다. 그동안 CCF가 사람들의 집을 압류할 것이라고 경고하던 자유당 측은 이제 은행, 즉 바로 그런 행위를 저지르려던 자들의 권익을 보호하기 위해 위협을 가하고 있었다.

토미는 라디오 연설을 통해서 사람들에게 호소했다. "우리는 이제 막 하나의 전쟁을 끝냈습니다. 우리는 그 전쟁이 민주주의 체제를 수호하기 위한 것이라고 들었습니다. 그런데 그 전쟁이 끝나지 않은 것 같습니다. 전쟁터가 라인 강변으로부터 서스캐처원 주의 대초원으로 이동했을 뿐입니다."[34]

토미는 그 법이 용인되지 않는다면 자신의 정부는 농민들을 보호하기 위한 다른 조치들을 취하겠다고 말했다. 그는 "한 치도 물러서지 않겠다."고 맹세했다. 그리고 그는 청취자에게 자신의 투쟁에 동참해 줄 것을 호소했다. "여러분이 주 정부를 따라 싸울 준비가 되어 있다면 주 정부는 싸움에 앞장설 준비가 되어 있습니다."

그 결과, 오타와에 항의 서한이 쏟아져 들어왔고, 주 전체는 연방 정부의 계획을 비난하는 대중 집회로 들끓었다.

매켄지 킹 정부는 그 법을 불허하는 것에서는 한발 물러섰지만, 작황이 나쁜 해에 이자를 감면한다는 조항에 대해서는 법원에 제소했다. 이 재판은 여러 해 동안 이어졌고, 캐나다의 대법원은 서스캐처원 정부가 채권자의 이익을 침해할 권리는 없다고 판결했다. 당시 캐나다 헌법이었던 영국령 북아메리카 조례[35]에 따른 최고 결정 기관인 영국 추밀원이 이에 동의했다.

CCF는 다른 법을 제정함으로써 반격을 했고, 1958년까지 법정 싸움을 벌인 끝에 패배했다. 그래도 그 기간 동안 서스캐처원 주의 농민들은 어느 정도 보호를 받을 수 있었다.

연방 정부와의 갈등의 원인이 된 다른 사안으로는 서스캐처원의 원

---

34) 민주주의 체제 수호를 명분으로 참전했던 제2차 세계대전이 끝나고, 농민의 권익을 수호하기 위한 싸움이 서스캐처원에서 벌어지게 되었다는 뜻이다.

35) British North America Act. 영국은 1926년 영국 제국회의에서 캐나다의 완전 자치를 인정하였고, 1949년에 캐나다 헌법인 '영국령 북아메리카 조례'가 수정되어 캐나다의 완전 독립이 법적으로 완성되었다. 캐나다의 독자적인 헌법이 최초로 제정된 것은 1982년 4월 17일의 일이다.

주민 인디언 문제가 있었다.[36]

인디언에 관한 일은 연방 정부가 책임지고 있었으나, 토미는 원주민의 권익 문제에도 관심을 기울였다. 토미는 가족이 여름을 나는 집이 있는 칼라일 호수 인근의 인디언 부족과 친밀한 관계를 유지했으며, 주지사가 되고 얼마 뒤, 이들로부터 '붉은독수리대장'이라는 아시니보인 부족의 이름을 수여받았다. 당시 61개 보호 구역에 사는 1만 4000명의 인디언들의 곤궁한 생활상을 본 그는 추장들을 모아서 서스캐처원 인디언연합이라는 인디언 조직을 최초로 결성해서 통일된 목소리로 오타와와 협상할 수 있도록 도왔다.

오타와는 이를 달가워하지 않았다.

그럼에도 서스캐처원 주에서 최초로 인디언에게 선거권이 부여되었고, 아이러니하게도 인디언들은 그 선거권을 처음 행사할 때 CCF에 반대하는 쪽으로 표를 몰아주었다. 또한 음주가 원주민들 사이에 심각한 문제였는데도 그들에게 술을 살 수 있는 권리가 주어져서 논란이 되기도 했다.

토미 자신은 술을 거의 마시지 않았지만, 이 문제를 원칙적인 견지에

---

36) 원주민이 전국적인 정치 조직을 만들려는 첫 움직임으로, 온타리오 주와 퀘벡 주에서 제1차 세계대전 기간에 미국의 부족협의회를 캐나다에도 확장시키려는 시도가 있었다. 1920년대 초에는 F.O. 로프트가 서부의 원주민을 이 협의회에 가입시키는 데 상당한 성과를 이루었다. 지역적으로 흩어져 있는 다양한 인종, 종교, 언어의 부족이라는 점을 고려했을 때 이는 괄목할 만한 일이었다. 그리고 1944년부터 앨버타 주 인디언연합과 서스캐처원 주 인디언연합 등 원주민의 정치 조직이 결성되기 시작했다. 원주민의 열악한 사회적, 경제적, 법적인 지위에 대한 우려가 커짐에 따라, 1946~48년과 1959~61년에는 인디언 관련 사안을 담당하는 기관에 대한 의회의 조사가 이루어졌고, 이는 인디언의 권익을 대변하는 서스캐처원 인디언연맹 등 다양한 단체들이 결성되는 계기가 되었다.

서 접근했다. "만약 술이 우리에게 좋지 않다면 인디언에게도 좋지 않을 것입니다. 그러나 법은 모든 사람에게 똑같이 적용되어야 합니다." 더 중요한 시도로 그는 서스캐처원 주의 소외된 인디언을 관장할 책임과 그에 필요한 재정을 주 정부로 이관하도록 여러 해 동안 오타와를 설득했지만, 성공하지는 못했다. 그래도 주 정부의 관리 아래 있던 메티스[37]를 지원하는 서스캐처원 주의 사업은 보다 더 성공적으로 이루어졌다.

오타와와 가장 오랜 기간 씨름한 문제 가운데 하나는 남서스캐처원 강에 댐을 짓는 일이었다. CCF는 댐을 짓고자 했고, 댐을 지음으로써 생겨나는 호수는 관개용수와 상수도원으로 이용하고 휴양지도 될 것이었다. 사실 이전부터 그런 모색은 이루어지고 있었다. 그러다가 전 주지사이자 매켄지 킹 정부의 농무부 장관이 된 지미 가디너가 1944년에 이를 공약으로 내걸었는데, 그 이후에 CCF가 집권하게 되었다. 그러나 불행하게도 킹 총리는 댐 건설에 대해 중도적인 입장을 취했으며, 그의 후임인 루이 상 로랑 총리는 전혀 관심을 보이지 않았다. 10년 동안 이어진 협상에서 토미는 아무런 소득도 올리지 못했고, 토미는 종종 돌로 된 벽을 머리로 들이받고 있다는 느낌이 들었다.

한번은 오타와를 방문해서 상 로랑 총리와 가디너를 만났는데, 총리가 댐 건설에 한 푼도 대 주지 않을 것이라는 입장을 명백하게 밝히는데도 서스캐처원 주 출신의 장관인 가디너는 아무 말도 않고 있는 것이었다. 그랬던 가디너가 자리를 뜨려 하는 토미를 복도에서 붙잡고 나무라면서 "이 문제에 아무 관심도 보이지 않을 작정입니까? 총리는 진심으

---

37) Métis. 프랑스계 백인과 인디언의 혼혈아를 가리키는 말이다.

로 말하는 것이 아닙니다. 내 사무실로 가서 이 문제에 대해 이야기해 봅시다."라고 말하는 것이었다.

격노한 토미는 평정심을 잃고 말았다. "지옥으로나 가시오!"라며 그를 뿌리쳤다. "당신하고는 이 문제를 의논할 생각이 전혀 없습니다."

그 댐은 다른 서스캐처원 출신 정치인인 존 디펜베이커가 이끄는 보수당 정권이 집권한 1958년에서야 마침내 승인되었으나, 계획이 완성되지 않은 채 있다가, 가디너가 댐을 처음 공약으로 내건 해로부터 23년이 지난 1967년이 되어서야 자유당의 레스터 피어슨 총리가 건설을 시작했다. 정치적인 안배에 따라, 댐은 가디너의 이름을, 저수지는 디펜베이커의 이름을, 그 댐을 둘러싼 주립 공원은 더글러스의 이름을 따서 지어졌다.

이 모든 과정에서 토미는 희망을 놓지 않았다.

어느 날 저녁, 의회에서 반대당의 지지자인 한 젊은이가 침례교 목사가 사회주의자 주지사로 변절했다고 토미를 비난했다. 토미는 미소를 지을 뿐이었다. "18년 전에 저는 하느님 나라를 위해 헌신하기로 결심했습니다."라고 토미는 말했다. "그리고 지금도 그 일을 하고 있다는 믿음이 아니었다면, 저는 오늘 이 자리에 서 있지 않았을 것입니다."

9

훌륭한 지도자

토미가 17년 동안 집권하면서 서스캐처원의 경제는 다변화되었고, 전국에서 가장 큰 경제 성장을 이루게 된다. 반대자들이 우려했던 것처럼 경제 체제를 뒤엎는 개혁을 추진하는 대신에 공기업과 협동조합을 육성하여 자본의 일방적인 착취를 견제하였고, 사회복지 제도를 확립함으로써 주민 권익을 신장시켰다. 이런 경제적, 사회적 여건 변화의 결과로 1950년대 말이 되자, 급진적인 변화에 대한 대중의 요구는 점차 잦아들게 된다. 한편, 토미는 집권 기간 중에 전장을 방문했다가 무릎에 다시 부상을 입기도 하고, 정적들의 공격으로 고생하기도 한다.

"몽상가이자 인도주의자이고, 한결같이 꼿꼿하고 진실되게 성실하며, 거짓 없는" 서스캐
처원 주의 사회주의자 주지사가 1951년에 엘리자베스 공주를 마중하고 있다.

다음은 토미가 유세 때 즐겨 하던 이야기이다. 의원 후보 명단에 오른 한 정치인이 어느 날 오래된 친구를 만나서 기분이 좋았다. 그는 그 친구가 당연히 자신을 지지해 줄 것이라 확신하고 있었다. 그러나 그 오랜 친구는 누구를 지지할지 아직 결정하지 못했다고 했다.

"뭐라고? 어떻게 그럴 수가 있지?" 놀란 후보가 물었다. "우리가 어렸을 때 스케이트 타러 갔다가 자네가 얼음 사이에 빠졌을 때 내가 구해 줬잖아."

옛 친구가 고개를 끄덕였다.

"자네가 결혼하려 했을 때" 그 정치인이 말을 이었다. "내가 자네에게 200달러를 빌려 줬잖아."

또다시 고개를 끄덕였다.

"자네 집에 불이 났을 때, 내가 은행 대출을 받아 주었고."

"그래, 그래." 친구가 동의했다. "기억해."

"그리고 자네 자식이 수술을 받아야 했을 때, 내가 필요한 돈을 빌려 주었지. 안 그런가?" 정치인이 물었다.

"모두 맞는 말이야." 오랜 친구가 대답했다. "그런데 최근에는 날 위해 무얼 해 주었지?"

CCF가 집권한 20년 동안 서스캐처원의 풍경은 엄청나게 바뀌었다. 토미는 항상 "무언가 새로운 일을 추진했다." 수천 마일의 도로와 고속도로가 포장되었고(집권 초인 1944년에는 포장된 도로가 단 222킬로미터에 불과했다.) 대부분의 농가에 전기가 들어왔다. 보건과 교육 수준이 향상되었고, 가계 수입이 증가했으며, 수천 명의 주민이 이전에는 꿈에서나 그렸던 수준의 안락함을 누리게 되었다.

주 정부는 삶의 질 문제로 관심을 넓혀서 주립 문서 보관소를 설립하고, 북미 최초로 서스캐처원 예술진흥위원회를 설립했다. 술에 관한 법도 완화되어서 여성이 맥주집이나 칵테일 라운지에서 남성과 어울릴 수 있게 되었다. 주립 및 지역 공원들의 연계망도 확대 정비되었다. 북미의 첫 소액 청구 재판소가 개설되었다. 1946년에는 인종, 피부색, 종교에 따른 차별을 금지하는 권리 장전이 다른 주나 연방 정부에 앞서서 채택되었다. 전쟁이 끝나자마자 토미는 퇴거 조치를 당했던 일본계 캐나다 인을 서스캐처원 주에 정착할 수 있도록 문호를 개방했는데, 그는 그런 조치를 취한 유일한 주지사였다.

이런 사업들에는 대부분 돈이 들었다.

다른 여러 문제가 여론과 언론의 관심을 모으고는 했지만, 주 정부는 경제 분야에 가장 많은 노력을 기울였다. 경제를 다변화하고 성장시켜서 밀에만 의존하지 않도록 하는 것이 서스캐처원을 위해 반드시 필요하다고 토미는 주장했다.

그런 성장을 이끌 두 가지 주요한 방편은 협동조합, 즉 이미 왕성한 활동을 벌이고 있는 서스캐처원 밀 생산자 연합 같은 조직들과, 주 정부 소유의 공영 기업이었다.

토미의 말에 따르면, 그가 구상하고 있는 것은 "공공의 소유, 협동조합의 소유, 개인의 소유를 아우르는 복합적인 형태의 경제"였다.

서스캐처원에는 이미 주 정부 소유의 전력 회사와 전화 회사가 있어서 활발하게 사업을 확대하고 있었고, 정부는 보험업에도 기세 좋게 뛰어들었다. 보다 작은 규모의 사업으로, CCF는 적자를 보는 버스 노선을 인수해서 운수 사업을 벌였고, 항공 서비스까지 개시하려 하고 있었다. 그로부터 얼마 지나지 않아 주 정부 소유의 인쇄 공장, 박스 공장, 제혁소, 모직 공장, 심지어는 신발 공장까지도 생겨났다. 첫 번째 임기 초반에 CCF는 농산물로 플라스틱을 생산할 계획을 세웠다가 조용히 취소했다. 한동안 주 정부는 서스캐처원 서남부 농장 지대에 사는 야생마 떼를 잡아 도축해서 육류가 부족한 전후 유럽에 파는 사업도 벌였다. 그 사업은 성공적으로 마무리되었지만, 대부분의 소규모 사업은 적자를 보고 얼마 되지 않아 문을 닫았다.

그러나 공영 기업들은 민간 소유 기업이 대다수를 차지하고 있는 전체 경제에 자극제 역할을 하는 것까지만을 목표로 하였다. "CCF가 모든 것을 소유하려는 것이 아닙니다."라고 토미는 분명히 밝혔다. "우리가 유일하게 제한하려는 자유는 다른 사람을 착취하는 자유입니다." 한번은 의회에서 같은 정당의 하원의원이 리자이나 선언문이 자본주의의 종식을 요구했다는 사실을 상기시키자, 주지사는 자신이 이끄는 주 정부는 민간 기업이 "주민들의 안녕을 침해하지 않는 한" 그 활동을 장려할 것이라고 대답했다. 대공황 이전의 자본주의는 이제 사라졌다고 토미는 확신했다. 실제로 주 정부는 민간의 투자를 확대하기 위한 다양한 조치를 취했고, 이는 큰 성공을 거두고 있었다. 동부 위주의 언론과 기업계의 혹평에도 불구하고, 많은 기업이 서스캐처원 주의 사업 여건이 좋다는 사실을 알게 되어 1948년부터 1960년 사이에 이 주는 전국에서 가장 큰 경제 성장을 이루었고, 석유와 천연가스, 탄산칼슘, 우라늄을 개발한 것이 거기에 큰 역할을 했다. CCF 정부는 이 모든 산업을 발전시키는 데 관여했으며, 철강 산업도 유치했다.

역설적인 현상이지만, 서스캐치원 주는 모든 면에서 "대초원 지역에서 자유 기업의 활동에 가장 많은 기여를 했다."고 《더 글로브 앤드 메일》은 지적했다.

서스캐처원은 변신에 성공했지만, 토미는 항상 한쪽 팔을 묶인 듯한 느낌을 지울 수가 없었다. 주요 통치권이 오타와에 있었기 때문에 주 정부가 할 수 있는 일은 거기까지였고, 주지사로 일한 17년의 마지막 임기가 끝날 때쯤 그는 다시 전국 무대에 나설 것을 고려하기 시작했다. 그는 "그 누구도 자본주의 바다에 사회주의 섬을 세울 수는 없다."고 했다.

토미는 주 정부를 이끌 때나 선거운동을 할 때나 소통의 귀재임을 증명했다. 그는 수많은 연설, 라디오 방송, 신문 및 잡지의 기사, 그리고 비서인 엘리너 매키넌에게 받아 적게 한 수천 통의 편지를 통해서 서스캐처원 주 및 캐나다 국민과 꾸준히 대화를 이어 갔다.

일요일 저녁에 방송되는 라디오 프로그램 '노변정담爐邊情談, fireside chats'에서 토미는 정치 이야기 대신 청년 시절에 했던 것처럼 청취자들에게 번스, 키플링, 롱펠로, 그리고 물론 성경 등을 낭독했다.

전문적인 연설 집필자의 도움을 받자고 하면 토미는 아마 웃었을 것이다. 실제로 그의 보좌진이 그를 위해 글을 써 주면 그는 그 글들이 전문 용어와 관용어로 가득 차 있다고 타박하고는 했다. 한번은 주 정부 소유의 전력 회사가 자신의 땅을 침범했다고 민원을 제기한 한 유권자의 편지를 예로 들면서 문제를 지적했다. 편지에 다음과 같은 간결한 표현이 있었다. "어떤 작자가 내 담장을 부쉈소."

"바로 이겁니다." 토미는 의기양양하게 마치 문법 강의를 하듯 말했다. "주어 '작자', 동사 '부수다', 목적어 '담장'. 왜 여러분은 이런 글을 쓰지 못하는 겁니까?"

주지사이자 정당의 지도자로서 토미의 일정은 항상 빡빡했고, 그는 칼라일 호숫가에 있는 오두막에서 가족과 함께 보내는 여름휴가를 제외하고는 쉬는 일이 거의 없었다.

아침이면 아내 어마와, 1940년에 입양한 둘째 딸 조앤, 큰 딸 셜리와 함께 오렌지 쥬스, 오트밀, 토스트, 커피를 먹었다. 낮에는 간식으로 그가 아주 좋아한 건포도 파이와 커피를 마셨는데, 지병인 궤양이 재발한 이후에는 먹지 못하게 되었다. 대신에 우유를 조금씩 마시고, 점심으로는 청사의 식당에서 다른 사람들과 함께 줄을 서서 토마토 주스, 삶은 계란, 토스트, 자두 등을 먹었다. 오후에 외부에 나가서 저녁 식사가 늦어지게 될 것이 예상되면 밀크셰이크 곱빼기에 날계란을 풀어 마시고 기운을 차렸다.

주지사로 선출되었을 당시 토미는 마흔 살도 채 되지 않았고, 주지사에서 물러났을 때는 57세였는데, 그는 168센티미터의 키에 66킬로그램의 몸으로 여전히 현역으로 뛸 체력이 있었다. 그의 연갈색 곱슬머리는 숱이 줄어 이마가 넓어지고 있었고, 권투를 하다가 약간 휜 작고 납작한 코에는 금테 안경이 걸쳐져 있었다.

1940년대의 리자이나는 인구 6만 명의 작고 안락한 도시였다. 더글러스 일가는 더 크레슨츠라고 알려진 한적한 지역의 가로수가 늘어선 조용한 거리인 앵거스 크레슨트 217의 2층짜리 좋은 집으로 이사했다. 비록 대출을 많이 받기는 했지만 말이다. 그 집은 의회가 있는 앨버트 가와 와스카나 호수 바로 건너편에 있었다. 토미는 그 지역을 자주 산책했고, 아침이면 집무실로 가다가 멈추어 서서 이웃 사람들이나, 셜리와 조앤이 다니는 다빈 스쿨에 등교하는 어린이들과 이야기를 나누고는 했다. 그는 오후 늦게 집으로 돌아왔는데, 어떤 날에는 너무나 지쳐서 말할 힘도 남아 있지 않았다. 어마는 저녁 준비를 해 놓고, 그가 돌아오고 나면 전화선을 빼놓고는 했다. "어머니는 아버지를 위해 성채 정도가 아니라 요새를 구축했습니다." 조앤은 기억했다. "집에서는 누구도 아버지를 귀찮게 하지 못했습니다." 저녁 식사를 하고 나서 그는 잠시 눈을 붙였다가 다시 사무실에 가서 몇 시간을 더 일했다.

토요일 오전에는 다른 날과 마찬가지로 주지사 집무실에서 일했고, 오후는 당의 업무를 보는 데 할애했다. 서스캐처원 대학교 영어학과 교수이자 지역당 총재였던 칼라일 킹은 정기적으로 토미를 방문해서 담소를 나누고는 했는데, 파이프 담배를 피우던 두 사람은 "서로에게 담배 연기를 뿜어 대고는 했다."고 킹은 회상했다. 더글러스 가족은 가끔 토요일 저녁에 외식을 했는데, 그들이 가장 즐겨 찾은 식당은 사우스 레일웨이 애비뉴에 있는 W.K. 춉 수이 하우스였다. 일요일에 토미는 리자이나 제일 침례교회에서 주일 학교 한 학급을 맡아 가르치고, 병원에 입원해 있는 환자들을 방문하고, 날씨가 좋을 때면 가끔 골프를 쳤다. 주지사는 애거서 크리스티를 비롯한 미스터리 작가들의 작품들을 좋아하는 여전히 왕성한 독서가였지만, 여름과 가을의 일요일 오후에는 어마와 딸들과 함께 서스캐처원 러프 라이더스라는 게임을 하는 것을 가장 좋아했다.

톰미 가족이 친구들을 초청해서 즐기는 경우는 거의 없었다. 톰 맥러드는 토미에게 "수많은 친구들이 있었지만 아주 가까운 친구는 그리 많지 않았다."고 설명했다.

그는 사업이라기보다는 취미 삼아, 클래런스 파인스와 함께 밍크 농장에 투자했다가 손실을 보았고, 나중에는 리자이나 최초의 자동차 극장에 투자하기도 했다. 반대자들은 이를 "주지사의 야외 영화관"이라고 불렀고, 다른 사업 파트너가 물의를 일으키자 토미는 그 사업에서 손을 뗐다.

주지사로 선출된 지 얼마 지나지 않아, 토미는 파병된 서스캐처원 주의 군대를 방문하기 위한 해외 순방을 계획했다. 1944년 11월에 있었던 첫 번째 순방 때 그는 병이 나서 입원하는 바람에 오타와까지밖에 가지 못하고 돌아와야 했다. 입원비가 1000달러나 들어서 돈을 빌려서 지불해야 했다.

이듬해 3월에 그는 잠수함이 출몰하는 북대서양을 군함을 타고 건넜는데, 그 경험은 어렸을 때 스코틀랜드로 귀향하기 위해 위험한 바다를 건넜던 기억을 생생하게 떠오르게 했다. 그는 몇 달 동안 유럽 이곳저곳을 캐나다의 군대가 있는 곳이면 어디든 방문했다. 한 병원에서는 적절한 말을 찾지 못했던 그가 그만 다음과 같이 말했다. "음, 여러분이 왜 이 병원을 좋아하는지 그 이유를 알겠습니다. 여러분을 돌보게 하려고 캐나다 최고의 미녀들을 이곳에 데려다 놓았군요." 그 농담이 그곳에서는 잘 먹혀들었는데, 뉴스에 보도되는 통에 캐나다의 여성계로부터 냉담한 반응을 얻었다. 어마는 그가 다시는 그런 바보 같은 짓을 하지 못하도록 주의를 주었다.

여행의 하이라이트는 아직 전쟁이 이어지고 있던 독일 깊숙한 지역에 배치된 남부 서스캐처원 연대를 비밀리에 방문한 것이었다. 그런데 돌아오는 길에 그가 탔던 지프차가 사고가 났고, 차 밖으로 굴러 떨어진 토미는 무릎을 또다시 다쳤다. 찢어지고 더러워진 옷을 입은 채로 그는 아픈 다리를 끌고 수 마일을 혼자 힘으로 걸어서 돌아와야 했다. 그 이후 그의 무릎은 수시로 그에게 고통을 가져다주었는데, 날씨가 차고 습해지는 가을철이면 증상이 악화되어서 침대에 누워 있거나 입원해야만 했다.

유럽은 토미의 건강에 좋지 않은 영향을 미치는 것 같았다. 1959년에 이탈리아를 여행했을 때에는 오른쪽 안면 신경이 마비되었다. 보기에 좋지 않았고 말을 하는 데도 어려움이 있었지만, 그는 예정되어 있던 중요한 연설을 강행했고, 여느 때처럼 자신의 상태를 농담으로 넘겼다. "이 병은 정치인들의 입을 다물게 하기 위한 가장 효과적인 방법일지도 모르겠습니다. 캐나다로 돌아가면 제가 아는 몇몇 정치인들을 물어서 이 병을 옮겨 주어야겠습니다."

토미가 정말로 물어 주고 싶었을 정치인 가운데는 월터 터커가 있었다.

1948년 선거에서 CCF는 지지율이 떨어져서 47석이었던 의석이 31석으로 줄은 반면, 전직 하원의원이던 새로운 지역당 대표를 내세운 자유당은 5석에서 19석으로 의석을 늘렸다. 토미는 이런 후퇴가 너무 많은 변화를 너무 빨리 이루려 했기 때문이라고 믿었다. 그는 "변화로 불이익을 받은 사람은 소수에 불과하지만, 그들은 그 사실을 잊지 않는다."고 말했다.

자유당은 여러 지역구에서 보수당과 연대해서 선거를 치르고 맹렬한 빨갱이 사냥을 한 덕에 선전할 수 있었다. "터커가 아니면 폭정이다."가 그들의 슬로건이었으며, 자유당의 지역당 대표는 토미가 모스크바로부터 지령을 받고 있다고 비난했다.

"50년 동안 등에 태우고 있던 사람에게 내려서 걸으라고 하는 것만큼 그 사람을 서운하게 만드는 일은 없는 것 같다."고 토미는 자신이 이끄는 정부가 벌이는 개혁에 대한 기업들의 반발을 평했다.

그러나 토미조차도 CCF에 쏟아지는 격렬한 공격에는 놀라지 않을 수 없었다. "저는 정치가 이토록 추해질 수 있을 것이라고 생각지 못했습니다. 그들은 수단과 방법을 가리지 않았습니다. …… 그들의 말에 따르면 우리는 공산주의자이자, 무신론자이자, 종교를 탄압하는 자들이었고, 우리 당은 캐나다에 소비에트 연방을 건설하기 위한 전초 기지였습니다."

토미는 명쾌한 논리로 반격했다. "그들에게는 너무나도 터무니없어서 퍼뜨리지 못할 거짓말이란 없으며, 너무나도 비열해서 채택하지 못할 책략이란 없습니다." 그는 라디오에서 청취자들에게 말했다. "그들이 여러분을 또다시 속이는 일이 없도록 하십시오. 그들이 여러분을 한 번 속였다면 그것은 그들이 잘못한 것입니다. 그들이 여러분을 두 번 속인다면, 그것은 여러분의 잘못입니다."

의석수는 줄었지만, 키 크고 덩치만 좋지 사람들을 움직이는 재치로는 상대가 되지 못하는 터커를 다루는 것은 토미에게 수월한 일이었다. 1947년 여름 크리스털 레이크에서 벌어진 야외 파티에서 3000여 명의 청중을 앞에 두고 논쟁이 벌어졌는데, 터커는 현 주지사가 '꼬맹이'였을 때 자유당이 성취한 업적에 대해 이야기했다.

"저는 지금도 꼬맹이입니다." 토미가 반격했다. "터커는 저를 집어삼킬 수 있을 만큼 크지만, 실제로 그렇게 한다면 그는 세상에서 가장 기묘한 인간이 될 겁니다. 머릿속보다 뱃속에 더 많은 양의 뇌가 있을 테니까요."

터커는 토미를 지속적으로 괴롭혔는데, 한번은 토미를 명예훼손으로 고소해 결국 토미가 승소했지만 토미는 소송 비용 때문에 빚을 져야 했다. 또 1953년에 터커는 파인스가 뇌물을 받았다는 의혹을 제기했다. 그 사건은 그 정부의 가장 큰 스캔들이 되었는데, 파인스의 혐의는 조사 결과 벗겨졌고, 그 사건은 증거 부족으로 기각되었다. 그런데 터커가 의회에서 그 문제를 계속 붙잡고 늘어지자, 토미는 그만 자제심을 잃고 거의 세 시간 동안 제기된 의문들을 낱낱이 파헤쳤고, 정말로 파인스에게 죄가 있다고 믿는 자유당 의원이 있으면 일어서 보라고 요구했다. "숨어 있지 말고 당신들 속내가 어떤 것인지 드러내 봐!"라고 그는 질타했다.

터커는 그로부터 얼마 지나지 않아서 정계에서 은퇴했다.

그러나 이 스캔들이 파인스에게 씌운 낙인은 그가 1960년에 공직에서 물러난 뒤 플로리다로 이사해서 부유하게 산다는 사실이 알려지자 다시 회자되었다. 그의 평판을 위해서는 불행한 일이었지만, 그는 재무 담당으로 있는 동안 주식을 비롯해 여러 곳에 얼마간의 재산을 합법적으로 투자해서 소리 없이 재산을 불렸던 것이다.

CCF는 대공황이 거의 지나고 전쟁이 곧 끝나려 하는 시기에 탄력을 받은 낙관적인 시류를 업고 1944년에 집권했다. 당시에 주의 형편은 아주 나빴고, 토미는 그것을 고치겠다고 약속했다. 유권자들이 사회주의를 얼마나 지지했는지에 대해서는 논란의 여지가 있지만, 당 지도자들의 열정과 굳은 의지만은 확고한 지지를 받았다.

1950년이 되자, 선거에서 내걸었던 최초의 약속들은 대부분 법제화되었고, 경제는 회복되었으며, 주를 현대화 하는 작업은 잘 진척되고 있었기에, 급진적인 변화의 불길은 차차 잦아들고 있었다. 토미는 그 사실을 알고 있었고, 여러 당직자들도 그 사실을 알고 있었다. 서스캐처원 주민들은 토미 더글러스에게 좋은 주 정부를 세워 줄 것을 기대했지, 기존의 체계를 뒤집어엎을 것을 요구하지는 않았다.

역설적으로, 토미는 적어도 서스캐처원 주에서는 그 기존 체계의 수장이 되었다. 서스캐처원의 자유당이 여전히 그를 레닌이나 스탈린이나 히틀러에 비교했지만, 대부분의 주민은 토미를 최고의 지도자이자, 1960년에 방문한 한 밴쿠버 언론인이 평했듯이 "몽상가이자 인도주의자이고, 한결같이 꼿꼿하고 진실되게 성실하며, 지적으로 거짓 없는 사람"이라고 생각했다.

10

The Battle Over Medicare

무상 의료를 위한 싸움

토미 더글러스는 집권 초기부터 취약 계층에 대한 무상 의료 제공, 암 및 정신 질환에 대한 무료 치료, 상수도 보급, 의과대학 설립 등 서스캐처원 주의 보건의료 상태를 개선하기 위한 조치를 발 빠르게 실행해 나간다. 1947년에는 입원 치료를 무상으로 제공하기 시작했으며, 의사들의 격렬한 반대를 물리치고 1962년 7월에 전면 무상 의료 제도를 도입하게 된다. 토미 자신은 1962년에 새로 창당한 신민당 후보로 출마한 연방 선거에서 낙선하는 고통을 겪는다.

서스캐처원에 번영을 가져다주고, 부채에서도 해방시킨 토미 더글러스 주지사는 이 주가
20세기로 도약하는 과정을 주도했다.

토미가 즐겨 말하던 또 하나의 일화이다. 1944년 선거가 끝나고 얼마 뒤, 웨이번의 한 정신병원을 방문한 토미는 혼자서 산책하고 있던 환자와 마주쳤다.

"안녕하세요. 성함이 어떻게 되시나요?"

"안녕하시오. 전 밥입니다. 당신은 누구시죠?"라고 환자가 답했다.

"아, 저는 토미 더글러스입니다. 아시겠지만 서스캐처원의 주지사입니다."

환자는 그를 미심쩍게 쳐다보다가 다음과 같이 답했다. "괜찮아요. 당신도 좋아질 거요. 나도 이곳에 처음 왔을 때는 내가 나폴레옹인 줄 알았지 뭐요."

그 이후로 여러 해 동안, 특히 1961년에 있었던 의사들의 파업 기간 동안 토미는 서스캐처원 주의 모든 주민에게 무상 의료를 제공하겠다고 생각했던 스스로를 정신 나갔다고 생각했을 법도 하다. 그러나 그것은 그가 가장 간절하게 성취하고 싶은 일이었다.

그 일은 그가 벌인 가장 큰 싸움이자 가장 큰 성취가 되었고, 결국 국가 전체에 보편적인 공공 의료보험을 도입하는 결과를 가져왔다.

그 싸움은 1961년이 되어서야 의사들의 파업으로 전국 뉴스를 장식했지만, 실은 1944년에 CCF가 처음 집권했을 당시부터 이어져 온 것이었다. 서스캐처원 주에서는 메디케어와 같은 제도에 대한 생각과 논의가 1920년대부터 있어 왔고, 마을 단위로 봉직 의사를 둔 고장도 많았으며, 1933년에 발표된 CCF의 리자이나 선언문에도 명시된 바 있다.

토미는 소년기에 한 의사의 자선을 통해 다리를 살릴 수 있었던 경험을 잊은 적이 없었으며, 대공황기에 웨이번에서 목회를 한 때 돈이 없어서 치료를 받지 못하던 교인들의 호소를 생생하게 기억했다. 그는 주 의회에서 말했다. "저는 제게 '기회가 주어진다면', 사람들이 교육을 양도할 수 없는 시민의 기본 권리로 생각하듯이 의료도 그런 기본권으로 제공받을 수 있도록 하겠다고 서약했습니다."

그는 내각을 구성하면서 보건부의 업무를 직접 맡았으며, 서스캐처원 주의 보건의료 상태를 개선하기 위한 조치를 발 빠르게 실행해 나갔다. 그가 처음으로 취한 조치 중 하나는 서스캐처원 주가 필요로 하는 정책이 무엇인지를 조사할 위원회를 구성하는 것이었고, 1944년 가을이 되자 모든 주민이 당당하게 자신의 권리로서 무상 의료를 받도록 하는 의료 제도의 도입을 촉구하는 보고서가 그의 책상 위에 놓였다. 대중은 그 계획을 지지할 것이라고 토미는 생각했으며, 문제는 그 정책을 실행할 돈을 마련하는 것이었다. 그 재원을 찾아내는 데 15년이 넘는 시간이 걸렸다.

그 사이에 토미는 소규모의 의료 개혁을 다양하게 모색했다. 약 3만 명에 이르는 미혼모, 과부, 노인에 대한 무상 의료 제공, 암과 정신 질환에 대한 무상 치료, 응급 환자의 항공 수송 서비스 등, 이 모두가 캐나다 최초로 도입되었다. 주 정부는 도시와 마을에 상수도를 점진적으로 보급해서 불결한 화장실을 없애는 일도 지원했다. 서스캐처원 대학교에 의과대학을 설립했고, 정신 질환에 대한 치료의 질도 개선했다. 지역 보건의료 체계가 확립되었고, 주 정부는 병원 건립 프로그램을 추진해서

10년 사이에 병상 수를 두 배로 늘려 놓았고, 이로써 전국 꼴찌였던 서스캐처원 주의 인구 대비 병상 수는 전국 1위로 올라섰다.

1947년 초, 토미는 주 전체에 걸친 무상 입원 치료 프로그램을 도입했는데, 그 혜택을 받은 첫 환자는 1월 1일 자정이 넘자마자 아이를 낳기 위해 입원한 한 여성이었다. 이 사업을 위해서는 연간 750만 달러의 비용이 들었는데, 이는 주 정부 예산의 15퍼센트에 달하는 액수였고, 1955년에는 주 정부 예산의 20퍼센트인 2900만 달러의 비용이 들었다. 이 비용을 충당하기 위해서 1인당 5달러 혹은 가족당 10달러의 보험료를 거두었고, 한시적으로 매출세를 도입했다. 정부의 간섭을 걱정하는 병원 관계자들에게 토미는 "우리는 티스데일 마을 병원의 환자용 변기가 깨끗한지의 여부 말고도 신경 써야 할 일이 얼마든지 있습니다."라며 안심시켰다.

이런 모든 진전에도 불구하고, 전면 무상 의료를 도입하려는 꿈은 여전히 실현하기 어려워 보였다. 서스캐처원 주는 아직 부채를 많이 지고 있었기 때문에 그런 비용을 감당하기 어려웠던 것이다. 그러던 중 여러 해 동안 이 사업을 지원하겠다고 말만 해 오던 디펜베이커 총리의 연방 정부가 1958년부터 서스캐처원 주의 입원 치료 비용 중 절반을 지원해 주기 시작했다. 이듬해 4월, 토미는 전면적인 무상 의료를 실시하겠다고 선언했다.

"우리가 이 일을 해낸다면" 그는 자신하며 말했다. "저는 캐나다의 거의 모든 주가 1970년이 되기 전까지 우리와 같은 제도를 도입하게 될 것이라고 감히 예언할 수 있습니다."

그는 이 계획의 실현을 위한 최선의 방법을 판단할 위원회를 구성할 것과, 서스캐처원 주의 의사들이 동의하지 않는 정책은 추진하지 않을 것을 약속했다. 그런데 이 약속은 지키지 못하고 말았다.

서스캐처원의 의사들과 의사회 조직인 '내과 및 외과 의사 협의회'는 행위당 수가제를 중심으로 하고 그 수가를 자신들이 정하는 것이 아닌 한 공공 보건의료 제도 도입에 반대하겠다는 입장을 처음부터 고수해 왔다. CCF의 많은 이들은 의사들에게 봉급을 주는 제도를 도입하기를 원했지만, 토미는 의사들의 주장을 받아들여서 행위당 수가제를 인정하기로 했다. 그러나 수가를 결정하는 것은 정부가 포기할 수 없는 부분이었다.

토미는 의사들도 여론의 압력을 받아 타협하게 될 것이라고 확신했다. 그러나 그것은 의사들을 크게 과소평가한 것이었다.

의사들은 협상을 질질 끌었으며, 이 문제를 다루기 위해 토미가 구성한 위원회의 의사 측 위원들은 사사건건 훼방을 놓았다.

토미는 메디케어를 1960년 6월 선거의 핵심 쟁점으로 들고 나옴으로써 이들에게 도전했다. "우리 주에 메디케어 제도가 필요한지의 여부는 유권자들이 판단할 것입니다." 그는 의사들에게 말했다. 거기에 대응해서 의사들은 10만 달러의 운동자금을 모금했는데, 그중 상당 부분을 미국 의사회가 대 주었다. 그들은 CCF가 의사들을 봉급쟁이로 만들 것이고, 대다수 의사들이 주를 떠날 것이며, 주 정부는 그 자리를 메우기 위해 "유럽의 쓰레기"들을 데려올 것이라는 내용의 선전전을 대대적으로 펼치기 시작했다. 그들은 의사와 환자 사이의 비밀이 노출될 것이며, 진단이 어려운 병에 걸린 환자들은 어설픈 관료들에 의해 엉뚱한 보호소에 수용될 것이라고 주장했다.

하지만 서스캐처원의 유권자들은 쉽사리 겁먹지 않았고, CCF는 압도적인 지지를 받았다. 그 사건은 "정치적 기적이나 마찬가지"였다고 토미는 말했다.

투표 결과에도 의사들은 자문위원회의 결정을 계속 늦추었고, 토미는 그 자문위원회의 승인 없이 정책을 밀어붙여야 할지 망설였다. 1956년도 선거 후에 보건 국장이 된 월터 어브는 이 일을 추진하기에는 부적합한 사람이었으며, 의사와 정부 사이를 오가면서 도움이 되기보다는 방해가 되었다. 별다른 진전 없이 일 년이 지났다.

1961년 8월, 토미가 새로 창당된 신민당의 당 대표로 추대되고 곧 주지사에서 물러나야 할 상황이 되자 분위기가 급격하게 바뀌었다. 그는 메디케어를 도입하기 위한 특별 회기를 소집했다. 거기에 대해 의사들은 완강하게 버티면서 10월 13일에 투표를 실시해서 그 법의 도입 거부를 압도적으로 의결했다.

11월 1일, 토미는 주지사 자리와 오랜 기간 담당했던 교육 국장 자리에서 물러났다. 그의 후임으로 우드루 로이드가 추대되었다. 로이드는 1962년 4월 1일을 메디케어를 시작하는 날로 잡고 의사들과 대화를 재개했고, 얼마 뒤 메디케어의 도입을 7월 1일로 늦추었다. 그날이 되자, 정부가 자꾸 일정을 늦추는 데서 용기를 얻은 의사들은 파업을 벌였고, 자유당의 지원으로 주 전역에 걸쳐 생겨난 의사 보호위원회들이 이들을 지지했다.

주 정부는 대체 의료진을 주로 영국으로부터 비행기에 태워 데려 왔으며, 힘겨운 싸움이었지만 파업은 점차 그 동력을 잃어 갔다. 그달 말이 되자, 합의가 도출되어서 의사들은 다시 일터로 복귀했다. 마침내 메디케어가 도입되었으며, 거의 모든 사람이 이 제도를 빠르게 받아들였다. 1967년이 되자, 연방 정부는 모든 주에 메디케어를 도입하기 위한 재정 확보 계획을 수립했다. 이는 이 제도가 서스캐처원 주에 처음 도입된 지 불과 5년 만의 일로, 이제는 대세가 되었다.

한편 이런 과열된 분위기 속에서 토미 더글러스는 1934년에 처음 출마해서 패배한 이후 처음으로 선거에 패배하는 고통을 맛보았다. 디펜 베이커 총리가 1962년 6월에 연방 선거를 실시했는데, 토미는 신민당의 당 대표로서 리자이나에서 출마했다가 낙선한 것이다.

그리고 로이드가 이끌던 주 정부는 1964년 4월에 한때 CCF 소속 하원의원이었다 자유당의 서스캐처원 주 지역당 대표가 된 로스 대처에게 정권을 내주었다. 어떤 이들은 메디케어를 도입하면서 벌인 갈등 때문에 그렇게 됐다고 했고, 어떤 이들은 토미가 당을 떠났기 때문이라고 했고, 어떤 이들은 20년 동안 집권한 정권이었기에 변화를 주어야 할 시기가 왔기 때문이라고 했다.

토미는 언제나 그랬듯이 밝은 면을 보았다. 그는 신약성서에 나온 것처럼 기독교의 가장 큰 성공은 초기 그리스도교인들이 핍박을 피해서 "해외로 흩어져서 복음을 전파한" 이후에 이루어졌다는 사실을 상기시켰다.

토미는 말했다. "어떤 관점에서 보면 그 사건은 그들을 세상으로 흩어지게 한 커다란 비극처럼 보였습니다. 자신들이 얼마나 멋진 집단인지 스스로 되뇌면서 서로 손잡고 모여 앉아 있는 대신에, 세상으로 나아가 다른 사람들에게 말할 수밖에 없게끔 내몰렸던 것이죠."

11

A New Challenge, and Putting Down the Sword

새로운 도전,
그리고 내려놓음

토미는 보다 폭넓은 지지계층을 바탕으로 하는 전국 기반의 진보 정당인 신민당의 당 대표
가 되었지만, 신민당은 창당 초기에 고전을 면치 못한다. 하원에서는 여전히 소수 정당이지
만, 캐스팅 보드 역할을 하면서 캐나다 정부가 진보적인 정책을 도입하도록 유도한다. 그는
1970년까지 신민당의 당 대표를 맡으며, 그 이후 1979년까지 하원의원을 지낸다.

토미 더글러스가 비서 엘리너 매키넌과 함께 일하고 있다. 때는 1961년으로, 이 해에 서
스캐처원 주에 메디케어를 도입하는 법이 시행되었고, 그는 신민당의 당 대표로 추대되
어 주지사 직을 사임한다.

1961년 무더운 8월의 어느 저녁, 관중이 들어찬 오타와의 경기장. 토미 더글러스가 연단에 서서 두 팔을 번쩍 들고 미소를 띤 채 우레와 같은 박수갈채를 받고 있다.

　신민당의 창당 대회인 이 행사는 CCF의 정치 집회와는 전혀 다른 성격의 행사이다. CCF의 행사는 진지하고 침착한 분위기에서 토론과 결의 사항을 결정하는 방식으로 진행되었다. 반면, 이 행사는 음악과 배지, 풍선, 깃발을 동원해 흥겨운 쇼와 같은 분위기를 연출한다. 대의원들은 새로 작곡된 〈나를 위한 더글러스〉라는 노래를 부른다. 이 행사는 캐나다 역사상 가장 큰 규모의 전당 대회였고, 2000명이 넘는 대의원들이 토미의 이름을 연호하고, 처음으로 2개 국어를 병행해서 진행한 전당 대회였다.

　토미는 텔레비전 카메라를 들여다보면서 지금 막 자신을 당 대표로 추대한 이 새로운 정당이 캐나다 국민에게 무엇을 가져다줄 것인지 이야기한다. 자본주의를 종식시키겠다는 말은 이제 없지만, 대신 그 자리에는 무상 의료와 무상 교육, 공적 연금, 세계 평화를 위한 새로운 약속이 있다. 다음 선거는 "자유 기업 대 사회주의"라는 기치 아래 치러질 것이라고 토미는 단언한다.

　토미는 캐나다인들에게 함께하자고 호소한다. "우리는 아직 모든 것을 다 이루지 못했고, 모든 답을 얻지 못했습니다. 우리는 새로운 아이디어를 원합니다. 우리는 궁극적으로 국민의 정부를 수립할 것을 원합니다."

　다시 음악 소리가 높아지고, 그는 자신이 가장 좋아하는 영국 시인 윌리엄 블레이크의 시를 약간 수정해서 읊으면서 청중들에게 자신과 함께하자고 청한다.

나는 영혼의 투쟁을 멈추지 않을 것이며
내 손의 검은 쉬지 않으리라
이 아름답고 푸른 대지 위에
예루살렘을 세울 때까지

그로부터 10개월 뒤 6월의 늦은 밤, 리자이나에는 부슬비가 내리고
있었다. 토미와 어마는 서스캐처원 호텔에서 선거 개표 결과가 들어오
는 것을 지켜보면서 평생 최악의 시간을 보낸 참이었다. 전국적으로 신
민당 후보는 단 열아홉 명밖에 선출되지 못하고 서스캐처원 주에서는
단 한 명도 선출되지 못한 반면에, 디펜베이커의 보수당이 서부를 휩쓸
고 자유당이 동부를 차지했다. 토미 자신도 리자이나에서 거의 1만 표
차이로 낙선하는 수모를 당했다.

서스캐처원 주의 전직 5선 주지사가 부인과 손잡고 빗속을 걸어서 초
록색 폰티악에 오를 때 그는 왜소하고 거의 무너질 듯 보였다. 차를 몰
아 도시의 동쪽 변두리에 있는 텔레비전 방송국으로 가는 길은 텅 비어
있었고, 방송국에서 토미는 스코틀랜드의 옛 민요를 인용해서 서스캐
처원 주와 전국의 청취자에게 조용히 위엄 있게 말했다. "잠시 저를 내
려놓고 피를 흘리겠습니다. 그런 다음 다시 일어나 싸우겠습니다."

그리고 토미는 앵거스 크레슨트의 집으로 돌아와서 차와 건포도 빵
을 먹고 잠들었다.

CCF는 지난 이십여 년 동안 성공했지만, 결국 그 성공의 피해자이기도 했다. 언론을 통해 매일 전쟁 소식을 접하고 대공황을 생생하게 기억하던 때에는 그 당의 급진적인 의제가 많은 국민으로부터 공감을 얻었다. 20년이 지나 풍요롭고 평화로운 사회가 건설되자 사람들은 기존 정당의 노선으로부터 벗어나야 할 필요성을 느끼지 않게 되었으며, 기존 정당들도 그 사이에 CCF의 정책을 일부 채택했다. 그래서 서스캐처원 주를 제외한 다른 모든 주에서 CCF는 갈수록 소수 정당이 되어 갔다.

1958년의 연방 선거에서 의석이 여덟 석으로 줄고 콜드웰과 놀스조차 낙선한 충격적인 결과가 나오기 이전부터 CCF는 노동조합 세력과의 연대를 모색하고 있었다. 선거 결과의 충격으로 그런 통합 움직임은 더 활발해졌고, 당 총재인 놀스와 데이비드 루이스가 이를 추진하고 있었다. 토미 더글러스는 양가감정을 느끼고 있었다. 그는 CCF가 전국적인 지지를 확보해야 한다는 사실을 알고 있었지만, CCF가 서스캐처원 주에서 이룬 업적을 포기하는 것은 쉽지 않았다. 농민과 노동조합원 사이의 유사성이 그에게는 명확하게 보였다. "농민에게는…… 연대 세력이 필요합니다." 그가 한 농민 단체에게 말했다. "어디에서 상대를 찾을 수 있겠습니까? 여러분이 여러분 노동의 결과물을 파는 것처럼 자신의 노동 결과물을 파는 다른 사람들밖에 없지 않겠습니까?" 그러나 거의 30년 전에 CCF를 중심으로 모였던 농민과 노동자 사이의 유대 관계는 이제 약해졌다. 그런데 동부에서 논의되고 있는 새로운 정당에서는 그런 유대를 복원시킬 가능성이 보였고, 보다 중도적인 정당은 진보적인 생각을 하고 있지만 사회주의에는 관심이 없는 캐나다인에게 다가갈 수 있을 것이었다.

토미는 새 정당의 당 대표가 되는 것에 대해서는 양가감정이 덜했다. 그는 그 자리를 원하지 않았다. 서스캐처원 주에서 그는 큰 지지를 받고 있었고 실질적인 권한을 가지고 있었으며, 좋은 일을 더 많이 할 가능성도 있었다. 그러나 전국 단위에서 보면, CCF 소속의 하원의원으로 활동하면서 그는 "황야에서 소리치는 것과 같은 좌절감과 허무함에 압도될 뻔"했다고 친구에게 보낸 편지에서 토로했다.

본인의 고사에도 불구하고, 토미는 오랜 기간 동안 콜드웰의 후계자로 인식되어 있었다. 루이스와 놀스는 그의 도움을 필요로 했고, CCF와 노동조합의 여러 지도자 역시 그랬다. 토미더러 전국 단위의 운동을 맡아 달라는 청원 또한 전국으로부터 토미의 사무실로 쏟아져 들어왔고, 어마마저 남편에게 그 일을 해야 할 "중요한 책임"이 있다고 조언했다.

토미는 흔들렸다. "솔직히, 저는 연방 정치에 진출하는 것이 내키지 않습니다." 그는 주 정부의 동료인 존 브로클뱅크에게 보낸 편지에 이렇게 썼다. "이곳의 동료들과는 손발이 아주 잘 맞고 일 자체도 매력적이어서, 이곳 서스캐처원에 머무는 것 이상 바랄 것이 없습니다." 나아가 "저의 생전에 우리 당이 연방 정부의 정권을 잡으리라는 환상은 가지고 있지 않습니다. 그러나 제가 캐나다의 경제적 민주주의를 이루는 운동의 초석이 될 수 있다면, 그것은 의미 있는 기여가 될 것 같습니다."라고 썼다.

결국 그로 하여금 결단을 내리게 한 요인은, 다른 유력한 후보가 서스캐처원 주 CCF 출신으로 하원의원을 지냈던 헤이즌 아규라는 사실이었는데, 토미는 그를 당 대표로 추대하는 것은 잘못된 선택이라고 생각했다. 또한 토미는 캐나다 전체의 정치 성향이 전반적으로 우익 쪽으로 이동했다는 점도 고려했다. 그가 말하기를, 자신은 유권자들에게 "진보적인 정책과 반동적인 정책 사이에서 진정한 선택의 기회"를 제공하기를 원했다고 한다. 그는 자신의 작은 기여로 서스캐처원 주 CCF가 경험한 마술의 일부를 새로운 정당과 국가 전체에 가져올 수 있을 것이라고 확신했다.

∽

토미 생애의 새로운 장은 어려운 상황에서 시작되었다. 그는 신민당의 당 대표직을 놓고 아규를 상대로 손쉽게 이겼는데, 아규는 몇 개월 뒤에 당을 떠나 자유당에 입당해서 새 당 대표에게 첫 충격을 안겨 주었다. 토미는 서스캐처원 주의 주지사직을 내놓고 신민당에 힘을 실어 주고자 국가의 반대편 쪽으로 이동했다. 그러나 온타리오 주에서 행해진 보궐 선거에서 이 신생 '노동'당은 연달아 패배했다. 노조 지도자들은 새 정당을 지지했지만, 일반 조합원들은 이에 동조하지 않았고, 기대했던 그들의 표는 현실화되지 않았던 것이다.

그러고 나서 1962년 6월의 커다란 패배가 있었다. 연방 선거에서 신민당은 저조한 성적을 거두었고, 토미 자신도 쓰디쓴 패배를 맛보았다.

리자이나에서 있었던 토미의 선거운동 과정에서 새 정당에 대한 여론이 이미 감지되었다. 지역구 주민들은 의사들의 메디케어 반대 캠페인 때문에 거의 히스테리에 가까운 불안에 휩싸였고 유권자들은 토미에게 화가 나 있었는데 그 이유는 이율배반적이게도, 그가 새로운 의료 제도 도입을 주도했다고, 그가 그 주를 '버렸다'고 생각했기 때문이었다.

도시 곳곳의 벽에는 그를 위협하는 낙서가 그려졌고, 한밤중에 토미의 집으로 전화가 걸려 오기도 했다. 그의 유세 지원을 책임졌던 에드 웰런은 어떤 남자로부터 "쏘아 버리겠어, 이 빨갱이 녀석!"이라고 협박하는 전화를 여러 차례 받았다. 도시의 서쪽에서 토미가 자동차 유세를 했을 때, 의사 보호위원회 피켓을 든 사람들의 성난 야유를 받았고, 그들 중 일부는 침을 뱉고, 나치의 문양을 그리고, 차에 돌을 던지기까지 했다. 일부 주민은 상징적인 표시로 집의 앞마당에 관을 놓아두기도 했다. 토미는 이전에는 그와 같은 것을 본 적이 없었다.

그 결과로 나타난 패배는 딸 셜리에 의하면, 그 어떤 사건보다도 그에게 커다란 상처를 주었다고 한다. "겪었던 일 중 가장 끔찍한 것이었습니다."

그러나 리자이나의 싸움에서 입은 상처를 치유할 시간은 얼마 되지 않았다. 브리티시컬럼비아의 신민당 소속 연방 의회의원이자 더글러스의 지지자인 버너비-코퀴틀럼이 스스로 의원직에서 물러나면서 토미에게 그 보궐 선거에 출마하도록 했고, 그 선거에서 토미는 손쉽게 승리했다. 이로써 그는 거의 30년 전에 정치 경력을 쌓기 시작했던 장소인 의회 센터 블록 6층으로 돌아왔다.

그의 충직한 비서 엘리너 매키넌은 그와 어마를 따라서 오타와로 온 반면, 딸들은 각자의 길을 갔다. 셜리는 영국에서 로열 연극아카데미에 다니고, 그 뒤 배우 경력을 쌓아 갔다. 그녀가 배역을 처음으로 맡은 영화는 바로 논란이 많았던 《로리타》였다. 그녀는 결혼을 했고, 더글러스

가의 첫 손자가 태어나서 토머스라 이름 지었고, 테드라고 불렀다. 조앤은 서스캐처원 대학교 간호학과 4학년에 다니고 있었고, 후에 결혼해서 이스라엘로 이주했다.

⁂

서스캐처원 주에서 17년을 보내고 난 토미는 그 어느 때보다도 급진적인 성향을 띠었고, 그가 유약해졌다고 생각하는 사람들에게 그는 "말도 안 되는 소리"라고 일축했다. 그에게는 서스캐처원에서 배운 교훈을 캐나다 전체에 적용하고자 하는 의욕이 넘쳤다. "1944년에 저는 이 일들이 이루어질 수도 있겠다고 생각했습니다."라고 그는 말했다. "이제는 이 일들을 '이룰 수 있다'는 사실을 압니다." 그는 자신이 성취한 업적들을 빠르게 열거했다. "이 모든 것들이 이제는 이 주에서 일상생활의 일부로 자리 잡았습니다. 우리는 한때는 급진적이라고 생각되었던 이 정책들이 사실상 전혀 급진적인 것이 아니라는 확신을 가질 수 있게 되었습니다. 이 일들은 그저 우리 시대의 경제적, 사회적 문제를 상식적으로 해결하기 위한 조치였을 뿐입니다."

그 후 10년 동안 그 같은 성공을 국가 단위에서 실현하는 데 실패하면서 토미와 그의 지지자들은 좌절과 실망을 맛보아야 했다. 그가 이끄는 신민당은 이어지는 선거에서도 연방 의회에서 24석 이상의 의석을 확보하거나 소수 정당의 지위를 탈피하지 못했다. 그럼에도 그들은 과반수를 채우지 못한 정당이 집권한 상황에서 권력의 중심을 잡는 역할을 할 수 있었다. 1963년의 선거에서 디펜베이커가 패배하고 자유당이

다시 집권하는 데 일조한 것은 토미가 잘못 선택한 것일 수도 있었다. 보수당과 자유당을 놓고 지원할 정당을 선택하는 것에 대해서 그는 "그것은 마치 교수형을 당할 것인지 총살을 당할 것인지를 선택히는 깃과 같습니다."라고 말하면서, 디펜베이커와 레스터 피어슨을 "튀들덤과 튀들디"[38]에 비유했다.

1962년 리자이나에서 겪은 좌절 이후 토미의 정치적 영향력이 일부 사라진 듯도 했지만, 그는 여전히 캐나다에서 가장 영향력 있는 운동가 중 하나였고 언제나 많은 청중을 모았다. 또한 비록 소수 정당에 머무르기는 했지만, 토미는 이제 진정한 국가적인 정치가가 되었다. 신민당은 디펜베이커와 피어슨이 총리로 있는 기간 동안, 마치 CCF가 킹과 상 로랑의 총리 재임 기간 동안 했던 것처럼 의회의 양심으로 기능했고, 정책에 좌익적인 요소를 가미하도록 정부를 압박다. 토미가 신민당의 당 대표로 있는 동안, 피어슨 총리가 이끄는 자유당은 캐나다 전체에 메디케어와 캐나다 연금 제도를 도입했고, 20년 전에 서스캐처원 주에 도입된 것과 유사한 형태의 노동 제도 개혁을 단행했다.

1970년에 행한 연설에서 토미는 자신의 삶이 헛된 것은 아니었는지

---

38)《거울 나라의 앨리스》의 등장인물로, 구별할 수 없을 만큼 서로 닮은 두 사람 혹은 물건을 뜻한다.

39) 1964년 6월 15일, 당시 총리인 레스터 B. 피어슨이 새로운 캐나다 국기를 도입할 것을 하원에 제안하면서 국기에 대한 논쟁이 촉발되어 6개월 이상 첨예한 대립이 이어졌다. 기존의 캐나다 국기가 영국의 국기와 구분하기 어렵다는 이유로 이집트에서 평화 유지군 활동을 거절당한 것이 개정의 계기 중 하나였다. 야당은 새 국기의 도입을 반대하며 이 문제를 국민투표에 붙이자고 주장했으나, 피어슨 총리는 여야 하원의원으로 구성된 위원회에서 새 국기의 도안을 선정하도록 했다. 이 위원회는 현재의 단풍잎 도안이 있는 국기(Maple Leaf flag)를 선택했고, 이것은 1965년 2월에 캐나다의 국기로 정식 채택되었다.

스스로 물었다. 어찌 되었든 간에, 신민당은 연방 정부를 수립하는 근처에도 가 보지 못했던 것이다. 토미는 고개를 저었다. "제 삶을 돌아보면, 위니펙 한구석의 가난한 가정 출신 소년에게 캐나다를 변화시키는 운동에 참여할 특전이 주어진 게 아닌가 싶습니다. 그리고 제가 살아오는 동안 그 운동이 캐나다를 변화시키는 것을 보아 왔습니다."

실제로, 토미의 정치 이력이 말년에 가까웠을 때 정치 평론가 찰스 린치는 "캐나다를 서구 세계에서 사회주의 정책이 가장 잘 실현되어 있는 나라로 변모시키는 데 더글러스는 다른 누구보다도 큰 영향을 미쳤다. 사람들은 그렇게 큰 변화가 이루어지고 있는지 거의 알아채지 못했다."

헛된 삶이 전혀 아니었다.

신민당은 국가주의, 경제개발, 나토와 그 밖의 국제 문제에 있어 좌익 정당으로서 정부를 지속적으로 압박했다. 2개 공용어와 다문화성에 대한 연구를 의뢰하자는 아이디어를 낸 것도 토미였으며, 새로운 캐나다 국기를 놓고 격심한 논란[39]이 벌어졌을 때에도 타협을 이루어 내는 데 핵심 역할을 했다. 피에르 트뤼도 총리가 1970년 퀘벡 사태[40] 당시에 전쟁 조치법을 발동하자, 토미와 그의 당 소속 의원들만이 그 조치에 항의

---

40) La crise d'octobre. '10월 위기'라고도 한다. 1970년 10월 5일, 퀘벡 해방전선은 영국의 외교관 제임스 크로스를 납치했다. 캐나다 정부가 이들의 요구 사항 일부를 수용하고 납치자들이 외국으로 무사히 나갈 수 있도록 보장했는데도 이들은 또다시 10월 10일에 퀘벡의 노동부 장관 피에르 라포트를 납치하였다. 이에 10월 15일에 퀘벡 주 정부가 캐나다 군의 지원을 요청하였고, 연방 정부는 16일 퀘벡 주에 계엄령을 선포하였는데, 이는 캐나다 역사상 전쟁이 아닌 시기에 이와 같은 조치를 취한 첫 사례이자, 현재까지 유일한 사례이다. 계엄령 하에서 퀘벡 경찰은 시민 497명을 구체적인 혐의 없이 체포 및 구금하였는데, 이들 중 62명을 제외하고는 아무 혐의가 없음이 밝혀졌다. 당시 캐나다의 여론은 정부의 이 같은 조치를 지지하는 것으로 나타났지만, 일부 정치 지도자들은 그와 같은 사례가 시민의 자유를 억압하는 데 악용될 수 있는 것이라며 그 조치에 반대하였다.

했다. 오타와에 탱크가 다니는 광경을 본 토미는 즉시 위니펙과 에스테 반에서 목격한 경찰들의 강경 진압과, 나치당을 맹목적으로 따르던 독일의 사례를 떠올렸다. 등골이 서늘해지는 일이었다.

토미는 납치 행위를 맹렬하게 비난하는 한편, 정부가 합법적인 방법으로 사태에 대응해야 한다는 입장을 표명했다. 그는 하원에서 자신에게 야유를 보내는 자유당과 보수당 의원들에게, 정부가 "작은 땅콩을 부수기 위해 지나치게 커다란 망치를 휘두르고 있다."고 설명했다. 신민당은 "법과 질서를 지킨다는 명분을 내세워 캐나다 국민의 자유를 침해하는 것을 받아들일 수 없다."고 그는 말했다.

사태에 대해 용기 있게 비판의 목소리를 낸 토미로 인해서 당의 여론은 양분되었고, 그 자신도 곤욕을 치렀다. 그러나 훗날 도널드 브리튼은 다큐멘터리를 제작하면서 이 사건을 두고 "그의 가장 훌륭한 순간이자, 가장 고독한 순간"이라고 평가했다.

격동의 1960년대에 토미는 미국의 베트남 정책과 그에 동조적인 캐나다 정부의 정책에 앞장서서 반대했으며, 반전 시위를 벌이는 젊은이들 사이에서 큰 인기를 얻었다. 그러나 그들 모두가 그런 것은 아니었다. 하루는 의회 앞에서 벌어진 반전 집회에서, 두 무리의 시위자들이 서로 고함치며 밀치기 시작하자 그가 직접 이들 사이에 끼어들었다. 그들 중 한 사람이 어떤 젊은 여성을 향해 각목을 휘두르려 하자, 막 연설을 하려던 전 매니토바 주 라이트급 챔피언은 그 자와 몸싸움을 벌여 각목을 빼앗아 버렸다.

캘리포니아의 한 영화사에서 일하면서 할리우드 스타인 도널드 서덜랜드와 재혼한 그의 딸 셜리가 투쟁적인 블랙팬서당[41]을 위해 집에 폭탄을 숨겨 두었다는 혐의로 체포되자 급진적인 젊은이들 사이에서 토미의 영향력은 더욱 커졌다. 결국 폭탄은 전혀 발견되지 않았다. 셜리는 블랙팬서당이 로스앤젤레스의 빈민가 어린이들에게 무료 아침 식사를 제공하는 사업의 기금을 모으는 일을 도왔다. 토미는 오타와의 언론에게 자신은 그녀가 죄를 저지르지 않았다고 확신하며, "내 딸이 나와 마찬가지로, 배고픈 어린이들에게는 그들이 블랙팬서당원이든 백인 공화당원이든 관계없이 먹을 수 있도록 해 주어야 한다고 믿고 있다는 사실이 자랑스럽다."고 말했다.

셜리와 함께 있기 위해 로스앤젤레스로 날아간 토미는 지인에게 다음과 같이 썼다. "미국 사회가 병들었다고 항상 생각해 왔네. 그런데 이곳에 와서 보니 미국은 거의 죽어 가고 있더군." 셜리가 재판 결과 무혐의 판결을 받았는데도, 미국의 출입국 관리소 관계자들은 그녀를 추방하려 했다. 그녀는 결국 캐나다로 돌아왔으며, 자신의 아들 키퍼가 아버지의 뒤를 이어 할리우드 배우로 명성을 얻었지만, 본인은 더 이상 미국에서 일할 수 없게 되었다.

---

41) 미국에서 1966년부터 1982년까지 활동하던 흑인 단체로, 흑표당(黑豹黨, Black Panther Party)이라고도 한다. 흑표당은 흑인의 자유, 자치, 완전 고용, 주택, 교육 등을 요구하는 한편, 아이들에게 무료 아침 식사를 제공하는 프로그램, 정치와 경제 강좌, 무료 진료 활동, 응급 처치법 교육, 마약 및 알코올 중독 재활 등 다양한 자활 프로그램을 운영했다. 한편, 블랙팬서당의 주요 목표 중 하나는 경찰의 횡포를 막는 것이었다. 이 단체가 결성되던 1966년 당시 경찰의 절대 다수가 백인이었고, 흑인들은 경찰의 중립성을 신뢰하지 않았다. 1960년대는 인종 분쟁과 빈곤 지역 흑인 사회의 갈등이 분출되던 시기였기 때문에 블랙팬서당과 경찰은 긴장 관계를 이어 갔다. 이 단체의 일부 회원들은 지방 정부와 사회복지 분야에서 협력해서 일을 했던 한편, 다른 이들은 경찰과 갈등을 이어 가는 등 단체의 활동 방향과 정체성에 대한 혼란이 이어져서 여러 분파로 갈라지게 되었고, 몇 가지 폭력 사건에 연루되면서 세력이 약화되었다.

문양

1968년, 자유당은 신민당 소속이었던 피에르 트뤼도라는 인기 있는 젊은 의원을 당 대표로 선택했다. 그러자 신민당 내부에서도, 당의 지지도가 상승하는 중이었는데도 더 젊은 지도자를 요구하는 여론이 생겨났다. 그 소식을 들은 토미는 약간 실망했지만, 다음 전당 대회에서 자리를 내주는 것에 동의했다. 그러나 트뤼도는 그렇게 되기 전인 6월에 선거를 실시하겠다고 결정했다. 토미는 트뤼도와 보수당의 당 대표인 로버트 스탠필드를 상대로 한 3자 토론회에서 상대들을 압도했지만, 신민당이 선전한 서스캐처원 주를 제외한 전국에서 트뤼도에 대한 지지 열기가 높았다. 토미조차 이전에는 쉽게 승리를 거두었던 버나비 선거구에서 불과 138표 차로 낙선했다. 당시 63세였던 그는 아직 정정했지만, 그의 정치 경력은 거의 마지막에 다다른 듯 보였다. 토론토에서 당선된 데이비드 루이스가 새로 원내 총무가 되었는데, 그는 토미의 뒤를 이으려는 야망을 공공연히 드러내고 있었다.

1962년도처럼 이번에도 낙선한 당 대표를 위해 하원의원 한 사람이 길을 내주자는 논의가 있었지만 토미는 사양했다. 그러나 그의 정치 운명은 아직 끝나지 않은 모양이었다. 선거가 있은 지 불과 한 달이 지났을 때 밴쿠버 섬의 사회당 하원의원인 콜린 카메론이 사망했다. 토미는 즉시 너나이모-코위찬-도서 지역의 보궐 선거에 차출되었다. 자유당이 그를 물리치기 위해 애썼지만 다음 해 2월, 격렬한 선거전 끝에 그는 오타와로 돌아와 다시 당 대표의 자리에 앉았다.

토미는 그 뒤 2년 동안 더 당 대표를 지냈는데, 상당히 정력적인 활동으로 임기를 마무리했다. 당 대표로 있었던 마지막 해인 1970년에 그가 캐나다 국내를 이동한 거리는 14만 킬로미터나 되었다. 그의 보좌관 한스 브라운은 토미가 "맹렬한 속도로 일을 했으며, 자기 주위의 모든 사람들도 맹렬하게 일할 것을 요구했다."고 말했다. 그는 물러날 준비가 되어 있었으나, 불과 1년 전까지만 해도 물러나 달라고 요구하던 이들까지 포함해 당원들은 그에게 더 오래 당을 이끌어 줄 것을 요청했다. 공교롭게도 이 시기에 신민당은 서부에서 커다란 승리를 올리고 있었다. 1969년에는 매니토바 주에서 에드 슈라이어를 주지사로 하는 신민당 정부가 선출되었고, 1971년에는 토미의 문하생이었던 앨런 블레이크니가 서스캐처원 주에서 집권했고, 1972년에는 브리티시컬럼비아 주에서 데이비드 바렛이 집권했다.

마침내 정당을 27년 동안 이끌어 온 토미는 자리에서 물러났고, 당은 데이비드 루이스를 당 대표로 선출했다. 토미는 지방 선거 여섯 차례, 연방 선거 여덟 차례, 총 열네 차례 출마해서 열한 번 승리했다. 그러나 물러났다고 해서 정치 생활을 끝낸 것은 아니었으며, 은퇴하기 전까지 1972년과 1974년의 선거에서 두 번의 승리를 더 거둔다.

이제는 당 대표가 아니었지만 토미는 전혀 고삐를 늦추지 않았다. 그는 지역구의 일을 주의 깊게 챙겼고, 2주에 한 번은 집에 돌아갔다. 밴쿠버 섬 주민들은 1972년 선거에서 그런 그에게 71퍼센트라는 높은 지지율로 보답했다. 그는 신민당의 에너지 비평가의 역할을 맡아서 석유수출국기구의 석유 수출 금지 조치와 유가 폭등이 있었던 1970년대에 트뤼도 정부의 에너지 정책에 반대해서 지속적으로 부담을 주었다. 트뤼도 정부에 의해 실시된 국가 에너지 정책과 국영 석유 회사인 페트로-

캐나다의 설립은 토미가 최초로 제안한 아이디어의 결과물이다.[42] 1975년에 집에서 자유당의 합성원유 관련 정책에 반대하는 연설을 준비하던 중, 토미는 출혈성 궤양으로 쓰러져서 병원으로 이송되었다.

༄༅

마지막 환호. 1983년 리자이나, 신민당 전당 대회장. 리자이나 선언문 50주년을 기념하는 행사이다. 암 투병 중인 토미 더글러스가 골프 카트를 타고 50개의 촛불을 꽂은 케이크를 끌면서 입장한다. 부축을 받으며 무대에 오르는 토미의 손이 떨리고 있다. 그러나 연단을 붙잡고 선 그는 안정을 찾았고, 연설을 시작하는 그의 목소리는 이전과 마찬가지로 힘이 넘친다. 그는 청중들에게 짧은 역사 강의를 하면서 워즈워드, 콜드웰, 윌리엄스에 대해 말하고, 당이 이룩한 여러 가지 성취에 대해 말한다. 그러나 그것만으로 만족해서는 안 된다고 청중에게 말한다. 그는 아직도 캐나다에 실업과 가난으로 고통받는 사람들이 있으며, 빈부의 격차가 벌어지고 있으며, 차별과 증오가 나라를 어지럽히고 있다고 지적한다.

"우리의 관심은 그저 표나 얻는 데에 있지 않습니다." 그가 신민당원들을 일깨운다. "우리는 다른 모습의 사회를 건설하는 데 자신의 삶을 헌신하고자 하는 사람들을 찾고 있습니다. …… 그 사회는 인간의 안녕과 복지를 중시하는 원칙 위에 세워질 것입니다."

---

42) 이 시기에 토미 더글러스의 에너지 개발에 대한 견해가 바뀐 것이 아니라, 국내 유전 개발의 실질적인 이익이 캐나다가 아닌 미국의 석유 회사에 돌아가는 산업 구조를 비판했고, 캐나다의 국익을 위해 페트로-캐나다의 설립을 주장했다.

"오늘 밤 제가 어떤 단추를 눌러 백만 명의 당원이 생기게 할 수 있다면, 그런데 그 사람들이 나름의 동기를 가지고 있더라도 우리가 어떤 사회를 건설하고자 하는지 잘 모른다면, 저는 그 단추를 누르지 않을 것입니다. 왜냐하면 우리는 그런 사람들은 원하지 않기 때문입니다."

그의 말이 채 끝나기도 전에 박수가 터져 나오고, 수천 명의 청중이 기립한다. 박수갈채는 30분 동안이나 지속된다.

토미는 1979년에 의회의원직에서 은퇴했는데, 당시 나이는 74세였다. 그는 여전히 정력적이었고, 여전히 활동을 했다. 그는 좌익 싱크탱크 역할을 하기 위해 1971년에 설립된 더글러스-콜드웰 재단의 의장을 지냈으며, 1979년에는 중국에 파견된 대표단을 인솔했다. 강연 요청은 이전만큼이나 많이 들어왔고, 때로는 잡지에 글을 기고하기도 했지만, 회고록을 쓰라는 요청은 번번이 거절했다. 그와 어마는 오타와 근교의 가티노 힐스에 있는 집에서 많은 시간을 보냈으며, 가끔 손자 손녀들이 찾아왔다. 토미는 장작 패는 것을 좋아했으며, 가끔 수영을 했다. 그는 늘 손자들보다 더 빨리 더 멀리까지 갈 수 있었다. 겨울이면 그와 어마는 자메이카로 짧은 휴가 여행을 다녀왔는데, 1972년에는 자신들을 털려고 한 노상강도를 때려 눕혀서 신문을 장식하기도 했다.

1981년 토미는 수술로 제거할 수 없는 암에 걸린 사실을 진단받은 뒤, 조금 줄이기는 했지만 여전히 활동을 이어 갔다. 그는 매일 산책을 했고, 오타와에서 지낼 때는 항상 메트캐프 가에 있는 콜로네이드라는 식당에서 구운 토스트에 계란을 얹은 샌드위치와 홍차를 점심으로 먹었다.

1984년의 어느 더운 여름날 오후에 그는 산책을 하다가 그만 달리는 시내버스 앞으로 걸어갔고, 버스에 부딪혀 날아갔다. 그는 몇 주 동안 입원했는데, 얼마간 치료를 받고 나자 다시 농담을 할 수 있게 되었다. "내가 엉망이 되었다고 생각한다면, 나를 친 버스가 어떤 꼴이 되었는지 보았어야 하네."

다시 거동을 할 수 있게 된 그는 1985년 12월 5일에 손녀 레이첼과 함께 리자이나를 마지막으로 방문해서 서스캐처원 주로부터 공로상을 받았다. 그는 이미 수많은 명예 학위를 받았고 캐나다 1급 훈장을 수여받기도 했으며, 본인이 농담으로 말한 것처럼 마침내 "명망가가 되었다." 리자이나로의 외출은 그가 공식 석상에 마지막으로 모습을 나타낸 것이었지만, 그는 그로부터 몇 주 뒤에 의회를 마지막으로 방문해서 지난 20년 이상의 세월 동안 단골이었던 의회 이발관에서 머리를 잘랐다. 그를 태우고 동행한 셜리에 의하면, 그 외출로 토미는 기진맥진했지만 이발사들과 의회 직원들의 환대를 받고 즐거워했다고 한다. 그로부터 몇 주 뒤인 1986년 2월 24일, 그는 눈을 감았다. 지난 수많은 세월 동안 그의 손에 쥐어져 있던 검을 마침내 내려놓고.

에필로그

이제, 토미를 어떻게 평가해야 할까? 그에 대한 찬사도 많고, 그를 마치 곤충 표본처럼 핀으로 꽂아놓고 낱낱이 해설하려는 시도도 많이 이루어졌다. 여기에 그 중 몇 가지만 인용해 보겠다.

몬트리올 출신의 시인이자 변호사로, CCF 초기의 두뇌 집단 중 한 사람인 프랭크 스코트는 토미와 워즈워드와 콜드웰을 비교해서 다음과 같이 평가했다. 그들은 "성격과 능력에 있어 상당한 차이가 있었다. 워즈워드는 운동의 철학적, 영적 지도자이자, 영감을 불어넣어 주는 인물이었지만, 대중을 움직이는 능력이 뛰어나지는 않았다. 콜드웰 역시 당시에 공적인 무대에서 은퇴가 얼마 남지 않았던 인물이었고, 아주 효율적인 사람은 아니었다. 그는 의회 활동에 정통한 사람이었고, 하원이 그의 활동 무대였다. "

"그런데 토미는 '적임자'였다. 그는 모든 일을 사람들, 모든 종류의 사람들과 함께 이루어 나갔다. 그는 그들의 관심을 끌려면 어떻게 말해야 하는지 알았고, 타고난 위트와 유머를 최대한 활용했다. 그는 자신의 생각을 전달할 때, 대담한 CCF의 정책을 밀어붙일 때조차도 사람들을 크게 놀라게 하지 않았으며, 그는 자신의 뜻을 일반인들이 보기에도 아주 현명하고 합리적이라고 여길 수 있도록 전달하는 재능이 있었다. 따라서 그가 이들 가운데 가장 훌륭했다."

서스캐처원 주 정부의 일원으로 토미의 동료였던 빌 데이비스는 그에 대해 다음과 같이 간략하게 정리했다. "사람들은 실행할 가치가 있는 많은 일들에 대해 말을 해 놓고는 그것을 실행하지 않는 경우가 너무나 많습니다. 토미 더글러스는 어떤 일에 대해 말을 하면 그것을 실행했습니다."

마지막으로 《밴쿠버 선》의 전문 컬럼니스트인 잭 스코트가 1960년에 쓴 글을 인용해 보자. "정치는 접어 두자. 여기 인류를 위해 좋은 일을 하고자 했던 사람이 있다. 그는 자신이 보기에 최선의 방법을 선택했다. 이 점에 시비를 걸려면 걸어 보라. 그는 이상을 실현하고자 하는 동기에서 나섰다. 당신이 베넷이나 디펜베이커를 정치인이라 부르는 것과 같은 의미로 그를 정치인이라 부르는 것은 그에 대한 모독이다."

스코트가 쓴 다음의 간략하고 공감이 가는 평가에 대해 그 목사 출신 정치인은 아마 기쁘게 생각했을 것이다

토미는 "험난한 세상에 주어진 축복이었다."

감사의 말

　토미 더글러스에 관한 책, 기사, 오디오북, 동영상은 이미 많이 있으며, 심지어 웹사이트도 몇 곳 있다. 이 책을 쓰기 위해 나는 입수할 수 있었던 자료를 거의 모두 읽어 보았는데, 그중《한 사회주의자의 바탕 : T.C. 더글러스에 대한 추억》이 가장 귀중한 자료였다. 토미는 자서전을 쓰지 않았지만, 나는 이 책이 그 다음으로 좋은 자료라고 생각한다. 이 책은 크리스 히긴보텀이 1958년에 서스캐처원의 주지사를 인터뷰한 것을 정리한 것으로, 서스캐처원 문서보관소에 보관되어 있던 자료를 훗날에 루이스 H. 토머스가 편집한 것이다.

　나는 그 밖에도 다음 세 권의 책으로부터 많은 도움을 받았다. 그 중 두 권은 훌륭한 평전으로, 도리스 프렌치 섀클턴이 쓴《토미 더글러스》, 토머스 H. 맥러드와 이안 맥러드가 쓴《토미 더글러스 : 예루살렘으로 가는 길》이며, 나머지 한 권은 에드 웰런과 펨로즈 웰런이 편집한《토미에게 감동받다》라는 일화집이다. 책의 내용을 인용할 수 있도록 허락해준 도리스 프렌치와 두 맥러드, 그리고 두 웰런에게 감사드린다.

　나는 또한 토미라는 인물의 내면을 통찰한 박사 학위 논문《목사에서 정치가로 : T.C. 더글러스의 변모》를 쓴 얀 오소렌에게도 감사를 표하고자 한다.

토미 더글러스의 흉상을 촬영하고 인쇄할 수 있게 허락해 준 작가 조 파퍼드와 서스캐처원 부동산 관리회사에 감사한다. 또한 4장에 W.O. 미첼의 《바람을 본 자 누구인가》를 인용하도록 허락해 준 것에 대해 맥밀런-캐나다에 감사한다. 그 책은 CDG 북스 캐나다의 판권을 맥밀런-캐나다의 허락을 받아서 인용한다.

데이브 마고쉬

1. CCF 집권 1기 (1944~1948년)

1944~1945년

1944년 6월 15일 선거에 승리한 토미 더글러스와 CCF는 집권하고 첫 18개월 동안 전반적인 정책의 방향을 설정하고 그 실현을 위한 기틀을 세우는 한편, 재정 부담이 크지 않으면서 바로 실행할 수 있는 정책들을 선정해서 우선적으로 실행에 옮겼다.

우선, 1944년 9월 8일에는 보건부와 별도로 서스캐처원 주 보건 사업 연구위원회를 구성하고 헨리 지거리스트 박사를 그 대표로 임명해서 이 위원회로 하여금 CCF 정부가 추구할 의료 개혁의 방향을 연구, 제시하도록 하였다. 구성된 지 한 달 만인 10월에 지거리스트 박사가 이끄는 위원회는 비교적 신속하게 진행할 수 있는 개혁 과제를 담은 보고서를 주지사에게 제출했는데, 그 주요 내용은 다음과 같았다.

1) 기본적인 예방 사업 및 치료 서비스를 담당할 기본 행정 단위로 보건 구역을 구성하여 예방 사업, 소아과, 치과, 정신과 외래 진료, 시골 지역 상하수도 시설 확충을 위한 기술 지원, 그 밖의 공중 보건사업을 담당하도록 할 것.
2) 의료 전달 체계를 정비할 것. 전달 체계로는 각 보건 구역에는 간단한 검사 장비를 갖춘 8~10병상의 지역 보건소, 군 단위에는 일반 및 전문 진료를 하는 지역 병원, 대도시인 새스커툰과 리자이나에는 3차 병원을 운영하고, 응급 환자를 위한 공중 이송 체계를 구축할 것.

3) 무상 의료 제공 대상을 확대하여 정신 병원 및 정신과 외래 진료, 암 치료, 성
병 치료, 노인, 과부, 고아에게 무상 의료 혜택을 부여할 것.

4) 치과 의사를 고용해서 각 지역을 순회하면서 16세 이하 어린이에게 무료 치
과 치료를 하게 하는 이동 치과 제도를 도입할 것.

5) 장애인 시설, 정신 병원 시설 확충.

6) 이 같은 사업을 시행하기 위해서는 많은 의료인이 필요할 것이므로 의사, 치
과 의사, 간호사, 보건 전문가 등 의료인 양성을 위해 서스캐처원 주립 대학교에
의과대학을 설립할 것.

7) 이에 관한 구체적인 기획을 담당할 보건 사업 기획위원회를 구성할 것.

그 다음 달인 11월에 보건 사업 기획위원회가 구성되었고, 이 위원회는 1945년 2
월에 보고서를 제출했다. 그 보고서에는 사회주의 의료 제도를 실시하는 데 필요
한 비용을 추산한 자료와, 가난한 서스캐처원 주의 상황에서 바로 실시할 수 있는
정책을 제시했는데, 보건 구역을 순차적으로 확충해 나가고 주 정부와 그 산하 지
자체에서 운영하는 의료 기관의 기능을 강화할 것 등이었다. 그리고 이런 사업을
추진할 수 있도록 보건 사업의 기획 및 실행을 총괄하는 방향으로 보건부의 기능
을 강화할 것을 주문했다.

주 정부는 기획위원회의 보고서에 따라 사업 진행을 하면서, 별도로 일부 정책
을 바로 실행에 옮겼다. 즉, 암 치료 사업을 확대하여 암 환자에 대한 입원 및 외래
치료를 무료로 제공하였고, 의회 연설에서 정신 질환에 대한 입원 및 외래 치료
도 무료로 제공할 것을 천명하였으며, 노인에 대한 의료 제공을 골자로 하는 보건
사업법을 제정했다. 이의 실현을 위해 1944년 8월부터 의사회와 협의하여 합의를
이끌어 냈고, 1945년 1월 1일부터 서스캐처원 주의 연금 생활자와 그 배우자 2만
9000명에게 완전 무상 의료를 제공하게 되었다. 또한 1945년부터 새로운 의료 시
설과 장애인 거주 시설을 세우기 시작했고, 서스캐처원 주립대학교 의과대학 설립
에 착수했다.

이처럼 이 시기에 지거리스트 위원회와 보건 사업 기획위원회는 장기적인 보건
정책을 구상하고 단계별 계획을 세우는 일을 담당했고, 보건부는 보건 정책 집행
기관의 기능을 하였다.

1946~1948년

1946년 2월에는 시골 지역의 응급 환자를 거점 병원으로 이송하는 항공 이송 체계를 확립하였고, 1945, 46, 47년에 매년 2개씩의 보건 구역을 확충해 나갔으며, 1947~48년에는 정신과 클리닉 네 곳을 추가로 운영하게 되었고, 그 치료의 수준을 크게 향상시켰다. 의료보험 정책으로는 1946년에 첫 보건 구역의 주민 5만 명을 대상으로 의료보험 제도를 시범적으로 시행하였다.

그리고 1947년 1월 1일, 의무 가입을 원칙으로 하는 입원 보험인 서스캐처원 입원 보험 제도가 도입되었다. 이 제도의 도입으로 주의 모든 주민의 입원 치료비를 주 정부가 부담하게 되었다. 입원 치료비에는 공공 병원의 입원비, 방사선 촬영 검사, 임상 병리 검사, 약품, 입원 중에 받는 의료 서비스가 모두 포함되었다. 주민이 다른 주에서 입원하게 되는 경우에는 입원 1일당 일정 금액을 주 정부가 지급했다. 서스캐처원 주민이 보험에 가입하기 위해서는 일정 금액의 보험료를 내야 했는데, 1947년의 보험금은 1인당 1년에 5달러였고, 가족 단위로 보험료 상한이 있어서 최대 30달러까지만 부담하면 되었다. 보험료로 입원 보험 운영비의 50퍼센트를 충당했고, 나머지 비용은 정부의 예산으로 운영되었다. 운영 비용 중 보험료가 차지하는 비중은 점차 감소해서 전면적인 무상 의료가 도입되기 직전인 1958년에는 보험료가 전체 입원 치료비에서 차지하는 비율이 39퍼센트로 줄었다.

이러한 전체 과정에서 보건 사업 기획위원회는 서스캐처원 입원 보험을 기획하였으며, 보건의료 사업을 구상하고, 보건 관련 정보를 만들어 내고, 보건의료 인력 양성과 병원 시설 확충과 관련된 계획을 세우는 역할을 해 나갔다. 또한 기획위원회는 의료보장 제도를 확대하는 과정에서 의사회와 주 정부가 협상하는 과정에도 관여하였다.

집권 1기에 이처럼 빠른 속도로 개혁 정책을 도입할 수 있었던 추진 동력으로는 무엇보다 주지사의 강력한 의지, CCF의 전폭적인 지지, 능력 있는 전문가 영입, 강력한 정책 기획 기구를 통해 기획과 예산 업무를 획기적으로 개선한 것 등을 꼽을 수 있다.

2. CCF 집권 2기 (1948~1952년)

1948년 선거에서 CCF의 의석수는 47석에서 31석으로 줄었고, 자유당은 20석을 얻었다. 정당 지지율 역시 53.1퍼센트에서 47.5퍼센트로 감소되었다. 이를 두고 정치 평론가들은 "그렇게 큰 폭의 개혁을 하고도 다시 선출되었다는 것이 오히려 놀라운 일"이라고 평했다. 이 시기에는 토미 더글러스의 개혁 정책 가운데 반대 여론이 컸던 부문, 특히 공기업 확대 정책을 포기하였고, 나머지 정책에 대해서는 1기의 기조를 유지하면서 점진적으로 개선해 나갔다. 또한 집권 2기부터는 산업 발전과 자원 개발 등 경제 발전에 역량을 기울이기 시작했다.

이 시기에 보건의료 부문에서는 정신 치료 서비스와 예방 프로그램이 가장 크게 확대되어서 정신보건 클리닉이 질적, 양적으로 확대되었다. 보건 구역도 계속 확충되어서 단위 지역별로 공중 보건, 위생, 정신 건강, 치아 건강 등의 사업을 진행하였고, 의료 기관의 진단 장비 확충을 위한 주 정부의 지원이 개시되었다.

한편, 연방 정부는 1948~49년에 보건의료 부문에 대한 지원금을 늘렸고, 1951년부터는 70세 이상인 모든 사람에게 의료보장을 해 주어서 주 정부의 부담을 덜어 주었다. 또한, 연방 정부가 65~69세인 사람 중 경제적으로 취약한 이에게 연방 정부와 주 정부가 50대 50으로 생활보조금을 지급하는 제도를 도입한 것은 서스캐처원 주가 독자적으로 시행하고 있는 복지 제도 이외에 추가 비용을 부담하는 결과를 가져왔다.

입원 보험이 정착되는 과정에서 의료진의 임금 현실화, 의료 이용 증가, 병상 수 증가 등의 요인으로 의료비 지출이 증가하였고, 이에 따라 비용 절감과 재원 마련을 위한 노력이 이루어졌다. 1948년에는 보험료를 인상해서 성인 1인당 10달러, 미성년자 1인당 5달러, 세대당 최대 30달러를 연회비로 납부하도록 하였다. 또한 그동안 교육세 명목으로 징수했던 매출세의 세율을 2퍼센트에서 3퍼센트로 올리면서 명칭을 '교육 및 병원세'로 변경하였다. 증가된 1퍼센트만큼의 재정이 의료 부문에 지출되었다.

3. 캐나다 의료 복지의 확대 (1945~1957년)

대공황을 극복하고 1945년에 제2차 세계대전이 종전되자, 세계 각국은 1930년대와 같은 위기가 다시는 반복되어서는 안 된다는 생각을 바탕으로 보다 나은 사회를 건설하고자 했다. 캐나다 연방 정부는 재건회의 소집 등을 통해 그 방향을 정립해 나갔다.

1945년에 매켄지 킹 총리가 이끄는 연방 정부는 고용 안정, 고용보험, 고용보험 미대상자에 대한 대책, 입원 및 외래 치료를 보장하는 전국적인 의료보험 제도의 도입 등을 골자로 하는 정책을 제안하였다.

그간 재건회의와 총리의《녹서》(Green Book. 캐나다 정부 간행물의 일종)에서 논의되던 입원 치료에 대한 주 정부의 지원 방안에 대한 결론을 도출해 내는 데 실패하자 토미 더글러스는 더 이상 지체하지 않고 1947년 1월 1일부터 서스캐처원 입원 보험 제도를 시행하였고, 이 제도는 안정적으로 정착되었다. 서스캐처원 주의 뒤를 이어서 몇 년 이내에 브리티시컬럼비아, 앨버타, 온타리오 주도 여러 단계의 수준에서 보장을 제공하는 제도를 도입하여 다양한 성과를 올렸다.

1948년에 집권한 상 로랑 총리의 자유당 정권은 의료보장 강화보다는 보건 부문에 대한 보조금을 지원해서 주의 병원 건립, 전문가 훈련, 공중 보건 사업을 지원했는데, 건립될 병원의 운영비에 대해서는 해답을 내놓지 못했다. 한편, 이 기간에 연방 정부가 시행한 사회복지 정책 가운데, 1951년에 도입된 고령 안정법은 70세 이상인 모든 국민에게 노령 수당을 지급하고, 59~65세의 국민 가운데 취약 계층에게 주 정부와 비용을 분담해서 지원하도록 하는 제도였다. 1954년에는 장애인법을 도입해서 연방 정부와 주 정부가 공동으로 장애인에 대한 수당을 지급하였다. 1955년에 서스캐처원 주 정부와 연방 정부는 실업 지원협정을 체결하여 연방 정부가 주의 사회 부조 비용의 50퍼센트를 지원하게 되었다.

진보·보수당의 지도자인 서스캐처원 주 출신 존 디펜베이커가 총리에 취임한 1957년, 연방 정부는 입원 보험법을 실행해서 포괄성과 보편성이 전제된 입원 보험 제도를 운영하는 주들을 지원하기로 하였다. 1958년 7월 1일 그 법이 발효된 당시에 뉴펀들랜드, 매니토바, 서스캐처원, 앨버타, 브리티시컬럼비아 등 다섯 개 주가 연방의 지원을 받을 수 있는 제도를 운영하고 있었다. 그로부터 2년 반이 지난 1961년 1월 1일, 퀘벡 주가 그와 같은 제도를 도입함으로써 모든 주에서 입원 치료를 보장하게 되었다. 이 법의 시행으로 서스캐처원 주에서는 입원 보험 운영 비용 중 43퍼센트를 연방 정부가 지원하게 되는 효과를 가져왔다. 그만큼 여유가 생김에 따라 1960년 선거에서 전면적인 무상 의료의 실시를 약속할 수 있게 되었다.

4. CCF 집권 3~4기 (1952~1959년)

이 시기의 보건의료 정책은 치료와 정신보건 사업에 더해서 재활의학 사업의 정착에 집중되었다. 또한 이 기간에 4개의 보건 구역을 더 확충하여 대도시인 리자이나와 새스커툰을 제외한 모든 지역에 대한 보건 구역 구성을 완성하였다. 1950년대 들어서서 재활의학이 의학의 한 분야로 부상하였고, 장애아동의 치료 및 재활을 돕겠다는 주 정부의 정책에 대한 여론의 지지도 높았다. 특히 1953년에 소아마비가 심각하게 유행하여 수요가 크게 증가한 것도 한 요인이었다. 연방 정부도 재활 치료의 중요성을 인식했기 때문에 1953년에는 연방 정부와 주 정부가 재활 치료 협정을 맺어 소아 재활 치료 센터들을 지원하게 되었다. 1954년에는 서스캐처원 대학 병원이 완공되어 CCF 정부가 목표로 했던 인구 1000명당 병상 수 7.5개라는 목표를 달성하였고, 이후부터는 병상 수 확대보다는 입원 치료의 질 향상을 위해 노력했다.

이 시기에 서스캐처원 주의 입원 보험 제도가 안고 있던 문제들로는 첫째, 의료진의 임금 인상, 서비스의 질 향상, 신기술 도입에 따른 의료비 상승, 둘째, 대안적인 치료 기관이 없어서 입원 환자 중 장기 요양 환자들이 차지하는 비중이 지나치게 많아진 것, 셋째, 병상을 더 늘리라는 요구가 강해진 것 등이 있었다. 이에 대해 주 정부는 병원을 더 짓는 대신에 장기 요양 환자들을 위한 시설을 확충하기로 하였다. 1956년이 되자, 요양병상이 1944년 당시보다 세 배 이상 증가하게 되었고, 노인 병원의 병상 수도 1957년에 2000병상이던 것이 1959년에는 3400병상으로 늘었다.

보건부는 매년 의료보장성을 강화하기 위한 새로운 사업을 제안하거나 기존의 사업을 확대하는 방안을 기획해서 보고하였다. 보건부가 제안한 사업들로는 병원 급의 외래 환자 진료를 입원 보험을 통해 지원할 것, 모자 보건 사업을 확대해서 보다 완전한 의료보장을 제공할 것, 보건 구역을 이용한 완전 무상 의료를 실시할 것 등이 있었다.

한편, 복지부에서는 복지 정책의 확대, 양로원 사업 확대, 노인과 만성질환자의 주거 대책, 교도소 재소자에 대한 충분한 치료 제공 등의 정책을 추진했다.

이 시기에는 보건, 교육, 복지 기관에 대한 민간의 투자도 지속적으로 이루어져서 대학 건물의 신축이나 암 연구센터, 노인 병원 등의 시설이 설립되었다.

선거를 1년 앞둔 1959년에 CCF 정부는 그동안의 정책을 평가했는데, 의료보장 부문에서 암, 결핵, 정신 질환에 대한 치료 및 입원 치료를 무상으로 제공하고 노인과 취약 계층에 대해서도 치료비를 지원하고 있는데도, 아직도 3분의 1에 달하는 주민들은 의료비 부담 때문에 치료를 받는 데 어려움을 겪고 있는 것으로 나타났다. 따라서 다음 단계로 전면적인 의료보장 제도를 도입해야만 한다는 것이 명확해졌다.

이에 따라 1960년 선거의 핵심 공약으로 무상 의료를 내세우게 되었고, "보편적이고 포괄적이고 현실적인, 최대 범위의 의료보장"을 위한 구체적인 정책을 고안하기 위해 1959년 4월에 메디케어 연구를 위한 합동위원회가 구성되었다. 이 위원회가 내세운 의료보장의 기본 목표는 다음과 같았다.

1) 선지불 : 개인의 경제력과 무관하게 치료를 받을 수 있으려면 보험료를 미리 공공 기관에 지불해 놓아야 함.
2) 보편성 : 전 주민을 대상으로 할 것, 살고 있는 지역에 따른 의료 접근성의 차이가 없도록 할 것.
3) 포괄성 : 예방 서비스, 진료, 검사, 약사 업무, 가정 간호, 암이나 정신 보건 같은 특정 질환, 안과, 치과, 발 치료, 재활 서비스를 포함할 것.
4) 예방 우선 : 예방 중시를 기본으로 프로그램을 짤 것.
5) 양질의 서비스 : 현대의학의 기술과 장비를 이용할 수 있도록 할 것.
6) 사회와 정부의 책임 : 민주 사회에서는 공공 재원으로 운영되는 의료보험 제도의 운영을 정부와 의회가 책임져야 한다.

7) 경제 여건과 효율성을 고려해서 각 지역에 맞게 운영함.

8) 전문가의 교육과 훈련 확대.

9) 연구 활동을 촉진하는 조치를 포함할 것.

10) 주민 교육을 통한 건강 증진.

합동위원회는 이와 같은 제도를 실행하기 위한 재원을 보험료 및 세금으로 충당해야 하고 이를 관리할 주체는 민간이 아닌 공공 기관이어야 한다고 결론 내렸다.

이에 따라 토미 더글러스는 1959년 12월 16일 라디오 방송을 통해서 선지불, 보편성, 양질의 서비스, 정부 주도, 의료 제공자와 수요자가 모두 납득하는 의료보장 제도라는 원칙에 바탕을 둔 전면 무상 의료 제도를 시행하기로 한 내각의 결정을 발표하였다. 그리고 이를 위해 메디케어 자문 기획위원회를 구성하고, 위원회는 1960년 말까지 5대 원칙에 부합하는 제도를 위한 최선의 방법을 정부에 제시하고, 1년 뒤인 1961년에는 제도를 시행할 것으로 기대한다고 하였다. 토미 더글러스는 의사회가 결국은 협조할 것이라고 기대했다.

이전까지의 서스캐처원 주 의사회의 결의안이나 보고서에 의하면, 의사회는 보편적이고 포괄적인 의료보장 제도를 지지하는 것으로 나타났었다. 단, 항상 그 제도의 운영은 독립적이고 비정치적인 기관이 담당해야 한다고 주장했다. 그러나 서스캐처원 주 의사회는 1959년 10월에 발표한 결의안을 통해 그 어떤 종류의 보편적인 공공 의료보험도 반대한다고 천명하였다.

의사회는 또한 자문기획위원회에서 다룰 주제를 보건 정책 전반으로 확대할 것, 정책 제안 기한을 1960년 이후로 늦출 것, 주 정부가 제시한 5대 원칙을 철회할 것을 요구하였다. 그리고 자체 조직으로 정보위원회를 구성해서 메디케어의 도입 반대 운동을 조직적으로 벌여 나갔다.

이에 따라 1960년 6월 8일에 실시된 지방 선거는 여당인 CCF와 의사회와 자유당의 대결로 치러졌는데, 선거 결과 CCF가 55석 중 38석을 차지하고 40.8퍼센트의 정당 지지도를 얻는 승리를 거두었다.

5. CCF 집권 5기 (1960~1964년)

CCF의 다섯 번째 임기는 메디케어의 도입을 위해 온 역량을 집중한 시기였다. 한편, 캐나다의 정세에도 변화기 있있다. 일부 주에서만 지지도가 높았던 CCF와 전국적인 노동 단체인 캐나다 노총이 결합해서 신민당을 창당하였다. 창당 일자를 1961년 8월로 잡은 신당은 토미 더글러스에게 당수가 되어 줄 것을 강하게 요청했다. 서스캐처원 주 CCF의 동의를 받은 토미 더글러스는 1961년 6월에 신민당에 입당할 것을 발표하였고, 8월 4일 창당 대회에서 당 대표로 선출되었다. 1961년 11월 초에 개최된 서스캐처원 주 CCF-신민당 통합 전당 대회에서 토미 더글러스는 주지사직을 사임하였고, 우드루 S. 로이드가 차기 지역당 대표로 선출되어 주지사로 취임하였다.

이 시기 메디케어의 도입 과정을 정리해 보면 다음과 같다.

자문기획위원회의 협의 지연 (1906년 4월~1961년 9월)

1960년 4월에 위원회를 구성했으나, 6월에 선거가 끝난 이후에도 의사회와 주 정부가 첨예하게 대립하여 논의의 진행이 1년이 넘도록 지체되었다. 이처럼 합의가 이루어지지 않은 배경에는 의사들이 현행 의료 제도를 선호하고, 수가를 높게 책정해서 메디케어를 도입하려는 정부의 의지를 약화시키고 논의를 지연시킴으로써 메디케어의 도입을 사실상 어렵게 만들려는 의도가 있었다.

메디케어를 실시하려면 통상 4년인 정권의 임기를 고려했을 때 1962년 상반기에는 제도를 도입해야 임기 내에 정착시킬 수가 있었기에 주 정부의 입장에서는 더 지체할 수가 없었고, 보고서가 제출되기 이전에 우선 재정, 조직, 운영 부문의 계획을 각 부서별로 마련하였다. 자문기획위원회는 결국 완전한 합의에 도달하지 못하고 1961년 9월 25일에 다수 의견서와 의사회의 입장인 소수 의견서로 구성된 중간 보고서를 정부에 제출하였다.

서스캐처원 의료보험법 제정 (1961년 10월 13일)

주 정부는 이 보고서를 바탕으로 한 서스캐처원 의료보험법안을 1961년 10월 13일에 주 의회에 상정하였다. 그 내용은 주의 모든 주민을 대상으로 하고, 치료와 수술, 임신과 출산, 검사, 물리치료, 그리고 의뢰에 의한 전문의의 진료를 포함하였으며, 행위당 수가제를 바탕으로 하였다. 그리고 그 관리는 의사 2인(의장과 보건부 차관이 의사인 경우는 별도)을 포함한 6~8인의 위원으로 구성된 메디케어 위원회가 담당하도록 하였다. 이 기구는 독립적인 기구로, 제도 시행의 규정, 행정, 개선, 적용 조건의 결정을 담당하도록 되어 있었다.

이 법을 제정한 직후인 1961년 11월 초, 토미 더글러스는 주지사직에서 물러났다.

이 법은 원래 1962년 4월 1일부터 시행하기로 했으나, 협상이 지연됨에 따라 시행일을 7월 1일로 늦추었다.

메디케어 위원회 구성 (1962년 1월 6일)

1962년 1월, 메디케어 위원회가 구성되었으나 의사회는 여전히 이 위원회와 메디케어 도입에 협조할 뜻이 없었고, 같은 해 6월까지 주 정부와 의사회의 갈등과 협상이 이어졌다. 이 시기에 의사들을 지지하는 단체인 의사 보호위원회가 결성되었고, 여기에는 사회주의 정부에 반대하는 정당, 개인, 약사, 치과 의사, 사업가, 지역 언론도 합세하였다. 한편, 메디케어 도입을 지지하는 단체들로는 메디케어를 지지하는 서스캐처원 시민 모임과 농민 단체, 노동 단체, 생협 단체, CCF 등이 있었다.

한편, 주 정부는 의사 파업에 대비해서 영국, 미국, 캐나다의 다른 지역에서 의사를 모집했고, 7월까지 110명의 의사를 고용하여 주 의사들을 압박하였다. 의사 보호위원회의 활동 세력은 급격하게 약화된 반면, 메디케어에 대한 여론의 강력한 지지는 지속되었다.

7주간에 걸친 정부와 의사회의 협상은 치열한 공방 끝에 5월 3일 이후 교착 상태에 빠졌고, 의사들은 7월 1일에 법이 시행될 경우 파업에 돌입하기로 결의하였다. 그 이후 공식 접촉이 이루어지지 않고 있다가 6월 들어서 서스캐처원 병원협회가 중재에 나섰다. 토미 더글러스가 연방 선거에서 낙선한 다음날인 6월 19일에 의사회는 정부 측에 만날 것을 요구하였고, 병원협회의 중재로 6월 22일~24일 회의를 열었다. 이 자리에서 로이드 주지사는 의사회 측에 전문가로서의 독립성을 보장하고, 메디케어의 틀 밖에서 진료할 권리를 보장하고, 독단적인 운영을 피하기 위해 메디케어를 보건 구역 단위로 운영한다는 세 가지 조건을 제안하였다. 그러나 정부가 메디케어의 시행을 포기할 것을 기대한 의사회는 이 제안을 거부하였다. 주 정부는 1962년 6월 27일, 메디케어 도입을 강행하기로 확정했다.

의사 파업 (1962년 7월1일~23일)

7월 1일, 예정대로 서스캐처원 의료보험법이 발효되었고 의사들은 파업에 돌입하였다. 의사 파업의 영향력은 막강했다. 하지만 한편으로 '메디케어를 주요 공약으로 내세워서 민주적으로 선출된 정부가 공약된 정책을 실행하려는 것을 작지만 강한 이익 집단이 힘으로 저지하는 것이 과연 옳은가?' 그리고 '그런 목적을 위해 필수불가결한 서비스를 제공하기를 거부하는 것은 정당한가?' 하는 문제가 제기되었다. 주의 모든 구성원 사이에 논쟁이 뜨겁게 달아올랐고, 그 분위기는 갈수록 감정적이고 극단적으로 흘렀으나, 어느 정도 시간이 지나자 극단적인 견해를 경계하는 여론이 형성되었다. 한편, 서스캐처원 주의 일간지들이 일관되게 의사들에게 유리한 기사를 실었던 것과는 달리, 캐나다의 다른 주들과 미국과 영국의 언론은 대부분 의사의 파업에 비판적이었다.

　의사 보호위원회의 활동은 파업 직전까지 매우 조직적이고 효과적으로 이루어졌다. 그러나 파업이 시작된 이후에는 그 활동력이 급격하게 식어 갔다. 의사 보호위원회는 7월 11일에 리자이나에 있는 의회 건물까지 행진하는 행사를 조직하기 위해 대대적으로 홍보를 벌였는데, 5만 명이 참가할 것으로 예상했던 이날 실제로 행진에 참가한 사람은 5000여 명에 그쳤다.

　시일이 지남에 따라 파업에 참가했던 병원과 의사들이 업무에 조금씩 복귀하였다. 주 정부가 외지에서 의사들을 영입해 온 것 외에도, 파업 이후 각 지자체에서 '지역 의원'(지역 사회에서 의원을 개설해서 의사를 고용해 진료를 하게 하는 것)을 개설하려는 움직임은 의사들에게 위협이 되었다.

파업 기간 중에 주 정부와 의사회는 수면 밑에서 타협을 모색했다. 주 정부는 영국의 의사이자, 영국에서 국민건강보험을 도입하는 데 참여한 경력이 있는 로드 테일러 박사를 중재자로 초빙했다. 그는 개인 일정상 7월 17일에서야 서스캐처원에 도착했고, 그때부터 23일까지 7일간 주 정부와 의사회 사이에서 중재자로서의 역할을 훌륭하게 해냈다.

합의 도출

마침내 7월 23일에 정부와 의사회는 합의문에 서명했는데, 합의 내용은 다음의 두 가지를 골자로 한 것이었다.

> 첫째, 의사들은 서스캐처원 의료보험법이 의료 서비스에 대한 지불을 환자 본인 혹은 그 가족이 책임지던 것을 지역 사회 전체가 세금으로 책임지는 것으로 바뀌는 것일 뿐이라는 사실을 인정한다. 이 제도는 진단과 치료에 그 어떤 간섭도 하지 않을 것이다.
> 둘째, 정부는 민간 '의료 대행자'가 존속해서 의사에게 진료비를 지불하고 메디케어 위원회에 정해진 수가대로 재청구하는 것을 인정하고, 그런 기관을 더 이상 민간 의료보험이라 하지 않는다.(수정된 법에는 '임의의 대행자'라고 명시되었다.)
> 이로써 의사들은 '공공' 의료보험이 도입된다는 것을 인정하게 되었고, 정부는 환자를 진단하고 치료하는 데 일부에서 주장하고 있는 '관리 의료 제도'를 도입하지 않기로 하였다.

이 내용은 1962년 8월 2일에 개정된 법에 1) 메디케어 위원회가 규제할 수 있는 범위 축소 2) 메디케어 위원회의 전체 위원 수를 6~8인에서 7~11인으로, 의사 대표를 2명에서 3명으로 증원 3) 자문위원회와 메디케어 자문기획위원회 해산 4) 의료행위에 대한 비용 청구와 지불 과정에서 의사를 보호하는 장치 도입 등으로 반영되었다.

메디케어의 도입과 의사 파업 과정으로 깊어진 갈등을 봉합하는 데에는 오랜 시간이 걸렸다. 의사는 정부를 신뢰하지 못하게 되었고, 환자들은 의사들의 파업에 분노했다. 그럼에도 3년 뒤인 1965년에 의사들을 대상으로 시행한 여론조사에서 대부분의 의사들은 그 제도를 지속하는 것을 더 선호하는 것으로 나타났다.

6. 캐나다의 의료복지 확대 (1964~1971년)

디펜베이커 총리와 그의 후임인 자유당 레스터 피어슨 모두 연방 차원에서 보다 폭넓은 의료보장을 실시해야 한다는 당위성을 여러 차례 표명해 왔다. 그런데 '특정 조건'을 충족하는 주 정부의 사업비를 연방 정부가 일정 비율 분담하는 것에 대해서 퀘벡과 온타리오 주 등 다른 지역보다 소득이 높은 주들은 자신들에게 불리한 지원 방식이라고 점차 강하게 반발하였다. 1960년에는 퀘벡 주지사였던 장 르사즈가 "앞으로 퀘벡 주는 비용을 분담하는 방식의 협정에는 절대로 서명하지 않겠다."고 천명하기에 이르렀다. 이처럼 기존의 연방 정부-주 정부의 협력 방식이 정립되지 않는 상황에서는 각 주 정부가 보편적인 의료보장 제도를 운영하고자 해도 그것을 실행하기가 쉽지 않았다.

1963년에 총리로 취임한 자유당의 레스터 피어슨 역시 보편적인 의료보장 제도를 도입하고자 그 구체적인 방법을 모색하였으나, 연방과 주 정부 모두를 만족시킬 만한 정책을 고안하는 것이 과제로 대두되었다. 그러기 위해서는 주 정부의 동의를 받지 않고서도 시행할 수 있는 정책이어야 했고, 그것은 곧 연방 정부가 독자적으로 지원하는 의료보장 제도의 구체적인 내용을 제시하는 방향이어야 했다. 피어슨 총리는 1965년 7월에 열린 연방 정부와 주 정부들의 회의에서 그와 같은 조건에 부합하는 연방 정부의 정책을 제안하였다. 캐나다 의회는 메디케어법을 압도적인 찬성으로 통과시켰고, 이 법은 1968년 7월 1일에 발효되었다. 그로부터 3년 뒤인 1971년까지 모든 주에서 메디케어 제도를 운영하게 되었다.

7. 현재의 캐나다 메디케어

1968년에 메디케어법이 제정된 이후 모든 합법적 캐나다 국민과 영주권자는 본인 부담금 없이 입원 및 외래 진료를 받을 수 있게 되었다. 현재 캐나다의 의료보장은 1984년에 제정된 캐나다 보건법을 근간으로 하고 있다. 이 법은 입원 진료와 외래 진료 보장이 별개의 체계로 이루어지던 기존의 틀을 통합하였으며, 소액의 본인 부담금이 있으면 전체 의료보장에서 비중이 작기는 하지만 저소득층이 필요한 의료 이용을 받지 못하게 된다는 문제가 제기됨에 따라 본인 부담제를 폐지하였다. 이 법의 시행은 의사들의 반발을 초래하여 온타리오 주에서는 의사들이 25일간 파업하는 사태가 벌어지기도 하였다.

캐나다에서는 의학적 필요에 의해 받는 모든 입원 및 외래 진료를 보장하고, 진료 내용으로는 진단, 치료, 예방 서비스를 포괄한다. 병원에 입원한 경우에는 의사가 아닌 자들이 제공하는 서비스도 보장되지만, 외래 이용시에는 의사가 아닌 자들이 제공하는 서비스에 대한 보장 여부는 주에 따라 결정된다. 약과 물리 치료 역시 입원 상태에서는 무료이나 퇴원 후에는 주에 따라 다르다.

캐나다에서는 약가 관리를 특허 의약품 심사위원회가 담당하고 있는데, 이 기관에서는 몇 개의 기준 국가들의 평균가를 바탕으로 약가를 결정한다.

치과 치료는 기본적으로 연방 정부가 제공하는 메디케어의 보장 범위에 들어 있지 않다. 퀘벡 주에서는 10세 미만 어린이에게 거의 모든 치과 진료비를 지원한다. 대부분 고용주가 보험을 들어 주거나 민간 보험, 혹은 본인 부담으로 치과 치료비를 충당한다.

안과 진료의 경우 백내장, 당뇨 합병증 관리, 질병에 대한 레이저 치료 등 '의학적으로 필요한 치료'는 메디케어가 지원한다. 그러나 시력 검사나 안경 처방은 주에 따라 지원 정도에 차이가 있다.

캐나다 의료비의 70퍼센트는 공공의 재원으로, 그 나머지는 민간 보험 혹은 본인 부담금으로 충당되고 있다. 이중 외래 진료비의 99퍼센트와 병원 치료비의 90퍼센트가 공공의 재원으로 이루어지고 있는 반면, 거의 모든 치과 진료는 개인이 부담하고 있다.

병원급 의료 기관은 대부분 비영리 기관인 반면, 대부분의 개원의는 소규모의

자영업 형태로 운영되고 있다. 임상병리 검사 기관은 투자자가 소유한 영리 회사인 경우가 많다. 개원의는 단독 혹은 그룹 개원을 하고 행위당 수가를 메디케어 운영 기구에 청구한다.

2000년대 들어 의사들도 의료 법인을 세울 수 있게 되었고, 1차 의료 개혁이 추진됨에 따라 팀을 구성해서 일하고, 인두제나 그 밖의 지불방법을 통해 돈을 받는 경우가 점차 늘고 있다. 일부 수련 병원과 시골 지역 병원에서는 행위당 수가가 아닌 지불 방식을 실험적으로 도입하기도 했다.

2003년 협정에서 총리와 각주의 주지사들은 캐나다 의료보장법의 원칙을 재확인하면서, 1)모든 캐나다 인이 경제력이 아니라 필요에 따라 의료 서비스를 필요한 시기에 받을 수 있게 할 것 2)수준 높은 의료와 환자 중심의 효율적이고 안전한 의료를 캐나다 인에게 제공할 것 3)캐나다의 의료 제도는 지속가능하고 부담가능하며, 모든 캐나다 인과 그 후손들을 위해 미래에도 제공될 것을 결의하였다.

2003년에 캐나다는 1인당 2998달러(USD)를 의료비로 지출했다. 미국은 같은 해에 1인당 571달러를 지출했다. 이와 같은 비용으로 캐나다는 거의 모든 캐나다 인이 완전한 의료 혜택을 받은 반면, 미국에서는 더 많은 비용을 지출하고 대규모 민간 투자가 이루어졌는데도 상당수 국민이 의료보장을 받지 못하거나 부분적으로만 받을 수 있었다.

1970년만 해도 미국과 캐나다의 GDP 대비 의료비 지출은 7퍼센트 정도로 비슷했는데, 1971년에 캐나다의 모든 주에서 전면적인 메디케어를 도입한 이후 점차 미국과의 의료비 지출 차이가 커졌다. 1990년에는 미국의 국민 총생산 대비 의료비 지출 비율이 12퍼센트, 캐나다가 8퍼센트 정도였으며, 2006년에는 미국이 거의 16퍼센트, 캐나다가 10퍼센트 정도로, 그 격차는 더욱 커졌다. 그 외에도 캐나다와 비슷한 수준으로 의료비를 지출하고 있는 호주, 독일, 스위스, 영국은 모두 사회주의 의료 제도를 시행하고 있는 국가들이다. 이들 국가들 모두가 1970년대 이후의 의료비 상승을 상대적으로 잘 억제해 왔기 때문이다.

또한 아래 표에서 볼 수 있듯이, 캐나다의 보건 지표는 대부분 G8 국가 평균보다 양호한 것으로 드러났다.

토미 더글러스 정부가 앞장서서 도입한 메디케어 제도는 오늘날 평화 유지군 활동과 함께 캐나다 인이 자신들의 가치를 상징하는 제도로 여기게 되었다.

국가	기대 수명	영아 사망률	의사 수(인구 1천 명당)	간호사 수(인구 1천 명당)	1인당 의료비 지출(USD)	의료비 지출 비율 (GDP 대비)	보건 분야 정부 세입 비율	정부 부담 보건 비용 비율
호주	81.4	4.2	2.8	9.7	3,137	8.7	17.7	67.7
캐나다	81.3	4.5	2.2	9.0	3,895	10.1	16.7	69.8
프랑스	81.0	4.0	3.4	7.7	3,601	11.0	14.2	79.0
독일	79.8	3.8	3.5	9.9	3,588	10.4	17.6	76.9
일본	82.6	2.6	2.1	9.4	2,581	8.1	16.8	81.3
스웨덴	81.0	2.5	3.6	10.8	3,323	9.1	13.6	81.7
영국	79.1	4.8	2.5	10.0	2,992	8.4	15.8	81.7
미국	78.1	6.9	2.4	10.6	7,290	16.0	18.5	45.4

토미 더글러스의 생애와 캐나다와 세계의 역사

토미 더글러스의 생애	캐나다와 세계의 역사
	1759년 스코틀랜드 폴커크에 그레이트 주물 공장이 설립되어, 더글러스 집안사람들이 대대로 이곳에서 일하게 된다.
	1844년 영국 로치데일에서 소비자 협동조합 운동이 시작된다.
	1867년 영국령 북아메리카 조례에 따라 캐나다 자치령이 수립된다. 캐나다 의사협회가 설립된다.
	1870년 매니토바 주가 캐나다의 주로 승격된다.
	1873년 매니토바 주 위니펙이 시로 승격된다.
	1880년대 '사회적 복음'이 캐나다의 기독교인에게 내세보다는 현세에 더 관심을 기울이도록 촉구한다.
	1881년 영국 사회민주동맹이 결성되어 영국에서 사회주의 운동을 시작한다.

1899~1902년

톰 더글러스가 보어 전쟁에 영국군으로 참전했고, 집에 돌아온 그는 노동당의 지지자가 된다. 평생 자유당과 글래드스턴의 지지자였던 그의 아버지는 그를 집에서 내쫓는다.

1904년

10월 20일, 토머스 클레멘트 더글러스가 스코틀랜드의 폴커크에서 태어난다. 그의 조부가 "손자를 보러" 찾아와서 아이의 아버지와 화해한다. 나중에는 온 가족이 노동당의 지지자가 된다.

1908년

스탠리 놀스가 캘리포니아 주 로스앤젤레스에서 태어난다.

1893년

스코틀랜드 출신 키어 하디가 영국에서 독립노동당을 설립한다.

1898년

영국 자유당 총리를 지낸 윌리엄 글래드스턴이 사망한다.

1899~1902년

남아프리카에서 영국과 아프리카 인 사이에 보어 전쟁이 발발하여 캐나다도 파병하고, 이 전쟁으로 캐나다 국민은 영국계와 프랑스계로 갈라서서 반목하게 된다.

1901년

대풍작에 대한 미흡한 대처에 실망한 대초원 지대의 농민들이 준주(準州) 곡물경작자협회를 결성한다.

1904년

CCF의 지도자가 되는 제임스 셰이버 워즈워드가 빈민가에 거주하는 이민자들과 함께 위니펙의 만민선교회에서 활동하면서 사회적 복음을 전파한다.

1905년

앨버타 주와 서스캐처원 주가 캐나다의 주로 승격된다.

1906년

준주 곡물경작자협회가 서스캐처원 주 곡물경작자협회와 앨버타 주 농민협회로 분리된다. 영국에서 노동당이 29개 의석을 차지한다.

1908년

영국의 퇴역 장군 로버트 베이든 포엘이 보이스카우트를 설립한다.

1910년

아버지 톰 더글러스가 부인과 아이들을 두고 먼저 캐나다로 이주해서 매니토바 주 위니펙에 정착한다.

폐렴으로 쇠약해진 토미가 넘어져서 오른쪽 무릎을 다치고, 이로 인해 골수염에 걸려 몇 차례의 수술을 받는다.

1911년

이른 봄, 토미와 여동생 애니, 임신한 어머니 앤은 글래스고를 떠나 캐나다로 향한다. 17일간의 항해와 5일 동안의 기차 여행 끝에 위니펙에 당도해서 아버지가 노스 엔드에 구해 놓은 집에서 살게 된다. 더글러스의 둘째 여동생 이소벨이 태어난다.

1912~1914년

토미는 무릎을 치료하기 위해 자주 입원하게 된다. R.H. 스미스 박사가 실험적인 무료 수술을 해 줌으로써 토미의 다리를 살린다. 그가 아니었으면 더글러스 가족은 그 비용을 감당하지 못했을 것이다.

1914~1918년

아버지가 영국 군에 재입대하게 되어 더글러스 가족은 스코틀랜드로 돌아가 글래스고에 있는 외갓집에서 지내게 된다. 토미는 외할아버지의 협동조합 활동과, 교회에서 설교를 하는 목사들과, 글래스고 그린에서 연설하는 사회주의자들과 그 밖의 여러 연사들에게서 영향을 받는다.

1911년

캐나다의 자유당 총리인 윌프리드 로리에 경이 선거에서 보수당 로버트 보든에게 패한다.

지난 20년 동안 캐나다 서부의 인구는 25만 명에서 200만 명으로 증가하는데, 이는 주로 이민에 의한 것이다.

영국에서 램지 맥도널드가 노동당의 의장이 된다.

영국 자유당 정부가 국가 의료보험법을 도입한다.

1914년

영국이 독일에 대해 선전포고한 뒤, 캐나다는 자동으로 참전하게 되었고, 영국을 떠났던 사람들도 군대에 소집된다.

캐나다 온타리오 주에서 최초로 당사자 분담과 의무 가입을 원칙으로 하는 사회보험법인 노무자 보상법이 통과된다.

'사회적 복음'이 금주, 여성 참정권, 행정부 개혁, 협동조합주의를 주장한다.

1916년

매니토바 주에서 캐나다 최초의 모성 수당 관련법이 통과된다.

1917년

4월, 이전에 영국과 프랑스 군이 패배했던 비미 리지 전투에서 캐나다 군인들이 처음으로 독자적으로 전투를 벌여 승리한다.

징병 제도와 관련해 캐나다는 프랑스계와 영국계로 분열되었고, 연합정부의 설립이라는 결과를 가져온다. 이 정부는 참전 군인의 여성 친척에게 선거권을 부여한다.

러시아에서 10월 혁명을 통해 볼셰비키당이 집권한다.

1918년

11월, 휴전조약이 체결되어 제1차 세계대전이 종결된다.

세계적인 독감 유행으로 2년 동안 거의 2200만 명이 사망한다.

1919년

베르사이유 조약이 서명된다.

위니펙 총파업에서 3만 5000명의 노동자가 일터를 떠나고, 연방 정부 관리들은 고용주 측과 협력한다. 캐나다 왕립 기마경찰대가 '피의 토요일'(6월 21일)에 시위대를 공격해서 한 명이 사망하고 29명이 부상을 입는다. 연방군이 위니펙으로 들어오고, J.S. 워즈워드도 연행된다. 새로 결성된 혁명적인 산업체 노동조합인 원 빅 유니언이 캐나다 서부의 광업, 운수, 벌목 노동자를 중심으로 압도적인 지지를 받는다.

1919년

1월 1일, 토미가 어머니와 두 여동생과 함께 배를 타고 캐나다로 돌아오는 길에 오른다. 더글러스는 아버지가 돌아올 때까지 집안의 유일한 남자 역할을 한다.

더글러스 가족이 위니펙의 맥파일 가로 집을 사서 이사한다.

토미 더글러스와 마크 탤니코프는 2층 건물의 옥상에서 '피의 토요일' 현장을 목격한다.

토미는 캐나다에서 가장 어린 라이노타이프 기술자가 된다.

온타리오 주와 대초원 지역 농민이 단결해서 토머스 크레러가 이끄는 자유당 탈당파와 연합하여 진보당을 창당한다.
새로 구성된 국제연맹에 캐나다가 합류한다.
영국과 호주가 고용보험을 도입한다.

토미는 번스 디너스와 콘서트에서 연기를 한다. 한번은 연극에서 갑자기 주인공의 대역을 맡게 되어 기립 박수를 받는다. 매니토바 주 스톤월에서 교육 전도사로 활동한다.

토미는 원 빅 유니언이 운영하는 체육관에서 권투를 배우기 시작한다.

여성이 참정권을 부여받은 첫 연방 선거에서 여성으로는 아네스 맥파일이 유일하게 당선된다.
진보당이 65석을 차지함으로써 연방 정치에서 양당 체제가 영구적으로 깨진다. 윌리엄 라이언 매켄지 킹이 자유당 총리가 된다.
캐나다 공산당이 온타리오 주 겔프에서 창당한다.

토미는 매니토바 주의 아마추어 권투 라이트급 챔피언이 된다.

영국에서 글래스고의 실직 노동자들이 런던을 향해 단식 행진을 한다.
이탈리아에서 무솔리니가 로마로 행진해 들어오고, 후에 파시스트 정부를 세운다.
러시아 제국을 종식시키고 소비에트 사회주의 공화국 연방이 건설된다.

토미는 사회적 복음 운동이 활발한 브랜든 대학으로 진학한다. 고등학교 과정과 신학대학 공부를 위해 낭독, 식당 종업원, 설교 등의 일을 한다. 매니토바 주의 캘버리 장로교회에 파견되어, 그의 설교를 들으러 온 어마 뎀프시를 만난다.

토미는 스탠리 놀스를 만나 학문적 경쟁자이자 평생지기가 된다.

토미는 쇼울 레이크와 스트래드클레어의 침례교회에 교육 전도사로 파견된다.

램지 맥도널드가 이끄는 노동당이 영국에서 첫 좌익 정부를 구성한다.

캐나다 공산당이 비밀주의 노선을 버리고 노동자당으로 당명을 바꾼다.

서스캐처원 주 밀 생산자연합이 활동을 개시해 협동조합 운동에 활기를 불어넣는다.

미국 테네시 주에서 스콥스 재판이 벌어져 인류의 기원을 놓고 원리주의자들과 과학자들 간에 논란이 된다. 브랜든 대학 교수 몇 명도 과학자의 편을 들다가 이단이라는 비난을 받고 물러난다.

캐나다에 연합교회가 설립되는데 부분적으로는 당시 세력이 약해지고 있던 사회적 복음의 성과이다.

영국에서 고용보험법이 발효된다.

급진적인 캐나다 농민조합과 SGG가 통합해서 농민연합 서스캐처원 지부를 설립한다.

제임스 가필드 가디너가 서스캐처원 첫 주지사로 당선된다.

영국에서 총파업이 일어난다.

캐나다에서 노령 연금법이 통과되고, 그 과정에서 J.S. 워즈워드가 일조한다.

비엔나에서 사회주의자 폭동이 일어난다. 나치의 정치적 살인에 대해 무죄 평결이 나자 총파업이 벌어진다.

1928년

어마 뎀프시가 고등학교를 졸업하고 음악을 공부하기 위해 브랜든 대학에 진학하는데, 당시 토미는 학생회 대표였다.

1930년

토미는 대학을 졸업하고 임명을 받는다. 어마 뎀프시와 결혼하고, 서스캐처원 주 웨이번의 캘버리 교회로 파견된다. 또한 통신 대학 과정으로 사회학을 공부한다.

1931년

토미는 열한 명의 부랑아들을 책임진다. 그가 구호비를 늘려야 한다고 주장하자 기업인들은 그에게 '빨갱이'라는 딱지를 붙인다. 여름에 대학원 과정의 공부를 하기 위해 시카고 대학교에 간다. 그를 비롯한 학생들이 빈민가를 방문한다. 그는 미국 사회당 회의에도 참석하는데, 정치적 순수주의자와 이론가에 대해 환멸을 느끼게 된다.

석탄 광부들의 파업 기간에 에스테반과 빈페이트를 방문한다. 그는 충격적인 생활 조건을 비난하는 설교를 한다. 탄광 소유자들은 토미의 교회 집사들에게 불평을 한다.

1928년

미국 사회당 지도자인 노먼 토머스가 미국 대통령 선거에 처음 출마해서 낙선한다. 그는 모두 여섯 차례 대통령 선거에 출마한다.

1929년

10월 28일, 미국의 증권거래소가 붕괴되고, 그로부터 10년 동안 대공황이 지속된다.

1930년

캐나다의 연방 정부가 마침내 국유지에 대한 관할권을 서스캐처원 주와 앨버타 주에 넘겨준다.

1931년

서스캐처원 주 빈페이트의 탄광 노동자들이 9월 8일 파업에 돌입한다. 언론과 정부는 그들 가운데 공산주의자들이 있다는 점에 주목한다. 서스캐처원 주 캐나다 농민연합만이 이들에게 동조한다. 근처인 에스테반에서 9월 29일에 시위가 벌어졌는데, 캐나다 왕립 기마경찰대에 의해 해산된다. 광부 세 명이 사망하고 스물세 명이 부상당한다.

가뭄과 흉작, 곡물 가격의 폭락으로 주 전체 소득이 90퍼센트가량 감소한다. 시골 지역 주민의 66퍼센트가 구호금으로 생활하게 된다.

224

1932년

J.S. 워즈워드의 권유로 M.J. 콜드웰이 토미를 만나러 웨이번으로 온다. 토미는 콜드웰의 독립노동당의 새로 설립된 웨이번 지부 대표가 된다.

7월에 농민연합과 독립노동당이 통합해서 노동자·농민당을 창당하고 M.J. 콜드웰을 당 대표로 선출한다. 토미는 자신이 참여하지 않은 모임에서 당의 위원으로 선출된다.

1933년

CCF가 J.S. 워즈워드를 당 대표로 해서 창당되고, 창당 대회에서 리자이나 선언문을 발표한다. 선언문은 당시로서는 여러 가지 급진적인 사상을 담고 있는데, 훗날 캐나다의 생활 방식의 일부로 받아들여진다. 토미가 "내가 본 중 가장 훌륭한 문건"이라고 평한 그 선언문은 자본주의를 종식시킬 것을 주장하고 있다.

토미는 잠시 우생학에 관심을 가진다.

1934년

4월, 딸 셜리 더글러스가 태어난다.

6월, 서스캐처원 주의 지방 선거에서 경험 없이 출마했던 토미는 3위로 낙선한다. 그해 여름 전국 CCF 전당 대회에서 토미는 당의 청년부를 이끌게 된다.

1932년

미국 최초의 고용보험법이 위스콘신 주에서 제정된다.

프랭클린 루스벨트가 미국 대통령으로 선출된다. 그는 총 세 차례 대통령으로 선출된다.

독일 제국의회 선거에서 나치가 다수 의석을 차지한다.

1933년

캐나다 국민 총생산은 대공황 이전에 비해 42퍼센트 감소하고, 노동 인구의 30퍼센트가 일자리를 얻지 못하게 된다.

CCF가 브리티시컬럼비아 주에서 의석 6개를 차지한다.

밀 한 부셸의 가격이 1929년에 1.6달러였던 것이 49센트 미만으로 폭락한다.

히틀러가 독일의 총통으로 추대된다. 그는 노동운동을 억압하고 유대인들을 박해한다.

1934년

온타리오 주 캘린더에 사는 다이오니 부부가 다섯 쌍둥이를 낳는다.

토미는 여름 동안 시카고에서 공부를 한다.
정치를 말라는 침례교회의 반대에도 불구하고
토미는 연방 선거에 CCF의 후보로 나선다. 사
회신용당이 표를 분산시킬 것을 우려한 CCF
와 자유당은 각각 책략을 쓴다. 토미는 단순한
스타일과 청중의 주의를 모으는 기술에다가
연출과 유머 감각을 통해서 301표 차이로 당
선이 된다. CCF는 8석을 차지했으나, 이내 5석
(워즈워드, 토미, 콜드웰, 그랜트 맥닐, 앵거스
맥니스)으로 줄게 된다.
토미는 웨이번 캘버리 침례교회의 목사직에서
사퇴하고 가족과 함께 오타와로 이사한다.

아버지 톰 더글러스가 맹장염의 합병증으로
사망한다.
토미는 제네바에서 열린 국제청년회의에 대표
단을 이끌고 참가한다. 그는 독일 거리에서 나
치가 행진하는 것을 보고 그들을 물리치려면
무력이 필요할 것이라는 사실을 깨닫는다. 이
런 입장 때문에 평화주의자인 워즈워드와 갈
등을 일으킨다.
하원 첫 연설에서 토미는 이탈리아의 에티오
피아 침공에 아무런 조치도 취하지 않은 것에
대해 정부를 비난한다.

오타와 행진이 리자이나에서 폭력 진압으로
막을 내린다.
윌리엄 '바이블 빌'이 이끄는 사회신용당이 앨
버타 주에서 압도적인 승리를 거두고, 연방 선
거에서는 서스캐처원 주에서도 후보를 냈는데,
그 결과 매켄지 킹이 이끄는 자유당이 승리하
고, 지미 가디너는 농무부 장관에 임명되어 그
로부터 22년 동안 재직하게 된다.
사회재건연맹이라는 단체에서 복지를 확충할
것을 제안하는 '캐나다를 위한 사회 계획'이라
는 보고서를 발표한다.
나치는 베르사이유 조약을 파기하고, 무솔리
니는 에티오피아를 침공한다.
루스벨트 대통령이 미국 사회보장법에 서명한
다.

스페인 내전이 시작된다.
무솔리니와 히틀러가 로마 · 베를린 주축국을
선언한다.

1937년

남부 서스캐처원에 역사상 가장 심한 가뭄이
든다.
퀘벡 주가 공산주의자를 퇴거시킬 수 있게 하
는 패들럭법을 통과시킨다.
스페인 내전에서 공산당과 공화당 연합 정부
를 지원하기 위한 국제적 의용군에 다수의 캐
나다 인이 자원한다.
일본이 중국을 침공한다.

1938년

히틀러가 오스트리아를 침공한다. 영국은 뮌
헨에서 독일에 유화책을 내놓는다.

1938년

서스캐처원 주 의회에서 CCF의 의석수가 11
석으로 늘어났지만 당의 리더십에 대한 불만
은 남아 있다.

1939년

스틸린이 히틀러와 협정을 맺고 나자 공산주
의자들이 말 바꾸는 것을 보고 토미는 이를 비
난하며 "넌덜머리 난다"는 제목의 글을 기고
한다.
평화주의자인 워즈워드가 CCF의 당수직을
내놓는다. 콜드웰이 당수가 되고 토미는 그의
비공식적인 참모가 된다. CCF는 전쟁을 통해
폭리를 취하는 것을 제한하려 시도했으나 성
공하지 못한다.
토미는 남부 서스캐처원 연대에 지원했고, 이
내 장교로 임명되고 대위로 승진한다.

1939년

6월, 스탈린과 히틀러가 불가침조약을 맺는다.
캐나다의 공산주의자들이 파시즘에 반대해
왔던 종래의 노선을 바꾼다.
스페인 내전은 종식되고, 영국과 프랑스는 파
시스트 정권을 인정한다.
9월, 제2차 세계대전 발발하여, 캐나다도 참전
한다.
미국 광산 노동자연합이 파업을 일으킨다.

1940년

3월, 연방 선거에서 토미는 웨이번 지역구에
출마해서 재선에 성공한다. CCF는 8개의 의석
을 차지했는데, 그중 5석이 서스캐처원 주에서
선출된다.
토미와 어마 더글러스가 둘째 딸 조앤을 입양
한다.

1940년

3월, 캐나다 연방 선거에서 자유당이 압승을
거둔다. 고용보험법이 통과된다.
전쟁 조치법이 노동진보당이라는 이름의 캐나
다 공산당 설립을 금지한다.

10월, 군은 토미를 위니펙 보병대로 배속시킨
다. 11월에 그의 부대가 홍콩에 있는 영국 주
둔군을 지원하기 위해 출발하기 직전, 어려서
다리를 다친 병력 때문에 제외된다.

토미는 오타와에서 홍콩 함락 이후의 분노에
대한 연설을 훌륭하게 함으로써 국가적인 인
지도를 얻게 된다.
토미가 CCF 서스캐처원 주 지역당 대표로 추
대된다.
CCF는 연방 정부가 일본계 캐나다 인을 다루
는 방식을 지지하며, 토미도 이 문제에 대해 침
묵한다.

토미는 의회의원직을 사퇴하고 6월 15일의 서
스캐처원 주 지방 선거에 출마한다. CCF가 52
개 의석 중 47석을 얻어서 "자본주의 대륙에
사회주의의 교두보"를 건설한다.
토미가 주지사가 된다.
토미 더글러스 정부는 농가보호법을 통과시키
는데, 이 법은 농민을 채권자로부터 보호하기
위한 것이다. 연방 정부가 법정 싸움 끝에 이
법의 시행을 거부한다.

CCF가 브리티시컬럼비아의 제1야당이 된다.
12월 7일에 일본이 진주만을 공격한다. 미국,
영국, 캐나다가 일본에 대해 선전포고를 한다.
일본이 홍콩을 공격해 그곳에 있던 1975명의
캐나다 군인 중 557명이 전투중 혹은 포로수
용소에서 사망한다.

진보당 당원과 보수당 당원들이 모여서 진보·
보수당을 창당한다.
미국과 캐나다는 일본계 국민을 북미의 서부
해안 지대로부터 내륙 쪽으로 강제 이주시킨
다.
디에프를 기습하려던 캐나다 군의 작전이 실
패로 돌아가 큰 타격을 입는다. 이 작전은 히틀
러 군의 방어 능력을 시험하기 위한 것이었다.

CCF가 온타리오 주에서 제1야당이 된다.
독일과 일본이 전투에서 밀리기 시작한다.
처칠, 루스벨트, 매켄지 킹이 퀘벡에 모여서 회
담을 한다.

6월 6일, 연합군의 반격을 통해 유럽 해방이
시작된다.
베트남이 프랑스로부터 독립을 선언한다.
서스캐처원 주에서 CCF가 승리하자, 캐나다
의 킹 총리가 가족 수당 제도를 도입한다.
징병을 둘러싼 갈등으로 캐나다는 다시 한 번
프랑스계와 영국계로 분열되나, 제1차 세계대
전 때보다는 그 정도가 덜했다.

1945년

유럽에 파병되어 있는 캐나다 부대를 방문하던 중 토미는 무릎에 다시 부상을 입는다. 그이후 무릎의 통증은 평생동안 간헐적으로 그를 괴롭힌다.

연방 정부·주 정부 회담에서 매켄지 킹이 제시한 전후 시대의 계획에 대해 모든 주지사가 반대하지만, 강력한 중앙 정부가 필요하다고 믿었던 토미만이 이에 찬성한다.

토미 더글러스 주 정부가 일본계 캐나다 인이 서스캐처원에 정착할 수 있게 초대한다.

1947년

CCF가 서스캐처원 주 전체에 무료 입원 치료 제도를 시행한다.

1948년

서스캐처원 지방 선거에서 자유당은 토미가 모스크바로부터 지령을 받는다고 비난한다.

1949년

토미 더글러스 정부가 북아메리카 대륙에서 최초로 서스캐처원 예술진흥위원회와 주립 문서 보관소를 설립한다.

1950년

1944년부터 토미 더글러스 정부는 북아메리카 대륙 최초로 소액 청구 재판소를 열고, 최저 임금과 주당 40시간 노동제를 도입하고, 노동조합 가입자의 수를 배가시킨다.

1945년

5월 8일, 독일이 항복한다. 8월 6일과 9일, 미국이 일본에 원자폭탄을 투하한다. 9월 2일, 일본이 항복한다.

6월 26일, 국제연합헌장이 발표된다. 캐나다도 그 헌장에 서명한 국가 중 하나이다.

연방 선거에서 승리하기 위해 매켄지 킹이 반CCF 수사를 쓴다. CCF는 28명의 의원을 배출하는데, 그중 18명이 서스캐처원 주에서 선출된다.

영국에 가족 수당 제도가 도입된다.

1946년

윈스턴 처칠이 점차 멀어지는 동유럽과 서유럽의 관계를 "철의 장벽"이라는 용어로 묘사한다. 점차 냉전 시대로 접어든다.

1947년

미국 의회가 노동조합의 권리를 제한하는 태프트·하틀리법을 통과시킨다.

1948년

루이 상 로랑이 자유당 총리가 된다.

1949년

뉴펀들랜드가 연방에 합류한다. 캐나다가 북대서양조약기구에 가입한다. 연방 선거에서 CCF 의석수가 13석으로 준다.

중화인민공화국이 수립된다.

소련이 첫 원자폭탄 실험을 한다.

1950년

한반도에서 한국전쟁이 일어난다.

미국은 공산주의 활동을 엄격하게 제한하는 법을 제정한다.

미국이 첫 수소폭탄 실험을 한다.

1953년

연방 선거에서 CCF가 23석을 차지한다.
한국전쟁의 휴전조약이 맺어진다.

1954년

토미 더글러스 정부가 임금상승을 제한한다.
전력 설비조합이 파업을 하겠다고 위협한다.
근무 복귀 법안이 제출된다.

1954년

전국적으로 방영된 텔레비전 방송에서 미국 상원의원 조지프 매카시가 공산주의자의 색출을 촉구한다.

1956년

캐나다 인 가운데 50퍼센트가 민간 의료보험 혹은 비영리 의료보험에 가입해 있다.

1957년

캐나다에서 입원 검사 보험법이 통과된다.
6월, 존 디펜베이커의 PC당이 자유당을 물리친다. CCF는 25명을 당선시킨다.
소련이 최초의 인공위성 스푸트니크를 발사한다.

1958년

연방 정부가 남서스캐처원 강 댐의 건설을 인가한다. 토미 더글러스 정부가 1944년부터 요청해 왔던 사업이다.

1958년

3월, 디펜베이커 정부가 208석을 차지하고, 겨우 8석밖에 얻지 못한 CCF는 노동계와의 연대를 더 강하게 모색하게 된다.

1959년

이탈리아를 방문한 토미에게 안면 마비가 발생했지만, 그럼에도 불구하고 연설을 강행한다.
4월, 토미는 메디케어를 도입하기로 결정했음을 선언한다.

1959년

세인트 로렌스 수로가 개통된다.
피델 카스트로가 쿠바의 총리가 되고, 소련과 동맹을 맺는다.

1960년

서스캐처원의 6월 지방 선거에서 메디케어가 핵심 쟁점으로 떠오른다. 토미가 압도적인 지지를 받지만 의사들은 계속 저항한다.

1960년

CCF 해산한다.
존 F. 케네디가 미국의 대통령으로 당선된다.

8월, 토미가 새로운 전국정당인 신민당의 당 대표로 선출된다. 그는 주 의회에서 메디케어를 실시하기 위한 특별 회기를 소집한다. 11월에는 주지사직에서 사퇴하고, 우드루 로이드가 그 뒤를 잇는다.

6월, 연방 선거에서 서스캐처원 주의 선거운동이 혼탁하게 진행된다. 토미는 리자이나에서 낙선한다. 그 뒤 보궐 선거를 통해 브리티시 컬럼비아의 버너비·코퀴틀럼 지역구에서 당선된다.

메디케어가 처음 실시된 7월 1일, 서스캐처원 주 의사 중 90퍼센트가 파업에 참여한다. 대체 의사들이 초빙되어 오고, 파업은 1개월 만에 끝난다.

오타와에서 토미와 신민당이 권력의 중심추 역할을 한다. CCF와 마찬가지로 신민당 역시 의회에서 양심 세력의 역할을 하고, 정부로 하여금 메디케어, 연금, 노동 제도 개혁을 시행하도록 이끈다.

서스캐처원에서 자유당이 신민당을 물리친다. CCF와 신민당은 20년의 집권 기간 동안 서스캐처원 주의 부채를 다 갚는다.

캐나다 모든 주가 입원 치료 보험을 도입한다. 쿠바의 망명자들과 미군이 쿠바의 피그스 만 침공을 시도했다가 실패한다.

베를린 장벽이 독일을 동독과 서독으로 갈라 놓는다.

캐나다 연방 선거에서 디펜베이커와 진보·보수당이 서부를 휩쓴다. 서스캐처원에서 신민당 후보는 한 사람도 당선되지 못한다.

미국이 남베트남에 군사위원회를 구성한다.

쿠바의 미사일 사태로 미국과 소련이 전쟁 직전까지 간다.

레스터 피어슨이 이끄는 자유당이 여소야대 정부를 수립한다.

미국 정국은 인종 폭동과 평화 행진으로 어수선하다.

미국 정부는 베트남에 파병한다.

케네디 대통령이 암살당한다.

에메트 홀 판사가 캐나다 모든 주에서 메디케어 실시를 촉구하는 보건 서비스에 대한 보고서를 제출한다.

단풍나뭇잎을 상징으로 하는 캐나다의 새 국기가 채택된다.

미국의 학생들이 베트남 전쟁에 반대하는 시위를 벌인다.

1967년

더글러스 주립공원의 디펜베이커 호수에 가디너 댐이 완공된다.

1968년

선거를 앞두고 3개 당의 당 대표가 나오는 텔레비전 토론회에서 토미는 두 후보를 압도한다. 신민당은 22개 의석을 차지하지만, 토미는 낙선한다.

6월, 보궐 선거에서 너나이모-코위찬-도서지역 지역구에 출마하여 당선된다.

1969년

토미는 미국의 베트남 정책에 비판적 입장을 취한다.

1970년

토미와 신민당 의원들은 정부가 전쟁 조치법을 발동한 것을 비난한다. 이런 입장은 신민당 내부에 첨예한 분열을 가져왔고, 이때가 "그의 최고의 시기이자, 분명 가장 고독한 시기"가 된다.

1971년

토미의 뒤를 이어서 데이비드 루이스가 신민당 당 대표로 선출된다. 토미는 에너지 비평자의 역할을 담당한다.

1966년

캐나다에서 메디케어법이 통과된다.

1967년

캐나다가 영연방 가입 100주년을 기념한다. 프랑스 드골 대통령은 "퀘벡 해방 만세"라고 외친다.

1968년

피에르 트뤼도가 피어슨의 뒤를 이어 자유당의 당 대표가 되고, 캐나다의 연방 선거에서 승리한다.

미국에서 마틴 루터 킹과 로버트 케네디가 암살당한다.

1969년

신민당이 매니토바 주 선거에서 승리한다. 당의 와플파는 더 많은 사회주의 정책을 요구한다.

닐 암스트롱이 인류 최초로 달에 내려서서 걷는다.

1970년

캐나다의 트뤼도 정부는 퀘벡 해방전선 사태에 전쟁 조치법을 발동한다.

1971년

신민당이 서스캐처원 주 지방 선거에서 승리한다. 좌익 싱크탱크인 더글러스-콜드웰 재단이 설립된다.

캐나다와 중국이 외교 사절을 교환함으로써 중국을 외교적으로 인정할 기반을 마련한다.

1972년

토미는 자메이카에서 노상강도를 때려눕힌다.

1975년

토미는 집에서 이야기하던 도중 출혈성 궤양으로 쓰러진다.

1979년

토미는 정계를 은퇴한다. 더글러스-콜드웰 재단의 대표가 되며, 대표단을 이끌고 중국을 방문한다.

1980년

토미가 캐나다 1급 훈장을 수여받는다.

1981년

토미는 수술로 치유 불가능한 암에 걸렸다는 진단을 받는다.

1983년

매우 쇠약해진 상태이지만, 토미는 신민당의 전당 대회 날이자, 리자이나 선언문 선포 50주년 기념 행사에서 연설을 한다. 이때 30분 동안 기립박수를 받는다.

1984년

토미는 버스에 치여 몇 주 동안 입원한다.

1985년

12월 5일, 토미는 서스캐처원 주 공로상을 수상한다. 이것이 모습을 드러낸 마지막 공식 행사였다.

1986년

2월 24일, 토미 더글러스 사망한다.

1972년

캐나다의 모든 주에 메디케어를 도입한다. 브리티시컬럼비아 지방 선거에서 신민당이 승리한다.

1975년

공산주의 세력이 미군을 베트남으로부터 몰아낸다.

1980년

홀 재판관은 캐나다의 메디케어 제도가 세계에서 가장 훌륭한 의료 제도 중 하나라고 평한다.

233

토미 더글러스와 캐나다 메디케어는
지금 한국 사회에 무엇을 말하는가

우석균 | '건강과 대안' 부대표

    토미 더글러스라는 인물과 그의 삶은 한국에서 잘 알려져 있지 않다. 한국에서 그의 이름이 대중적으로 조금이나마 알려지게 된 계기는 영화《식코》였을 것이다. 이 영화에는 마이클 무어 감독이 캐나다 사람들에게 가장 존경하는 사람이 누구인지 묻는 장면이 나온다. 답은 바로 토미 더글러스다. 그들은 전 세계적으로 유명한 아이스하키 선수 웨인 그레츠키나 팝 가수 셀린 디온보다도 더 존경하느냐는 질문에 그렇다고 대답한다.

    '건강과 대안'에서 세계 여러 나라의 무상 의료 도입 과정을 공부하다 캐나다에서 사회보장 제도를 도입하는 과정에 상당히 특이한 점이 있다는 것을 알게 되면서 토미 더글러스에 대한 관심은 더욱 커졌다. 캐나다의 무상 의료 도입 과정에서 토미 더글러스라는 인물과 그가 속했던 CCF와 신민당이라는 정당의 역할은 핵심적이었다. 영화《식코》의 장면이 과장은 아니었던 것이다.

    또한, 토미 더글러스는 찾아볼수록 매력적인 인물이었다. 토미 더글

러스의 연설을 바탕으로 만든 애니메이션《마우스랜드》의 도입부에서,
《24》라는 미국 드라마 주인공으로 잘 알려진 키퍼 서덜랜드가 자신의
외할아버지를 소개하면서 이야기했듯이 토미 더글러스는 빼어난 연설
가이기도 했다. 결국 이러한 관심은 이 책을 옮긴 김주연 선생님과 함께
토미 더글러스 전기의 여러 판본을 읽어 보고 번역까지 해 보자는 구상
으로까지 이어졌다.

토미 더글러스라는 인물은 삶의 이력 자체가 극적이고 감동적이기도
했지만, 다른 한편으로는 그의 삶이 캐나다 무상 의료의 도입과 나아가
캐나다의 진보적 사회운동과 진보 정치의 역사라는 점에서 지금 여기
한국 사회에도 시사하는 바가 적지 않았다. 이것이 이 책을 한국 사회
에 소개하는 또 다른 이유이기도 하다.

토미 더글러스라는 인물의 개인사는 캐나다의 역사라는 배경 위에서
볼 때, 특히 이민자들의 역사, 캐나다 진보 정치의 역사와 함께 볼 때 더
욱 뚜렷하게 보인다. 그리고 캐나다 무상 의료의 도입 과정, 캐나다 진보
운동의 역사적 배경에 대한 약간의 설명, 캐나다 및 전 세계의 무상 의
료 제도에 대한 설명은 토미 더글러스에 대한 이해를 더욱 풍부하게 해
주는 동시에, 지금 한국 사회에서 한창 논의되고 있는 무상 복지를 제대
로 헤아리는 데 도움이 되리라 생각한다.

1. 캐나다와 서스캐처원, 그리고 대공황

토미 더글러스가 정치를 펼친 주 무대인 서스캐처원 주는 캐나다 대
초원 지역의 3주 가운데 한 주다. 캐나다는 전 세계에서 두 번째로 국토

가 넓으면서도 인구는 한국의 3분의 2인 3400만 명 정도이다. 그 캐나다 국토의 11퍼센트만이 인구가 사는 거주 지역, 즉 에쿠메네ecumene이다. 그리고 캐나다는 전 세계에서 가장 긴 국경을 가지고 있는 나라이기도 한데, 그 국경을 접하고 있는 나라가 하필이면 바로 미국이며, 그 미국과의 국경에서 150킬로미터 이내에 전 인구의 72퍼센트가 거주한다. 그래서 캐나다는 동서간 교류보다는 미국 각 지역과의 남북 교류가 더 손쉬운 나라이다. 이러한 지정학적 맥락에서 보면, 캐나다가 미국과의 남북간 지역적 결합을 더 강화할 자유무역협정을 맺었다는 것은 캐나다 정체성 자체의 혼란이라는 것을 알 수 있다. 그런 면에서 봤을 때, 토미 더글러스가 오늘날 캐나다에서 가장 사랑받는 정치인이 된 것은 그가 캐나다의 새로운 정체성, 즉 미국과 달리 '복지 제도를 갖춘 북아메리카 대륙의 국가'를 만들어 낸 정치인이기 때문이기도 하다.

캐나다는 온타리오와 퀘벡을 중심으로 한 동부 지역에 인구의 약 70퍼센트가량이 살고 있으며, 여기에 우리에게 익숙한 인구 밀집 지역인 황금 삼각지대라 불리는 수도 오타와, 토론토, 퀘벡이 속해 있다. 그리고 나머지 30퍼센트 정도는 캐나다 서부에 사는데 이 가운데 반 정도는 태평양 연안인 밴쿠버를 중심으로 하는 브리티시컬럼비아 주에 살고, 대초원 지역의 세 주 즉 앨버타, 서스캐처원, 매니토바에 그 나머지 인구가 살고 있다.

이 가운데서도 서스캐처원에 가장 적은 인구가 산다. 즉, 가장 오지라는 뜻이다. 서스캐처원은 캐나다 전체 인구의 3.4퍼센트인 100만 명 정도가 살고 있으며, 가장 큰 도시인 리자이나나 새스커툰의 인구가 각각 20만 명 정도밖에 안 된다. 서스캐처원은 캐나다에서 인구로 보나 산업으로 보나 가장 떨어지는 지역이라 할 수 있다. 그런데 이곳이 캐나다의 사회보장과 무상 의료의 역사, 또 정치적 의미에서 가장 중요한 주가 되었다는 것은 상당히 흥미로운 지점이다. 또한, 대공황과 그 속에서 탄생한 사회주의 정당 CCF, 그리고 토미 더글러스를 빼놓고 그 맥락을 이해하기 어렵다.

1920년대까지 서스캐처원 주는 제1차 세계대전으로 인한 곡물 가격 상승과 농업 이주로 성장하고 있었지만, 토미 더글러스가 서스캐처원의 웨이번에 부임했던 1930년은 이른바 '먼지투성이 30년대'가 시작되던 바로 그 해였다.

당시 서스캐처원의 상황은 대공황의 도래만큼이나 급변하였다. 서스캐처원의 단일 작물이었던 밀 가격은 폭락했고, 단일 작물 경작과 휴경 없이 계속되던 농작의 폐해에 때마침 1930년부터 미국과 캐나다의 대초원 지대에 들이닥친 가뭄까지 겹쳐 미국 중서부 지대의 텍사스, 오클라호마 등과 캐나다 서스캐처원을 포함한 대초원 지역의 농지는 사막으로 변해 버렸다. 이 사막의 모래는 모래폭풍을 일으켰고, 이에 그 일대를 황진 지대Dust Bowl라고 부르게 되었다. 이 모래폭풍은 농지를 버리고 떠도는 집 없는 농민들과 함께 1930년대 대공황기의 대표적인 상징 가운데 하나가 되었다. 그 당시 미국 오클라호마에서 농지를 은행에 빼앗기고 캘리포니아로 이주하는 한 가족의 참상과 투쟁을 그린 소설이 바로 존 스타인벡의 《분노의 포도》이다. 이 작품에서도 잘 다루어지고 있는 것처럼, 당시 은행들은 많은 사람에게서 집과 농지를 압류하였고 그렇게 쫓겨난 사람들이 굶주린 배를 움켜쥐고 거리를 떠돌게 되었다. 서스캐처원 역시 마찬가지였다. 바로 이러한 대공황기에 가장 큰 타격을 받은 지역의 한복판에 불과 26살의 토미 더글러스가 목사로 부임했던 것이다.

그때로부터 80여 년이 지난 지금 미국에서는 그와 똑같은 일이 다시 벌어지고 있다. 노벨경제학상 수상자인 폴 크루그먼이 이야기했듯이, 2008년 이후 미국에는 1930년대 대공황에 버금가는 최대의 경제 위기가 닥쳤고 미국에서만 수백만 명이 은행에 집을 압류당하여 거리로 내몰리고 있는 일이 시작되었다. 이것이 바로 지금 토미 더글러스의 삶을 돌아보려는 또 다른 이유이기도 하다.

1931년 여름 토미는 사회학 현장 연구를 위해 시카고 대학교로 갔는데, 거기서 '사회학'이 아니라 대공황으로 해체된 미국 '사회' 자체를 만나게 된다. 대공황 전에는 은행 서기, 변호사, 의사 같은 직업을 가진 중산층이었지만 이제는 구걸과 도둑질로 매일 생계를 이어 가는 7만여 명의 노숙자가 거주하는 호보 정글이 그의 현장 연구지였다.

또한 같은 해 9월 토미는 에스테반에서 광부들의 파업을 맞닥뜨리게 되는데, 그가 목격한 것은 노동자들의 형편없는 임금, 무너져 가는 종이 상자 같은 집, 쓰레기와 이가 들끓는 주거 환경, 그리고 광산주 소유의 상점이 노동자들의 임금을 이중 착취하는 부조리였다. 그가 그 지역 교회에서 파업 노동자들을 지지하는 연설을 하게 되는 것은 당연한 귀결이었다. 결국 그는 파업 노동자들과 함께 '빨갱이 목사'로 몰리게 되었다.

에스테반의 노동자들은 1931년 9월 29일, 주요 도로에서 행진을 벌이며 "우리 아이들이 굶주린다." "우리는 종이 상자 집에서 살기를 원하지 않는다." 같은 구호를 외쳤다. 하지만 이 평화적인 행진은 캐나다 왕립 기마경찰대에 의해 폭력적으로 진압당했고, 경찰의 발포로 세 명의 노동자들이 살해당하고 수십 명이 부상당했으며 수백 명이 체포되었다.

2. CCF와 토미 더글러스

영국 노동당을 지지하는 집안의 첫째 아들로 태어나 어렸을 때 위니펙 항쟁을 보고 자랐고, 자유주의적인 사회적 복음 운동을 주창하던 대학을 졸업한 토미 더글러스가 목사로 부임하자마자 맞닥뜨린 상황이 바로 앞서 이야기한 대공황과 그로 인한 노동자들의 피폐한 삶, 그 현실에 제대로 대처하지 못하는 부패한 정권이었으니, 그가 정치에 뛰어들게 된 것은 어쩌면 당연한 일이었을지도 모른다. 결국 그는 1932년, 훗날 CCF의 서스캐처원 지부가 된 노동자-농민당의 출범에 참여하게 되고 1934년과 1935년에 CCF의 후보로 선거에 출마한다. 1934년에는 낙선했지만 1935년에는 교회의 반대에도 불구하고 다시 출마하여 하원의원이 된다.

CCF는 리자이나 선언에서 "우리는 한 계급이 다른 계급을 지배하고 착취하는 사회 질서를 가진 현재의 자본주의 체제와 그 속에 내재되어 있는 불의와 비인간성, 그리고 경제 계획으로 규제되지 않는 민간 기업 활동과 경쟁을, 경제적 평등을 바탕으로 하는 진정한 민주적인 자치를 실현하는 사회로 대체할 것을 목표로 한다."라며 자본주의 체제를 사회주의 계획 경제로 대체할 것을 명확하게 밝혔다.

CCF는 북아메리카 대륙에서 처음으로 집권에 성공한 사회주의 정당이다. 하지만 대공황 이전까지 캐나다에서는 자유당과 보수당의 양당 체제가 철옹성 같아서, 누구도 CCF 같은 사회주의 정당이 그처럼 급속하게 지지를 얻을 수 있으리라고는 상상도 못했다. 하지만 대공황으로 캐나다의 총생산이 40퍼센트나 감소하고 1933년에는 실업률이 27퍼센트에 달했는데도, 캐나다에는 미국의 루스벨트 같은 정치인도 없었고 뉴딜 같은 최소한의 사회 정책도 없었다. 보수당과 자유당에 대한 불만이 점점 커져 가고 있었던 것이다. 1935년에 오타와 행진과 리자이나 항쟁이 일어나 다급해진 보수당 정부는 고용 및 사회보험법을 통과시켰지만 베넷 뉴딜이라고도 불렸던 이러한 법안은 실제 집행 권한이 주 정부에 있었고, 또 재정 지출이 충분치 않아 실제 성과를 거두지는 못하였다. 바로 이러한 상황에서 서스캐처원 등에서 CCF의 연방 의회 진출이 이루어졌던 것이다.

또한, 역사적으로 제2차 세계대전은 유럽의 노동운동과 사회운동을 급진화시키는 계기가 되었다. 던컨 할라스는 제2차 세계대전 1~2년 후 영국 맨체스터의 한 허름한 극장에서 고전적인 반전 영화인《서부 전선 이상 없다》가 상영되었을 때를 다음과 같이 회상한다. "한 독일 병사가 다른 독일 병사에게 '장군들과 정치인들이 나와서 자기네들끼리 곤봉을 가지고 싸우게 했어야 했어.'라고 말하는 장면에서 갑자기, 상당수의 퇴역 군인이 포함되어 있었을 객석에게 즉각적이고 자동적으로 큰 박수가 터져 나왔다." 실제로 영국 퇴역 군인들의 92퍼센트가 제2차 세계대전 직후의 선거에서 영국 노동당에게 투표를 했다.

이것은 영국에서만 일어난 일이 아니었다. 이탈리아와 그리스에서는 파시즘 체제가 해체된 후 노동자들이 직접 정권을 잡거나 공산당-사회당 연정이 집권을 했고, 대부분의 나라에서 사회당과 공산당이 정권에 참여하는 등의 변화가 발생했다. 이러한 사회적 분위기는 미·소 양국이 냉전에 돌입하여 미국과 유럽에서 좌익 진영이 정권에서 쫓겨나고 다시 탄압을 받게 되기 전까지 일정 기간 동안 지속된다.

직접 참전한 군인들이 상대적으로 적고 전쟁의 참화를 본토에서 겪지 않은 캐나다도 예외가 아니었다. 제2차 세계대전 기간 동안의 한 여론조사에서는 응답자의 80퍼센트가 세금에 기초한 포괄적 건강보험 제도와 60~65세 이상의 고령자에 대한 보편적 연금을 지지했다. 1943년 9월 갤럽조사에 의하면 보수당과 자유당을 지지하겠다는 응답이 각각 28퍼센트였던 반면 CCF를 지지하겠다는 여론은 29퍼센트에 이르렀다.

이러한 사회적 분위기에서 토미 더글러스는 1935년부터 1944년에 서스캐처원 주지사가 될 때까지 8년 동안 오타와에서 연방 하원의원으로 활약하면서, 농민 문제뿐만 아니라 분만 복지, 실업보험, 농가 부채 및 노령연금, 건강보험 등에 대해 진보적인 주장을 대변하였고 이를 통해 전국적인 진보 인사로 부상하게 된다.

3. 서스캐처원에서의 집권과 사회 개혁

결국 1940년 CCF는 연방 의회 선거에서 8석을 얻었고 이 중 5석은 서스캐처원에서 얻었다. 그리고 1943년 온타리오 주 의회 선거에서 CCF는 간발의 차이로 2위가 되었다. 드디어 1944년에 CCF의 앞마당이라 할 수 있는 서스캐처원에서 52개 의석 중 47개 의석을 얻어 CCF는 압승을 거두었다. 서스캐처원 주 CCF가 승리하면서 이루어 낸 이 집권은 북아메리카 대륙에서 사회주의 정당으로는 최초의 일이었다.

서스캐처원에서의 사회주의 정부의 집권은 1930년대 대공황과 그에 맞선 캐나다 역사상 가장 큰 두 번의 투쟁이 낳은 결과이기도 하다. 그것은 1931년의 에스테반 광부들 파업과 1935년의 리자이나 항쟁으로, 이 둘 다 서스캐처원에서 일어난 사건이다. 1963년 《스타 위클리》는 리자이나 항쟁에 대해 다음과 같은 기사를 실었다.

"1935년 7월 리자이나의 올드 마켓 스퀘어에서 캐나다 역사상 가장 심한 유혈 거리 전쟁이 일어났다. 황혼 무렵 파업 노동자들과 시민들이 모여 있는 곳에 캐나다 왕립 기마경찰대와 시 경찰이 들이닥쳐 호루라기를 불고 집회를 해산시키고 파업 지도자들을 체포하려 했다. 경찰은 총과 채찍, 최루탄으로 무장하고 있었고, 파업 노동자들은 곤봉과 벽돌, 콘크리트 덩어리로 맞섰다. 세 시간 동안의 진압 과정에서 형사 한 사람이 곤봉에 맞아 죽었고, 100명이 넘는 파업 노동자, 시민, 경찰이 부상을 입었으며 이들 중 반은 입원했다. 차들은 전복되었고 거리의 창문은 깨졌다. 5일 뒤 파업 노동자들은 서부로 짐짝처럼 실려 갔다.

아직도 리자이나 사람들은 1935년 7월의 어느 날 일어난 이 일의 결과 중 하나가 9년 뒤 CCF의 선거 승리라고 주장한다. 확실히 대공황의 유령이 서스캐처원 주를 뒤덮고 있다. 그것은 지난 10년 동안 모든 희망을 잃었던 서스캐처원 사람들을 아직도 사로잡고 있다. 자부심 강한 사람들 위로 덮어 씌워진 빚더미의 공포, 자식들에 대한 큰 기대, 하늘이 무너질 것 같은 두려움, 이것은 대초원 사람들의 한 세대 전체가 지닌 특징이다. 오늘날까지 서스캐처원의 농부들은 '풍작'을 이야기하지 않는다. 그것이 불운을 불러일으킬지도 모른다는 이유 때문이다."

이 서스캐처원에서의 집권은 캐나다에서 가장 가난한 주에서의 집권이었으나 이것이 캐나다 전체에서 가지는 의미는 결코 작지 않았다.

CCF가 서스캐처원에서 집권하고 다른 주에서도 약진하면서 드디어 캐나다에서도 복지 제도가 의제에 오르기 시작하였다. 비록 예비 보고서에 불과하였지만 영국의 비버리지 보고서에서 영감을 받은 마쉬 보고서가 다시 각광을 받기 시작한 것도 그 한 예이다. 그러나 주된 사회복지 부문의 개혁은 이러한 보고서나 의회의 논의에 따라 이루어진 것이 아니라, 서스캐처원에서 실제로 제도를 실행하고 이를 전파하면서 이루어졌다. 서스캐처원에서 CCF는 1944년 이후 다섯 번에 걸쳐 연속적으로 집권했다. 이 중 첫 번째 임기 동안 CCF는 공영 전력 회사, 자동차보험 등 많은 공영 회사를 만들었으며, 무상 의료를 위한 초기 과제들을 실행했다.

집권 후 공약의 주요 과제들을 실행해 나갈 때, 기득권층의 반대뿐만이 아니라 이전 정부가 남긴 재정 적자도 토미 더글러스를 괴롭혔는데, 주 재무 장관으로 임명된 클래런스 파인스는 이 문제를 해결하는 데 큰 도움을 주었다. 파인스와 토미는 수많은 공공 기업을 설립하고, 그곳에 노동조합이 들어설 수 있도록 했다. 이러한 공공 기업의 설립은 기간산업의 국유화를 '사회주의의 커맨딩 하이츠Commanding Heights'라고 불렀던 영국의 노동 장관 어니스트 베빈의 국유화 정책과 유사하다. 서스캐처원에서는 공공 기업의 설립이 광범위하게 이루어졌고 특히 이미 설립되어 있는 민간 기업과 경쟁을 벌이면서까지 이루어졌다는 점이 중요하다. 이러한 공공 기업의 설립은 중장기적으로 재정 문제와 고용 문제 해결, 노동조합 설립으로 인한 지지층의 창출이라는 여러 가지 목적을 한꺼번에 달성시킬 수 있는 주요 정책 목표이자 수단으로 기능하였고, CCF가 연속적인 집권을 하는 데 원동력이 되었다. 결국 CCF의 이러한 기조는, 복지 프로그램이 단지 교육이나 의료, 사회보장 분야에 국한된 것이 아니라 기간산업의 공공 기업화와 고용 및 노동 문제를 포괄해야 성공적일 수 있다는 것을 잘 보여 준다.

4. 무상 의료 제도의 전면 도입과 의사 파업

1959년 CCF는 선거 공약으로, 병원 서비스에만 적용되던 무상 의료 제도를 모든 의료 서비스로 확대하는 메디케어의 설립을 제시한다. 이 것은 1944년 첫 집권 때부터 이미 입원 서비스에 적용하였던 무상 의료를 이제 전체 의료 분야로 확대하는 것이었다. 그러나 의사들은 무상 의료의 전면적 시행이 이루어지면, 이러한 "사회주의 의료" 아래에서는 "획일적인 진료"를 강요당하며 의사들은 "노예 노동"을 하게 되고 "의사-환자의 관계가 침해"될 것이라고 주장했다.

토미 더글러스가 주지사직을 후임 로이드에게 넘기고 신민당 당 대표 직을 맡은 이후 법 집행이 미루어지고, 의사들의 파업 위협에 따른 협상 을 벌이는 사이 서스캐처원 의사협회는 파업과 캠페인을 조직할 시간 을 벌 수 있었다. 이 기간 동안 의사협회와 주 정부에 반대하는 자유당 과 보수주의자들은 "우리 의사를 지키자!"는 의사 보호위원회를 캐나 다 전 지역에 구성하였다. 이 위원회의 지도자들은 주로 자유당 인사들 과 그 지지자들로 이루어졌다. 서스캐처원 의사협회는 미국 의사협회의 조직 방식을 학습하여 주요 의사를 중심으로 소그룹으로 의사들을 조 직하였다. 물론 서스캐처원 정부도 가만히 있지는 않았다. 파업이 실행 될 때 생길 의료 공백을 메우기 위해 주 정부는 영국에 특사를 파견하여 의료진을 모집하였다. 이 의료진 중 일부는 파업 전에 서스캐처원에 도착하기도 하였다.

이 파업은 서스캐처원뿐만 아니라 캐나다를 넘어 미국 전역의 이목을 집중시켰다. 1962년 5월은 미국 의사협회가 케네디 대통령의 의료 개혁에 반대하는 캠페인을 전개하고 있을 때였기 때문이다. 파업 하루 전인 1962년 6월 30일, 캐나다와 미국의 모든 신문이 의사 파업 전야라는 기사를 1면에 실었다.

의사들의 파업은 23일간 이루어졌다. 의사 보호위원회의 지원과 특히 자유당 서스캐처원 지역당 대표의 전폭적이며 공개적인 지지, 자유당당 대표의 캐나다 의사협회에 대한 공개적인 재정 지원, 보수 언론의 공개적 지지 속에 행진, 청원, 공개 토론 및 광고가 동시에 전개되었다. 이들의 행진에는 "유대인의 코, 중국인의 변발, 중세 풍의 옷을 입은 의사"를 그린 "서스캐처원 정부 수입 의사"라는 전형적인 인종주의적 캐리커처가 등장했다.

그러나 파업 첫날부터, 9개월 된 아기가 의사들을 찾아다니다 사망하는 사건이 일어났고 이를 다룬 기사가 《뉴욕타임즈》에 실렸다. 이러자 지역 의사들과 친밀한 관계였던 주민들이 하루 만에 의사들에게 압박을 가하기 시작했고, 스스로가 조직하여 새로운 의사를 찾아 나서기도 했다. 의사협회와 자유당이 조직한 행진이 애초 주최 측이 기대한 규모의 10분의 1에 불과한 5000명밖에 모으지 못하고, 그마저도 간호사와 약사, 의대생처럼 의사협회가 동원한 사람들이 상당수일 정도로 파업에 대한 지지는 미약했다.

파업은 계속 진행되었지만 결국 의사들이 소리 없이 복귀하기 시작하여 문을 여는 병원도 늘어나고 복귀하는 의사가 늘어나면서, 응급실을 여는 병원의 수가 점점 늘어났다. 응급실을 지키던 의사들의 탈진에 대비한 응급의료 지원 팀이 캐나다와 미국의 여러 도시에서 조직되었다. 무엇보다 서스캐처원 주민들과 캐나다 국민들의 압력이 시간이 지날수록 더욱 강력해졌다.

결국 영국 무상 의료 제도 도입의 조력자였던 의사 테일러 경이 영국에서 날아와 의사협회와 서스캐처원 주 정부 사이에서 중재에 나서면서 23일간의 파업은 끝을 맺었다. 물론 이 파업으로 끝은 아니었다. 캐나다 전역에 무상 의료 제도가 도입될 때에도 캐나다 의사협회는 반대 캠페인을 전개했지만 다시 파업을 일으키지는 못했다.

서스캐처원의 신민당은 1964년 선거에서 자유당에 패배한다. 이 선거의 패배는 의사들의 파업이 하나의 원인이었다고 평가되기도 한다. 그러나 이 선거의 패배조차 CCF가 이루어 낸 무상 의료 제도의 지속을 막지 못했고 파업 지지에 앞장섰던 자유당조차 1964년 집권한 뒤에 이 무상 의료 제도를 다시 되돌리지는 못했다.

모든 개혁은 기득권층의 이익을 침해한다. 그리고 역사적으로 어느 사회에서나 개혁은 그 기득권층의 저항을 넘어설 때에만 진정으로 사회적 개혁으로서의 의미를 가진다는 것이 숨길 수 없는 진실이다. 미국에서는 동일한 시기에 진행되던 케네디 대통령의 의료 개혁이 미국 의사협회와 미국 병원협회를 선두로 한 미국 자본가들 반대에 막혀, 그리고 부분적으로는 기업별 복지 제도에 안주한 미국식 노동조합운동의 폐해 때문에 좌절되었다. 미국의 의료 개혁은 클린턴 대통령 집권기에 또한 번 실패하였고, 결국 오바마 대통령이 '민간 의료보험 강제가입, 공적 건강보험 부분 도입을 통한 민간 의료보험과의 경쟁'이라는 공약을 내걸고 집권하여 겨우 그 첫걸음을 떼었다. 그러나 그렇게 엄청나게 후퇴한 의료 개혁조차도 공적 건강보험 도입을 포기한 채 시행이 되었으며, 예산 부족으로 그 진전은 극히 느려 미국 '전 국민 건강보험 도입을 위한 의사회'에 따르면 오바마의 집권이 끝날 즈음에는 4800만 명의 무보험자 수를 1000만 명 정도만 줄일 것이 예상된다고 한다.

공교롭게도 케네디가 전 국민 건강보험 도입을 공약으로 내걸고 이를 추진했을 당시 케네디의 정적이었던 공화당 닉슨의 경쟁 공약은 40년 뒤 오바마가 내세웠던 공약과 동일하다. 즉, 오바마의 '역사적' 의료 개혁은 닉슨이 내세운 것보다 못한 의료개혁이었다는 말이다. 진보적 세력이 진보적 정치 세력으로 조직된 나라와 그렇지 못한 나라가 나아가는 길이 역사적으로 어떻게 다른지를 미국과 캐나다의 역사가 우리에게 보여 주는 지점이다.

서스캐처원에서 토미 더글러스와 CCF가 무상 의료의 전면 도입을 시행하면서 기득권층의 조직적 저항을 정면으로 극복하려 하지 않았다면 캐나다의 길도 미국의 길과 다르지 않았을 것이다. 한국에서 '전 국민 건강보험 도입'은 1987년 6월 항쟁과 7~9월의 노동자 대파업이 있은 뒤 1988~89년의 전국적 운동을 통해 이루어졌다. 이후 한국의 의료 개혁은 2001년 의약 분업에 따른 6개월이 넘는 의사 파업을 넘어서지 못하고, 더 이상의 의미 있는 진전이 없다.

5. 전 세계 무상 의료 제도의 현황

　이렇듯 캐나다에서 무상 의료 제도의 도입은 쉽지 않았다. 그러나 이렇게 어려운 과정을 거쳐 도입한 캐나다의 무상 의료 제도도 사실 유럽 국가들과 비교해 보면 그 보장성이 그렇게 높지 않다. 아래 표에서 보는 것과 같이 캐나다의 건강보험 보장성은 OECD 국가들 가운데 미국, 멕시코, 한국, 세 나라를 제외하고는 가장 보장성이 낮은 나라에 속한다. 유럽의 그리스(67퍼센트)만 빼고, 캐나다의 보장성 수준(70퍼센트)은 대부분의 유럽 국가들보다 낮다.

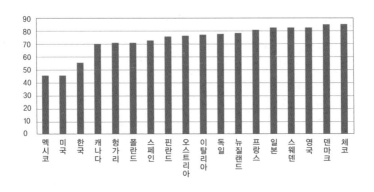

OECD 국가들의 의료비 공공 보장성 수준 비교 (2010 OECD)

　캐나다의 건강보험 보장성이 이렇게 낮은 것은 외래 의약품에 대해 건강보험이 적용되지 않기 때문이다. 처음 캐나다에 무상 의료 제도가 도입되었을 때에는 의약품 비용 자체가 높지 않아 외래 의약품에 대해 건강보험이 적용되지 않는 것이 그리 큰 문제가 되지 않았다. 그러나 이후 의약품 비용이 의료비에서 차지하는 비중이 높아졌고 이 때문에 캐나다의 의료비 공공 보장성은 현재와 같이 70퍼센트 정도에 머물게 되었다. 물론 한국에 비해서는 상당히 높은 보장성이지만 말이다.

최근 한국에서도 무상 의료의 도입이 큰 논쟁거리가 되고 있다. 무상 급식 도입이 쟁점이 된 선거가 있었고, 오세훈 전 서울시장이 무상 급식을 의제로 한 주민투표를 강행했다가 서울시장에서 물러났고 이후 전면 무상 급식을 내건 박원순 후보가 당선되었다. 또한 이전 한나라당(현재 새누리당)이 스스로 반값 등록금 문제를 내걸었다가 이를 되물리는 촌극을 벌이면서 반값 등록금 문제 역시 사회적 의제가 되었다. 이 과정에서 무상 의료 또한 논쟁의 한가운데에 놓이게 되었다. 현재 제1야당인 민주통합당도 '실질적 무상 의료' 도입을 공약으로 내걸면서 무상 의료에 대한 논쟁은 앞으로도 지속적으로 제기될 전망이다.

왼쪽 표에서 보듯이 OECD 국가 대부분에서는 무상 의료 제도나 무상 의료에 가까운 제도를 시행하고 있다. 즉, 대다수의 OECD 국가에서 무상 의료는 '상식'에 가까운 제도라는 뜻이다. 그럼에도 불구하고 무상 의료에 대한 여러 가지 '오해'가 불거지고 있다. 이 중 대부분은 현재 보수 여당이나 보수 언론에서 일부러 만든 오해이고 또 지금까지 수십 년 동안 보수 기득권 세력이 무상 복지 제도에 대해 퍼뜨린 뿌리 깊은 편견들이다.

캐나다처럼 병원에 입원했을 경우 병원비를 내지 않는 나라는 매우 많다. 또, 일부 치료비를 부담한다 하더라도 많은 나라들에서는 '본인 부담 상한제'를 시행하고 있어서 병원비가 일정 상한액을 넘으면 정부가 그 이상의 의료비를 대신 내주어 의료비의 실질적 부담을 덜어 주고 있다.

예를 들어, 독일의 경우 의료비가 1년간 소득의 2퍼센트를 넘을 경우 나머지는 정부가 내준다. 월급이 250만원이라면 연간 60만원이 의료비 상한액이 되는 것이다. 프랑스는 외래 진료의 경우 진료비와 약값을 합해 연간 100유로(약 15만 원)를 상한으로 하고 있고, 입원 진료의 경우 한 달 이상 입원하게 되면 정부가 전액 이를 지불한다. 수술 등 치료비도 연간 91유로(약 13만 원)를 넘지 않게 하고 있다. 일본에서도 평균적인 소득을 가진 사람이면 연간 4만 4400엔(약 60만 원)이 본인 부담 한도액이다.

영국에서는 외래 진료나 입원비는 전액 무료다. 치과 진료의 경우에도 198파운드(약 35만 원)가 상한액이고 약값은 102.5파운드(약 20만 원)를 넘을 수 없다. 스웨덴은 연간 진료비와 약값을 포함해 약 45만 원을 넘지 않게 되어 있다.

이러한 진료비 상한제는 꼭 선진국에서만 시행되는 것이 아니라 한국보다 평균 소득이 적은 나라에서도 시행되고 있다. 대만은 연간 4만 1000대만달러(약 160만 원)가 상한액으로 정해져 있다. 태국도 병원을 찾았을 때 어떤 질병이라도 하루에 30바트(약 1085원)만 내면 되는 제도인 '30바트 의료보장 제도'를 2002년부터 시행하였다. 태국에서 이른 바 '레드 셔츠'와 '엘로우 셔츠'의 갈등이 정치적 갈등의 지속적인 핵이 되고 있는 것은 레드 셔츠가 단지 독재자 탁신이라는 개인에 대한 지지 세력만이 아니라, '30바트 정책'처럼 서민의 어려움을 덜어 주는 정책에 대한 지지 세력이기 때문이다.

물론 병원비나 의료비만 내지 않는다고 문제가 해결되는 것은 아니다. 병원에 입원하면 직장을 다니지 못한다거나 간병 비용이 든다거나 하는 추가 비용의 문제가 발생한다. 그러나 다른 나라들에서는 질병에 따라 돈을 벌지 못할 경우 '질병 수당'(한국의 산재보험에서는 상병 수당)이 지급되고 또 별도의 간병 비용을 추가로 부담할 필요가 없어 문제가 되지 않는다.

한국에서 많은 사람들이 민간 보험에 가입하는 이유가 단지 치료비 때문만은 아니다. 병에 걸리면 소득이 줄기 때문이다. 그래서 무상 의료 제도를 시행하는 대부분의 나라에서는 많게는 평소 임금의 80퍼센트에 이르는 상병 수당 제도가 함께 시행되고 있다. 이렇기 때문에 가족 가운데 돈 버는 사람이 중병에 걸렸다고 집안이 거덜 나는 경우는 없다.

또한 무상 의료 제도를 언제 시작했는지를 살펴보면 무상 의료는 부자 나라만 하는 것이 아니라는 사실도 분명하다. 영국, 프랑스, 독일, 네덜란드, 캐나다, 스위스, 스웨덴, 덴마크, 핀란드 등 선진국들에서 무상 의료나 무상 의료 제도와 유사한 제도를 시행하고 있지만 한국보다 국민 소득이 낮은 쿠바, 베네수엘라, 코스타리카도 유사한 제도를 시행하고 있다. 반면, 세계 최고의 부자 나라인 미국은 무상 의료 제도가 없다. 부자 나라라고 해서 무상 의료를 하는 것도, 부자 나라가 아니라고 해서 무상 의료를 하지 못하는 것도 아니다. 문제는 어떤 정부인가에 있고 국민이 어떠한 선택을 하는가에 달려 있다.

한국은 1995년에 국민 소득 1만 달러에 도달했고 현재는 2만 달러이다. 영국의 1인당 국민 소득이 1만 달러가 된 것은 1987년이지만 무상 의료 체계는 제2차 세계대전이 끝나고 1948년부터 시작되었다. 스웨덴의 1인당 국민 소득이 1만 달러가 된 것은 1977년이었지만 이미 1955년에 국민 모두에게 무료나 다름없는 의료 서비스를 제공하는 제도가 시작됐다. 캐나다의 경우만 보더라도 서스캐처원에서 무상 의료 제도를 도입했을 때 서스캐처원은 캐나다의 주 가운데 가장 가난한 주였다.

OECD 국가들은 국민 소득이 1만~2만 달러일 때 평균 공공 사회 지출이 국내 총생산의 18~20퍼센트 수준이었는데, 한국의 경우 1인당 국민 소득이 1만 달러에 진입한 1990년대 중반 복지 지출이 국내 총생산의 3퍼센트 정도밖에 안 되었다. 2만 달러를 넘은 지금에도 한국의 복지 지출은 국내 총생산의 8퍼센트 수준에 지나지 않아 OECD 국가들의 3분의 1 수준이다.

따라서 문제는 국민 소득이나 국가의 경제력이 아니다. 국민 소득이나 경제력으로 보면 한국은 이미 무상 의료를 했어야 했고 이미 늦어도 한참 늦었다. 무상 의료의 시행은 국민 소득이나 국내 총생산의 문제가 아니라, 병원과 민간 보험 기업의 이윤 추구를 막고 대다수 국민들을 위한 보편적 건강권을 위한 정책을 시행할 정부의 정치적 의지와 능력이 그 핵심이다. 국민의 건강을 우선하는 정부, 국민의 생명을 보험 회사나 제약 회사의 이윤보다 우선하는 정부가 필요한 것이다.

6. NAFTA와 캐나다 무상 의료 제도의 변화

캐나다는 1968년 전국적인 무상 의료 제도를 도입하였다. 그리고 캐나다가 미국과 자유무역협정을 체결한 것은 1989년이다. NAFTA(북아메리카 자유무역협정)로 멕시코, 미국과 자유무역협정을 체결한 것은 1992년이다. 즉, 약 20년 정도의 정착기가 존재했던 것이다. 이러한 20년간의 정착기에도 불구하고 1980년대 내내 진행된 신자유주의 정책과 이것의 정점으로 이루어진 NAFTA는 캐나다의 의료 제도와 사회 정책을 상당히 후퇴시켰다.

한국 정부는 FTA가 경제 성장을 높이고 이 경제 성장으로 일자리가 늘어나며 국민들의 복지가 향상될 것이라고 주장한다. 그러나 실제로 NAFTA를 체결한 이후 경제 성장률은 지속적으로 감소했으며 고용이나 복지 지출 또한 감소했다.

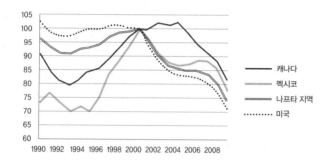

2000년도 기준(100퍼센트) NAFTA 지역의 제조업 고용 추이(1990~2009)

위 그래프에서 분명히 볼 수 있듯이 미국, 캐나다, 멕시코, 이 세 나라는 2000~2009년 동안에 모두 630만개의 일자리가 줄어든 것으로 보이며 이는 전체 제조업 분야의 일자리가 27퍼센트 감소했다는 뜻이다. 거의 재앙 수준이다. 특히 미국에서 시작된 2008년 경제 위기의 영향을 멕시코와 캐나다 두 나라가 직접 받은 것으로 보인다.

사회복지에서도 마찬가지다. NAFTA가 끼친 영향은 여러 부문에서 나타났는데, 실업보험이 축소되고 고소득 노동자에 대한 세금이 감면되었으며, 노동조합이 있는 산업의 구조조정으로 노동조합이 없는 기업들이 생겨났다. 그리고 정부의 전체적인 공공 지출이 줄어들어, 아래의 그래프에서 볼 수 있듯이 1992년 이후부터 미국과의 공공 지출 격차는 갈수록 줄어들고 있다.

　NAFTA가 시행된 지 20년 만에 캐나다는 미국 정도의 공적 지출을 행하는 국가로 바뀌어 버렸다. 국가의 권한이 약화된 것이다.

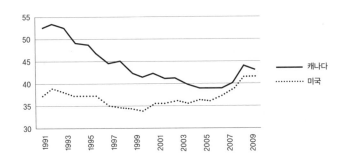

NAFTA 이후 미국과 캐나다의 GDP 대비 공공 지출 비율

　또한 GDP 중 공적 사회 지출, 즉 의료보장이나 연금, 고용보험 및 기타 사회 서비스 등의 공적 지출 비율을 보면, 미국은 OECD 평균에 비해 낮은 자신의 위치를 유지하고 있는 반면, 캐나다의 공적 사회 지출은 OECD 평균에 비해 낮아졌다. 결국 NAFTA 이후 캐나다에서 사회복지는 분명 후퇴했다.

　캐나다의 의료보장 제도를 보면, 1980년대 이후 특히 1989년 미국과 FTA가 체결된 이후 많은 변화를 겪었다.(아래의 내용은《의료 사유화의 불편한 진실》(김명희 외 지음, 후마니타스, 2010) 중 〈사유화로 병들어 가는 캐나다 공보험의 위기〉를 상당 부분 참조하였다.) 1995년 '캐나다 부조 기획'Canada Assistance Plan, CAP의 해체가 그 대표적인 경우라고 할 수 있다. '캐나다 부조 기획'은 연방 정부가 주 정부 및 지방 정부 복지 예산의 50퍼센트를 분담하도록 했는데, 1991년에는 그 재정 지원 비중이 30퍼센트로 줄어들었고 1996년에는 제도 자체가 캐나다 보건 및 사회 이전 Canada Health and Social Transfer, CHST 제도로 바뀌면서 전체 액수의 일정 비율을 지원하는 것이 아니라 일정 액수를 지원하는 것으로 바뀌었다. 이러한 연방 정부 재정 지원의 축소로 무상 의료 제도가 주로 타격을 받았다. 이러한 제도 변화에 따라 전체 사회복지 재정 중 1달러당 50센트를 지원하던 연방 정부 재정 지원이 1달러당 16센트로 깎였다.

1999년 연방 정부와 주 정부 사이에 체결된 사회보장 책임과 관련한 협약에는, 주 정부가 캐나다 연방 보건법에 따라 병의원 서비스 접근성을 보장하는 한, 연방 이전 기금을 민간(영리) 공급자와의 계약에 사용해도 무방하다는 내용이 들어 있다. 이러한 상황 변화로 캐나다에서 영리 병원이 허용되었으나 캐나다의 영리 병원은 캐나다 정부가 정한 바대로 캐나다 무상 의료의 원칙을 지켜야 해서 환자에게 정부가 정한 가격 이상의 돈을 더 받는 일이 금지되어 있으며, 또한 온타리오 주에서 시행하는 것처럼 연 이윤율 6.5퍼센트의 상한선 제한을 받는 등 매우 엄격한 제한을 받는다. 이 때문에 캐나다의 영리 병원은 현재 약 2퍼센트에 머물고 있다.

현재 보건의료 재정은 약 70퍼센트가 공공에서 지출되고 30퍼센트가 민간 재정으로 충당된다. 그러나 정부가 지정한 의료 서비스 분야에서는 연방 보건법에 의한 공적 운영, 포괄성, 보편성, 이동의 용이성, 접근성 등의 원칙에 따라 개인 부담 없이 무상 의료의 원칙이 행해지고 있

다. 반면, 정부가 지정한 의료 서비스 분야 외의 영역은 연방 보건법의
대상이 아니다. 이러한 연방 보건법 대상이 아닌 서비스는 앞서 지적했
듯이 외래 의약품이나 안과 및 치과 진료 등이며, 이외에도 장기 요양
시설이나 홈케어, 물리 치료, 재활 치료 등이 이에 해당한다.

이러한 영역에서는 민간 의료 기관이 진출하고 있고 그 의료 기관은
체인으로 운영되고 미국의 Atena와 같은 민간 의료 보험사가 운영하는
미국의 영리 의료 기업HMO에 의해 운영되고 있다. 이렇듯 미국의 영리
의료 기관의 진출은 점차 그 영역을 확장해 가고 있다.

더욱이 캐나다 의료 지출을 보면, 1975년에 공공 지출의 44.7퍼센트
를 차지하던 병원 재정 비중이 27.8퍼센트로 떨어졌고 의사들에게 쓰
이는 진료비는 15.1퍼센트에서 14퍼센트로 소폭 감소한 반면, 약제비는
8.7퍼센트에서 16.4퍼센트로 상승하였다. 이러한 사실은 당연히 공공
병원의 축소와 개인 재정 지출의 증가를 뜻한다. 특히 약제비 가운데 외
래 약제비가 의료보장에서 배제됨으로써 약제비의 증가는 개인의 의료
부담으로 전가된다.

이러한 약제비의 대폭 증가는 NAFTA에 포함되어 있는 허가-특허 연
계 조항에 기인하는데, 그 조항에 따르면 특허권자가 동의 고지를 보내
야만 제네릭을 생산할 수 있도록 하고, 동의 고지를 보내지 않을 경우에
는 소송에서 제네릭 제약 회사 측이 승소하거나 24개월이 지나야만 값
싼 복제약품을 생산할 수 있다. 결국 이는 특별한 이유 없이 특허권자의
특허를 과도하게 보호하는 것이며, 제네릭의 출시를 지연시킴으로써 보
건의료의 공적 재정과 환자들의 부담을 늘리는 것이다. 또한 약제비의
과도한 증가는 의료보장 재정에 압박을 주어 메디케어 전체의 보장성

약화에 기여하였다.

이러한 이유들 때문에 민간 의료보험은 빠르게 성장할 수 있게 되었고, 전체 캐나다 인구의 75퍼센트가 민간 의료보험에 들고 있는 현상을 초래했다.

물론 캐나다 연방법은 연방법이 지정하는 진료 서비스에 비해 더 빨리 진료를 받을 수 있는 민간 의료보험의 개발을 금지하고 있고, 민간 의료보험은 개인이 개별적으로 들기보다는 직장 또는 직능협회 단위에서 집단적으로 가입하는 경우가 많아, 보험 지급이 많을 것으로 생각되는 만성질환자 등에 대해 선택적 가입 거절을 하는 경우가 미국의 민간 의료보험보다는 더 적은 것으로 보고되고 있다.

그러나 2005년 6월 캐나다 최고 법원이 자끄 샤우이라는 의사가 퀘벡 주를 상대로 낸 소송에 대해, 의학적으로 필수적인 의료 서비스에 대한 민간 의료보험을 금지한 퀘벡 주의 법안이 인권 및 자유 헌장을 위배했다고 판결함으로써 사적 부문이 보건의료 영역에서 더 많은 부분을 차지할 길을 열어 놓았다.

NAFTA 이후에는 민간 보험의 시장 확대 가능성이 훨씬 더 커지고 있는데, 미국의 민간 의료보험 업체들이 캐나다 시장에 진출하고 있다. NAFTA에서 보험업의 외국인 소유 지분 25퍼센트 상한선을 철폐한 뒤, 1995년 미국 최대 보험사 중 하나인 리버티 뮤추얼Liberty Mutual이 온타리오 청십자 조합Ontario Blue Cross이라는 오랜 역사의 비영리 민간 의료보험 조합을 인수하는 일이 벌어지기도 했다. 이러한 일은 한미 FTA 발효가 임박한 현재 한국에서도 벌어지고 있는데 최근 한국에서 노인 실손 보험이나 치과 보험으로 급격히 시장 지분을 늘려가고 있는 라이나 보험은 미국의 최대 보험사 중 하나인 시그나Signa 보험사의 자회사이다.

NAFTA를 맺을 당시 보수당은 NAFTA에서 보건의료 분야는 예외라고 주장했으나 그것은 사실이 아니다. NAFTA에는 의약품도 포함되어 있었으며, 이후 메디케어의 보장성을 더 강화하는 데 실패한 이유도 결국 직간접적으로 NAFTA 때문이라고 할 수 있다.

만일 토미 더글러스가 집권할 당시 FTA가 있었다면 어떻게 되었을까? 그가 설립했던 자동차 보험사는 물론이고 수많은 민간 기업과 경쟁을 하던 공공 기업이 설립될 수 있었을까? 또 캐나다 전국 무상 의료 제도 도입의 시초가 된 1962년의 서스캐처원 주 메디케어 입법이 가능했을까? FTA를 민간화로 가는 편도 차편이라고 부르는 것은 결코 과장이 아니다. 하물며 NAFTA보다 훨씬 강력한 조항을 담은 한미 FTA가 발효된 뒤에 한국에서 어떠한 공공 정책이 가능할 것인가 묻지 않을 수 없다.

현재 캐나다 집권당은 보수당으로 신자유주의적 정책 기조를 유지할 뿐만 아니라 대대적인 이념 공세도 펼치고 있다. 그 핵심 세력은 한국의 '바르게살기협의회' 같은 보수 단체로서 현 총리인 스티븐 하퍼가 대표를 맡았던 '국가 시민 연합'National Citizen's Coalition, 삼성경제연구소와 비슷한 민간 경제연구소인 '프레이저 연구소'Fraser Institute, 전경련에 해당하는 '캐나다 경제인 협회'Canadian Council of Chief Executive, 기술 관료 등이다. 이들은 우파 성향의 전국적 일간지이자 지방지를 장악한 《내셔널 포스트》와 중도 자유주의에서 우파로 전향한 《글로브 앤 메일》을 통해 이념적 공세를 지속하고 있다. 마치 한국의 상황을 그대로 연상하게 하는 일이 캐나다에서도 일어나고 있는 것이다.

그러나 최근 이러한 정치적 지형에 커다란 변화가 일어났다. 2011년 5월 총선에서 신민당이 만년 제3당에서 최초로 제2당으로 올라서서 제1야당이 된 것이다. 신민당은 이전 선거에서 36석이었는데, 이번 총선을 통해 102석을 얻음으로써 약진을 이루었다. 한편, 보수당은 지난 선거에서 143석을 얻어 과반수에 못 미치는 여당이 되었지만, 이번에는 167석으로 과반수를 넘는 의석을 차지하였다. 더 놀라운 사실은 제1야당의 변화가 결코 일어날 수 없는 것처럼 보였던 캐나다에서 이러한 일이 일어났다는 것이다. 제1야당이었던 자유당은 76석에서 34석으로 몰락하였다. 신민당은 또한 퀘벡당이 장기 집권하던 퀘벡 주에서 제1당으로 올라섰다. 이 정도의 변화라면 신민당이 앞으로 보수당과 양당 체제를 형성할 가능성이 높다고 볼 수 있다. 캐나다 정치 지형의 지각 변동이 일어난 것이다.

한편으로 이 선거 결과는 정치적 양극화를 의미하지만 다른 한편으로는 캐나다 사람들의 변화를 향한 열망을 보여 주었다고 할 수 있다. 북아메리카 대륙에서 진보 정당이 최초로 명실상부한 제2당이 되었다는 것은 결코 작은 의미를 지니는 일이 아니다. 토미 더글러스가 최초로 서스캐처원에서 집권했던 것이 1930년대 공황기였다면 그의 정당인 신민당이 이제 80년이 지난 후 캐나다 전체에서 집권의 꿈을 이루어 가고 있다는 역사적 사실은 우리에게 많은 시사점을 준다.

7. 토미 더글러스와 오늘의 한국

토미 더글러스의 삶은 경제 위기의 시기에 과연 사람은 어떻게 살아야 하는가를 묻고 있는 것이라고 나는 생각한다. 토미는 1930년대 캐나다의 대공황으로 가장 타격을 심하게 입은 지역에, 이웃을 돕고 사회정의를 실현하려는 소박한 꿈을 품은 젊은 목사로 부임했다. 그러나 그기본 것은 배고프고 굶주려 옷도 못 입는 가족들이었고 몸이 아파도 돈이 없어 병원에 가지 못하는 이웃들이었다. 또, 기아 임금을 받고 노동을 하다 파업을 하였지만 결국 구속과 노동조합에 대한 탄압만 겪었던 노동자들이 토미의 주위에 있었다. 그가 목사직을 그만두고 사회운동과 정치로 뛰어든 것은 바로 이러한 상황 때문이었다.

이제 1930년대의 대공황에 비견되는 세계 경제 위기가 우리들의 목전에 다가와 있다. 이러한 시기에 토미 더글러스는 우리에게 과연 진정으로 이웃을 돕는 일이란 무엇인가를 묻는다.

그의 물음은 오늘날 진보 정치를 자처하는 모든 이에게 던지는 질문이기도 하다. 그가 지도부로 있던 CCF 그리고 신민당은 2011년이 되기전까지는 단 한 번도 소수당에서 벗어나 본 적이 없었다. 그러나 토미는 진보 정치의 길을 버리지 않았다. 그리고 그에게 전후 사회적 분위기의 급진화라는 기회가 왔을 때 그는 그 기회를 놓치지 않았고 캐나다의 가장 가난한 지역에서 말 그대로 기적을 창조해 냈다.

토미 더글러스는 자유당 또는 보수당으로 오라는 제의를 숱하게 받았고 또 그의 정치적 동지들 중에는 거대 정당으로 자리를 옮긴 사람도 있었다. 그러나 그는 진보 정치를 일생 동안 버리지 않았고 바로 그러한 진보 정당의 존재 때문에 북아메리카 대륙에서 미국과 가장 긴 영토를 공유하는 나라인 캐나다에서 사회복지 제도의 정착을 이루어 낼 수 있었다. 그는 양대 정당의 논리에 타협하지 않았으며 원칙을 관철시키기 위해 수십 년 동안 소수로 남아 싸웠다.

NAFTA가 도입된 뒤 의료 민간화가 이루어지고 복지 제도가 축소되는 과정은 우리에게 많은 점을 시사한다. 사실상 FTA 체제 아래서 복지 제도의 새로운 도입은 매우 어렵다. FTA가 투자자의 권리장전이라고 불리는 것은 자유무역협정이 기업에게 국가와 맞먹는 권한을 제도적으로 부여하고 또 무역 보복이라는 막강한 권한으로 재산권을 어떠한 권리보다도 더 우위에 놓도록 강제하기 때문이다. 한마디로 모든 권력이 국민에게서 나오는 헌법 1조를 부정하고 모든 권력을 자본에 귀속시키는 것이 자유무역협정이다.

이러한 상황에서 한편으로는 자유무역협정에 대해 애매모호한 태도를 취하면서 다른 쪽으로는 복지 제도의 강화를 이야기한다는 것은 FTA에 대해 전혀 모르거나 알면서도 거짓말을 하는 것이다. 한미 FTA가 존재하는 한, 결코 한국에서 복지 제도의 강화나 민주주의의 전진을 이루어 낼 수는 없다. FTA를 우회하는 방법은 사실상 없다.

물론 그렇다고 해서 한미 FTA 때문에 복지 제도의 추진을 애초에 포기하려는 것은 어리석은 일이다. 한미 FTA는 자율적 개방, 즉 자율적 민간화와 결합되었을 때 가장 강력한 효과를 낸다고 삼성경제연구소에서 낸 보고서에서도 이미 지적하고 있다. 따라서 한미 FTA 시대에는 한국 정부가 알아서 하는 자발적 민간화 시도를 막는 일이 매우 중요하다. 일단 이루어진 민간화는 다시 되돌리기 힘들기 때문이다. 또한 복지 제도의 강화, 즉 사회경제적 민주주의의 강화를 두려움 없이 추진하는 것이 한미 FTA 시대에는 더욱 중요하다. 한미 FTA와 복지 제도의 강화가 충돌한다면 그것은 한미 FTA 폐기의 중요한 근거가 될 것이다.

토미 더글러스는 오늘날 우리에게 과연 어떻게 진보적 사회 정책, 무상 복지 제도를 이루어 낼지 묻고 있다. 그는 서스캐처원의 의사들하고만 싸운 것이 아니라 사실 북아메리카 대륙 전체의 의사와 병원협회, 기득권층과 싸웠다. 그는 일부 타협을 하기는 했지만, 무상 의료 제도의 본질적 측면에서는 정면으로 돌파하였고 양보를 하지 않았다.

오늘 한국에서도 이와 거의 똑같은 일이 벌어지고 있다. 무상 복지와 그 핵심 과제인 무상 의료에 대해 보수층의 집중적인 포화가 가해지고 있다. 나라가 망한다는 주장이나 '획일적 진료' '빨갱이 의료' 같은 시대착오적인 논리가 등장하고 보수 언론과 보수 여당, 의사협회나 그 외 전문직 지식인들이 거의 총동원되다시피 한다. 그러나 사실상 전 세계 어느 나라에서도 무상 의료 제도를 도입할 때 의사들이 찬성한 적은 단 한 번도 없었다. 많은 나라에서 의사들의 파업이 있었다. 한국에서는 이미 의약 분업을 사회주의라고 하면서 이에 저항하는 의사들의 파업이 있었다.

오늘날 우리는 무상 의료, 무상 복지에 대한 수많은 거짓말에 부딪치고 있다. 무상 의료는 돈이 많이 들어서 나라가 망하고 월급의 반을 내야 한다는 협박이 벌써부터 난무하고 있다. 그러나 앞에서 이야기했듯이 다른 나라들은 대부분 무상 의료나 그에 가까운 제도를 시행하고 있다. 다른 나라들은 이미 국민 소득 1만 달러도 못되는 시절에 무상 의료를 시행하기 시작하였다. 한마디로 당장 무상 의료를 시행하지 못할 이유가 없다. 그런데 왜 한국 정부는 지금까지 무상 의료를 시행하지 않았는지 다시 한 번 물어 보자.

우선 무상 의료를 시행하면 부자들과 기업이 세금을 더 내야 하기 때문이다. 무상 의료를 하는 나라들은 소득에 따른 누진세를 시행하고 기업들에게 사회적 책임을 더 지도록 하여 세금을 한국보다 훨씬 더 많이 내게 한다. 무상 복지와 무상 의료는 사회 정의라는 원칙에 입각한 조세 정의를 실현하도록 하는 것이기 때문이다.

사회복지 제도를 제대로 시행하기 위해서 돈이 없는 사람에게 돈을 더 내라고 할 수는 없다. 정부가 쓸데없는 토건 사업이나 국방 사업에서 돈을 줄이고 또 부자들과 돈이 많은 기업들에게서 세금을 더 거두어야 한다. 한국에서 무상 의료가 지금까지 시행되지 않은 이유는 부자들과 기업들이 세금을 더 내는 것을 회피하려고 악선전만 하고 실현 가능한 복지 제도를 도입하지 않아서이다.

그러나 더욱 중요한 것은 무상 의료는 바로 평등한 사회의 상징이기 때문이다. 돈이 없는 사람이라도 아프면 치료받을 수 있어야 한다. 그런데 이렇게 당연한 것이 사회적으로 현실이 되면 노동자들과 서민들이 '말이 많아지기' 시작한다. 돈이 없는 사람이라도 교육을 받을 수 있어야 한다거나, 노동자라도 노후 보장은 받아야 한다거나 하는 식의 말이 많아진다는 것이다.

이 때문에 '하나의 요구를 들어주면 모든 요구를 다 들어주어야 한다.'는 식의 생각을 가지고 있는 기업과 보수적인 정권들은 무상 의료는 절대로 안 되며 나라가 망한다고 이야기한다. 그러나 망하는 것은 그들이지 나라가 아니다. 이 때문에 무상 의료와 무상 복지는 유럽 대부분의 나라에서 노동자와 서민을 대변하는 진보 정당들의 상징이었다. 그리고 대부분의 나라에서 진보 정당들이 집권했을 때 무상 의료가 도입되었고 또한 진보 정당이 장기집권하게 되는 기반이 되었다.

또 무상 의료가 한번 도입되고 나서 다시 후퇴한 나라는 쿠데타로 민주주의가 완전히 파괴된 칠레와 같은 경우를 제외하고는 찾아보기 힘들다. 이렇듯 다수의 노동자와 대중의 권리 의식이 높아질 것을 두려워하는 보수 정당들과 보수 언론들에게 '무상 의료'는 무서운 것이다.

무상 복지 제도나 무상 의료가 실현되면 사람들의 건강과 생명, 노후 보장을 빌미로 돈을 못 버는 자본들이 생기게 된다. 당장 대형 병원들이 지금처럼 떼돈 벌기가 쉽지 않게 된다. 무상 의료 제도는 당연히 대형 병원을 반대한다. 또 무상 복지 제도가 도입되고 사회복지 제도가 갖추어지면 사람들이 민간 의료보험이나 노후 연금보험에 가입하지 않을 것이다. 국민들의 안전과 건강을 위해 기업을 운영하는 것처럼 말하면서 사실은 엄청난 폭리를 취하고 있는 보험 회사들이 더 이상 민간 보험을 팔기가 어렵게 되는 것이다. 한국에서 모든 재벌 기업은 보험 회사를 한 개 이상 가지고 있다.

그러나 보수적 정권이나 정당, 그들을 대변하는 언론, 시민들의 평등 의식이 커질까 봐 두려워하는 재벌들, 사람들의 건강으로 장사를 해서 폭리를 취하고 있는 대형 병원이나 보험 회사, 제약 회사들을 제외하고는 무상 의료를 시행해서 손해 보는 사람은 없다. 아니, 오히려 모든 노동자와 서민이 의료비 걱정 없이 살 수 있고 치료비 때문에 차별받지 않으며 살 수 있다.

그러면 어떻게 이러한 무상 의료와 무상 복지를 실현할 것인가?

"저는 배가 고픈 자가 영혼의 구원을 받을 수 있다고 생각한 적이 없으며, 또한 치통으로 고생하는 사람이 미나 선 같은 것을 생각할 여유가 있으리라 생각하지 않습니다." 이 책의 맨 앞에 나오는 토미 더글러스의 말이다.

우리는 요즘 '정의'와 '공정 사회'를 이야기하는 많은 정치인을 본다. 그러나 한 사회에서 배를 곯고 있는 사람이 있고 또 치료받지 못해 아파하는 사람이 있다면 그 사회가 어떻게 정의로울 수 있는가? 무상 급식과 무상 의료는 바로 이러한 정의를 위한 것이다. 가난한 집에서 태어났어도 점심은 굶지 않게 하자는 것, 아무리 돈이 없어도 최소한 아픈 사람은 치료받게 하자는 것, 어떤 집안에 태어났어도 교육받게 하자는 것, 그것이 무상 급식이고 무상 의료이며 무상 교육이다. 사실 이러한 것 없이 한 사회의 정의와 공정함을 논한다는 것 자체가 부질없는 짓이다.

그러나 한 사회가 야만적인 사회에서 벗어나는 길인 무상 의료로 가는 길은 결코 쉽지 않다. 토미 더글러스 자신도 무상 의료 제도에 대해 "다시는 겪고 싶지 않은 일이다. 나는 거의 죽을 뻔했다."라고 회상했을 정도다.

가장 기본적인 가치, 인간의 생명과 건강이 돈이나 이윤보다 중요하다는 가장 기본적인 가치를 지키기 위해 무수히 많은 나라에서 무수히 많은 사람이 싸워 왔다. 프랑스 혁명에서부터, 한국의 종로와 광화문을 메웠던 1987년과 2008년에 이르기까지 수많은 사람이 거리와 광장으로 나와야 했고, 칠레의 아옌데에서 쿠바의 체 게바라, 그리고 토미 더글러스에 이르기까지 수많은 사람이 그들의 삶과 목숨을 바쳐야 했다. 오늘 우리가 이루고자 하는 무상 의료로 가는 길 또한 이와 마찬가지이고, 또한 앞으로도 쉽지 않은 길일 것이다.

바로 이러한 이유 때문에 한 사람이 아니라 수많은 사람의 노력이 필요하고, 모두가 자신이 낼 수 있는 힘을 모아야 하는 것이다. "법이 그냥 통과되어 무상 의료 제도가 이루어졌다고 생각하지 말라."고 토미 더글러스는 이야기한다. 사람들과 끊임없이 토론하고 설명하고 설득하는 과정과 투쟁이 필요하다고 그는 말한다.

지금 무상 의료를 하고 있는 다른 많은 나라도 반대 세력의 온갖 악선전과 탄압에 맞서 길게는 100년, 적어도 50년에 걸친 투쟁 끝에 무상 의료를 이루어 냈다.

한국의 노동자와 서민도 1987년 민주화 투쟁과 노동자 대파업을 통해 '전 국민 건강보험'을 이루어 낸 역사를 갖고 있다. 이제 또 한 발자국 나아가면 된다. 그리고 서스캐처원의 평범한 사람들이 이루어 냈듯이 한국의 평범한 사람들에게도 그 힘은 분명 있을 것이다.

(무상 의료 제도에 대한 더 자세한 내용은 '건강과 대안' 홈페이지 참조.)

* 참고 문헌

Duncan Hallas, 〈Socialism and War〉, 《A Socialist Review》, London, 1998
J. Locke, 〈Saskatchewan〉, 《Star weekly》, 1963.11.23
남찬섭, 〈한국 복지 국가의 성격과 전망〉, 참여연대 사회복지위원회
정태인, 〈한미 FTA와 복지〉, 2012 한국사회복지정책학회 토론회
Enrique Dussel Peters, 〈Manufacturing Competitiveness: Toward a Regional Development Agenda〉, 《Boston University Pardee Center Task Force report on reforming NAFTA and U.S. trade agreements》, 2009.11
Robert Johnson and Rianne Mahon, 〈NAFTA, The redesign, and rescaling of Canada's welfare state〉, 《Studies in Political Economy 76》, 2005
김명희 외, 《의료 사유화의 불편한 진실》, 후마니타스, 2010

Thomas A Faunce and Joel Lexchin, 〈'Linkage' pharmaceutical evergreening in Canada and Australia〉, Australia and New Zealand Health Policy, 2007

Robert Chernomas, 〈Profit Is Not the Cure 2010: Is the Canadian economy sustainable without medicare?〉, The council of Canadians, 2010

Robert Steinbrook, 〈Private Health Care in Canada〉, 《The New England Journal of Medicine》, 2006.4

Scott Sinclair, 〈The GATS and Postal Services: Implications for Developing Countries〉, Canadian Centre for Policy Alternatives, 2002.10

http://dx.doi.org/10.1787/5kg2d2d4pbf0-en

아놀드 S 렐만, 《시장과 이윤을 넘어선 미국의 전국민 의료보장을 위한 계획》, 조홍준 역, 아르케, 2008

크리스 하먼, 《민중의 세계사》, 책갈피, 2004

조영훈, 《캐나다 복지 국가 연구》, 집문당, 2011

고병수, 《온 국민 주치의 제도》, 시대의창, 2010

Harry H. Hiller, 《캐나다 사회》, 고려대학교출판부, 2009

Maude Barlow, 《Profit Is Not the Cure : A Citizen's Guide to Saving Medicare》, McClelland&Stewart, 2003

Thomas H. Mcloed, Ian Mcloed, Tommy Douglas, 《The Road to Jerusalem》, Fifth House Ltd., 2004

Robin. F. Badgley, Samuel Wolfe, 《Doctor's strike: medical care and conflict in Saskatchewan》, Atherton Press, 1967

원어 표기

지명, 인명, 작품명의 원어 및 알아두면 도움이 될 만한 몇몇 번역어의 원어를
가나다 순으로 정리하였습니다.

1000인 시민 위원회 Citizen' Committee of
One thousand
C.L. 버튼 C.L. Burton
J.J. 맥크루든 J.J. McCruden
R.B. 베넷 R.B. Bennett
W.J. 메이저 W.J. Major
가티노 힐스 Gatineau Hills
개혁당 Reform Party
겔프 Guelph
《곡물 거래 소식지》《Grain Trade News》
광산 노동조합 Mine Workers Union
국가 의료보장 제도 National health care
program
국제 연맹 League of Nations
국제 청년회의 International Youth
Conference
그랜트 맥닐 Grant MacNeil
글래드스턴 가 Gladstone Street
기독교 형제단 Christian Brethren
너나이모-코위챤-도서 지역 Nanaimo-
Cowichan-The Islands
노동당 Labour Party
노동자 보상법 Workmen's Compensation Act
노동자-농민당 Farmer-Labour Party
노동자연맹 Workers' Unity League
노동진보당 Labour Progressive Party
노먼 토머스 Norman Thomas
노스 메인 North Main
노스 엔드 North End
노조연맹 Trades and Labour Union

노퀘이 가 Norquay Street
녹스 교회 Knox Church
농가 보호법 Farm Security Act
농민연합 United Farmers
뉴펀들랜드 Newfoundland
댄 그랜트 Dan Grant
《더 글로브 앤드 메일》《The Globe and Mail》
《더 리자이나 리더 포스트》《The Regina
Leader Post》
《더 웨이번 리뷰》《The Weyburn Review》
데이비드 루이스 David Lewis
데이비드 바렛 David Barrett
도널드 브리튼 Donald Brittain
도널드 서덜랜드 Donald Sutherland
도리스 프렌치 섀클턴 Doris French
Shackleton
독립노동당 Independent Labour Party
《둔 강둑》《The Banks of Doon》
드몰레이 단 Order of DeMolay
디에프 Dieppe
디즈레일리 다리 Disraeli Bridge
램지 맥도널드 Ramsay MacDonald
레드 강 Red River
레스터 피어슨 Lester Pearson
로버트 번스 Robert Burns
로버트 브루스 Robert the Bruce
로버트 스탠필드 Robert Stanfield
로스 대처 Ross Thatcher
로이 버로먼 Roy Borrowman
로이드 페펜 Lloyd Peppen
로치데일 Rochedale

로프트 F.O. Loft
루이 상 로랑 Louis St. Laurent
리자이나 항쟁 Regina Riot
리즌 홀 Legion Hall
리처드슨 프레스 Richardson Press
마켓 스퀘어 Market Square
마크 탤니코프 Mark Talnicoff
만민선교회 All People's Mission
매니언 Robert Manion
매니토바 Manitoba
매닝 Ernest C. Manning
매켄지 킹 William Lyon Mackenzie King
맥린 박사 Dr. MacLean
맥마스터 대학교 McMaster University
맥타가트 McTaggart
맥파일 가 McPhail Street
먼지투성이 30년대 The Dirty Thirties
메이저 콜드웰 Major Coldwell
메이티스 Métis
메이플 크리크 Maple Creek
메인 가 Main Street
메트캐프 가 Metcalfe Street
모턴 플레처 Morton Fletcher
《목사에서 정치가로: T.C. 더글러스의 변모》
《From Preacher to Politician: T.C. Douglas's
Transition》
무스 조 Moose Jaw
미네도사 Minnedosa
《바람을 본 자 누구인가》《Who Has Seen the
Wind》
밸런타인 부두 싸움 Battle of Ballantyne Pier
뱁즈 로버트슨 Babs Robertson
버나비 Burnaby
버너비-코퀴틀럼 Burnaby-Coquitlam
번스 디너스 Burns dinners
벌컨 주물 공장 Vulcan Iron Works
베아트리스 트루 Beatrice Trew
베이 스트리트 Bay Street
베이든-포엘 Robert Baden-Powell

보드빌 써킷 vaudeville circuit
보수당 Conservative Party
보이스카우트 단장 scoutmaster
부족협의회 Council of Tribes
북서부 기마경찰대 North-West Mounted
Police
붉은독수리대장 Chief Red Eagle(We-a-ga-
sha)
뷸라 침례교회 Beulah Baptist Church
브랜든 대학 Brandon College
브루스 허치슨 Bruce Hutchison
브리티시컬럼비아 British Columbia
블랙팬서당 Black Panther Party
비미 리지 Vimy Ridge
빈페이트 Bienfait
빌 데이비스 Bill Davies
사우스 레일웨이 애비뉴 South Railway
Avenue
사회재건연맹 League for Social
Reconstruction
사회민주동맹 Social Democratic Federation
사회신용당 Social Credit Party
산업기준법 Industrial Standards Act
새스커툰 Saskatoon
《섄터의 탬》《Tam o' Shanter》
서스캐처원 예술진흥위원회 Saskatchewan
Arts Board
서스캐처원 인디언연맹 Federation of
Saskatchewan Indians
세실 매튜스 Cecil Matthews
세인트 로렌스 수로 St. Lawrence Seaway
세컨드 애비뉴 Second Avenue
셜리 더글러스 Shirley Douglas
소년단장 patrol leader
쇼울 레이크 Shoal Lake
《스코틀랜드 방언으로 주로 써진 시집》
《Poems, Chiefly in the Scottish Dialect》
스콥스 John Thomas Scopes
스타우턴 Stoughton

스탠리 놀스 Stanley Knowles
스톤월 침례교회 Stonewall Baptist Church
스트래드클레어 Strathclair
스트래스코나 침례교회 Strathcona Baptist Curch
신민당 New Democratic Party
아나벨라 가 Annabella Street
아동병원 Sick Children's Hospital
아시니보인 강 Assiniboine River
아치볼드 P. 맥나브 Archibald P. McNab
애니 더글러스 Annie Douglas
앤 클레멘트 Anne Clement
앤드루 클레멘트 Andrew Clement
앨런 블레이크니 Allan Blakeney
앨버타 주 농민연합 United Farmers of Alberta
앨버타 주 인디언연합 Indian Association of Alberta
앵거스 맥니스 Angus MacInnis
앵거스 크레슨트 Angus Crescent
어마 뎀프시 Irma Dempsey
에드 슈라이어 Ed Schreyer
에드 영 Ed Young
에드 웰런 Ed Whelan
에드먼턴 Edmonton
에든버러 Edinburgh
에릭 맥케이 Eric Mackay
에메트 홀 Emmett Hall
에스테반 항쟁 Estevan Riot
엘름우드 공동묘지 Elmwood Cemetery
엘리너 매키넌 Eleanor McKinnon
영 펠로즈 Young Fellows
영국 추밀원 Privy Council
영국령 북아메리카 조례 British North America Act
영국이스라엘지파론자 British Israelites
오데사 Odessa
오드리 슈라이어 Audrey Schreyer
오타와 행진 On-to-Ottawa Trek

온타리오 Ontario
《올드 랭 사인》《Auld Lang Syne》
와데나 Wadena
와스카나 호수 Wascana Lake
왕립 위원회 Royal Commission
우드루 로이드 Woodrow Loyd
워커 극장 Walker Theatre
원 빅 유니언 One Big Union
월터 스콧 경 Sir Walter Scott
월터 어브 Walter Erb
월터 터커 Walter Tucker
웨이번 노동협회 Weyburn Labour Association
웰링턴 Arthur Wellesley Wellington
위니펙 극장 Winnipeg Theatre
위어 Robert Weir
윈저 Windsor
윌리엄 글래드스턴 William Gladstone
윌리엄 블레이크 William Blake
윌리엄 애버하트 William Aberhart
윌리엄 월리스 William Wallace
윌리엄 패터슨 William Patterson
윌리엄스 가 Williams Street
윌프리드 로리에 경 Sir Wilfrid Laurier
유니온 스테이션 Union Station
의사 보호위원회 Keep Our Doctors committees
이소벨 더글러스 Isobel Douglas
이스트 세인트폴 East St. Paul
자끄 샤우이 Jacques Chaoulli
자유당 Liberal Party
장 르사즈 Jean Lesage
재건회의 reconstruction conference
잭 스코트 Jack Scott
전쟁 조치법 War Measures Act
제일 침례교회 First Baptist Church
제임스 가디너 James Gardiner
제임스 우즈워드 James Shaver Woodsworth
조앤 더글러스 Joan Douglas

조지 윌리엄스 George Williams
존 디펜베이커 John Diefenbaker
존 브로클뱅크 John Brockelbank
존 우리히 John Uhrich
존 퀸 John Queen
진 캠벨 Jean Campbell
진보·보수당 Progressive Conservatives
찰리 밸롱기 Charlie Balongey
찰스 린치 Charles Lynch
찰스 해던 스퍼전 Charles Haddon Spurgeon
처칠 강 Churchill River
촙 수이 하우스 Chop Suey House
카버리 Carberry
칼라일 킹 Carlyle King
칼라일 호수 Carlyle Lake
캐나다 1급 훈장 Companion of the Order of
Canada
캐나다 노총 Canadian Labour Congress
캐나다 농민연합 United Farmers of Canada
캐나다 동맹 Canadian Alliance
캐나다 밀위원회 Canadian Wheat Board
캐나다 왕립 기마경찰대 Royal Canadian
Mounted Police
캐나다 청년회의 Canadian Youth Congress
캘거리 Calgary
캘버리 침례교회 Calvary Baptist Church
컵마스터 cubmaster
콜로네이드 식당 Colonnade Restaurant
콜린 카메론 Colin Cameron
퀘벡 블록 Bloc Québécois
퀘벡 사태 La crise d'octobre
퀘벡 해방전선 Front de libération du Québec
크리스탈 레이크 Crystal Lake
클래런스 파인스 Clarence Fines
키어 하디 Keir Hardie
키펜 Kippen
태프트-하틀리 법 Taft-Hartley Act
테드 스틴슨 Ted Stinson
토머스 크레러 Thomas Crerar

《토미 더글러스: 예루살렘으로 가는 길》
《Tommy Douglas: The Road to Jerusalem》
《토미에게 감동받다》《Touched by Tommy》
톰 더글러스 Tom Douglas
티스데일 Tisdale
틸버리 Tilbury
팔리서 삼각지대 Palliser Triangle
패들락 법 Padlock Act
페트로-캐나다 Petro-Canada
포인트 더글러스 Point Douglas
포타쉬 potash
포트게리 호텔 Fort Garry Hotel
포티지 가 Portage
포티지 러 프레리 Portage la Prairie
폴린 존슨 Pauline Johnson
폴커크 Falkirk
프랭크 스코트 Frank Scott
프레드 딕슨 Fred Dixon
피그스 만 Bay of Pigs
피에르 트뤼도 Pierre Trudeau
피의 토요일 Bloody Saturday
하우덴 박사 Dr. "Dad" Howden
하일랜드 지역 사람 Highlanders
《한 사회주의자의 바탕: T.C. 더글러스에
대한 추억》《The Making of a Socialist: The
Recollections of T.C. Douglas》
해밀턴 Hamilton
헤이즌 아규 Hazen Argue
헨더슨 가 Henderson Road
헨리 지거리스트 Henry Sigerist
협동연방 co-operative commonwealth
호보 정글 hobo jungle
호혜통상협정 Reciprocal Trade Agreement
휴 맥린 Hugh MacLean
휴 이글샴 Hugh Eaglesham
히긴스 가 Higgins Street

또 다른 사회는 가능하다
토미 더글러스는 어떻게 자본과 권력을 넘어 무상 의료를 이루어 냈는가?

데이브 마고쉬 지음 | 김주연 옮김

2012년 2월 20일 처음 찍음
펴낸곳 도서출판 낮은산
펴낸이 정광호 | 편집 정우진 | 제작 정호영 | 디자인 박대성
출판 등록 2000년 7월 19일 제10-2015호
주소 서울시 마포구 서교동 395-179 미르빌딩 6층
전자우편 littlemt@dreamwiz.com
전화 (02)335-7365(편집), (02)335-7362(영업) | 전송 (02)335-7380
인쇄·제판·제본 상지사 P&B

* 잘못 만들어진 책은 바꾸어 드립니다.
* 책값은 뒤표지에 표시되어 있습니다.

ISBN 978-89-89646-74-7 03300